KB032062

도시와 산책자

도시와 산책자

파리, 베를린, 도쿄, 경성을 거닐다

이창남 지음

사월의책

도시와 산책자

1판 1쇄 발행 2020년 11월 1일

지은이 이창남
펴낸이 안희곤
펴낸곳 사월의책

등록번호 2009년 8월 20일 제396-2009-126호
주소 경기도 고양시 일산서구 중앙로 1388
전화 031)912-9491 | 팩스 031)913-9491
이메일 aprilbooks@aprilbooks.net
홈페이지 www.aprilbooks.net
블로그 blog.naver.com/aprilbooks

ISBN 978-89-97186-43-3 93300

* 책값은 뒤표지에 있습니다.
* 이 저서는 2011년 정부(교육부)의 재원으로 한국연구재단의 지원을 받아 수행된 연구임 (NRF-2011-812-A00203).
* 이 도서의 국립중앙도서관 출판예정도서목록(CIP)은 서지정보유통지원시스템 홈페이지 (http://seoji.nl.go.kr)와 국가자료종합목록 구축시스템(http://kolis-net.nl.go.kr)에서 이용하실 수 있습니다. (CIP제어번호: CIP2020042658)

차례

고통으로 눈이 먼 순례자여
강변을 배회하는 산책자들에게 제대로 알려지기 전에
타자기 앞에 집중한 나는
공적으로 알려진 바 없는 너의 사이 시간들을 기록한다
내 말들은 거기에 의연하게 있다
너를 위해
나 없이도

페터 한트케, 「산책의 종말」 17연

| 프롤로그 |

산책은 끝났는가?

산책자 모티프는 유럽에서 장 자크 루소의 『고독한 산책자의 몽상』에서부터 시작해서 발터 벤야민의 『파사주 작품』에 이르기까지 오랜 전통을 갖고 있다. 그러나 19세기 말에서 20세기 초 유럽에서 대도시가 형성되면서 사색에 잠길 수 있는 고요한 산책은 종언을 고한다. 한때 거북이를 이끌고 거리에 나와서 거니는 산책은 느린 보행으로 특징지을 수 있는 행동양식이었다. 그러나 19세기 말의 도시 발달로 그러한 보행이 더 이상 가능하지 않은 시대가 도래했다. 도시를 가로지르는 넓고 거대한 관통대로가 뚫리고, 수많은 익명의 대중들이 낯선 얼굴로 마주치는 도시의 거리는 더 이상 전통적 의미의 산책에 적합하지 않은 곳이 되었다.

이러한 산책의 종말은 지금 우리가 경험하고 있듯이 사회문화적인 변화와 상당 부분 맞물려 있다. 마치 유럽의 고전적 교양의 시대가 저물어 가듯이, 바뀐 시대는 새로운 삶의 형식과 리듬을 요구하고 있었다. 합리화가 진행되고 속도와 효율성이 지배하면서 느린 보행은 비합리적이고 한가로운 행동으로 치부되었고, 개인과 사회는 목적 합리성에 종속되어 갔다. 초월적 신성함에 토대를 둔 종교적 유대가 사라지고, 세속적 국가와 자본의 메커니즘 속에서 인간관계는 점차 이해관계에 중점을 두게 되었으며, 전통 공동체는 이익 공동체로 바뀌어 갔다.

루카치는 이러한 시대를 '선험적 실향'transcendental homelessness의 시대라는 개념으로 표현한 바 있다. 이 책에서 주로 거론할 발터 벤야민(1892~1940)과 지그프리트 크라카우어(1889~1966) 역시 정신적 '고향을 상실한 현대인의 문제'를 공유하고 있다. 종교적 신앙과 철학적 총체성을 상실한 시대의 개인들은 더 이상 산책하지 않는다. 거리에 나온 그들은 오히려 부유한다고 하는 편이 더 적절할 것이다. 이러한 의미에서 뿌리 없는 현대인의 유목은 산책의 종말과 더불어 시작되었다고 할 수 있다. 텅 빈 시간 속에서 일직선상을 달리는 철로, 구획된 도시 공간의 네모난 보도블록을 따라 움직이는 이들의 유목은 이전의 한가로운 산책과는 궤를 달리한다. 독특한 외양과 취향을 가진 댄디들과 느리고 한가로운 전통적 산책자들이 사라지게 된 것도 이러한 시대의 변화와 무관하지 않다.

이러한 변화는 20세기 독일의 사상가 벤야민과 크라카우어에게는 19세기 초에 만들어지기 시작한 산책 공간인 '파사주'가 사라지는 것을 의미했다. 크라카우어에 따르면 "파사주의 시간은 지나갔다."[1] 19세기 궁륭지붕 안에 실내화된 상점들이 늘어서 있던 파사주를 대신해서 백화점이 들어서고, 그 주변에 거대한 관통로와 철로들이 지나가는 대도시에서 대중의 유목은 가속화된다. 그러나 이 변화는 역설적으로 산책의 종말을 의미하는 것이 아니라 유목의 예비적 형식으로서 산책의 보편화를 의미한다. 크라카우어는 파사주의 종말을 이야기하면서 "그 자체가 파사주인 사회에서 파사주는 무엇이겠는가?"[2]라고 묻고 있다. 베를린의 린덴 파사주가 사라진 것을 바라보며 그는 산책의 종말과 함께 총체적인 삶의 양식으로서 새로운 형태의 산책이 일반화되고 있음을 진단했던 것이다. 물론 그것은 더 이상 고요하고 한가롭고 목가적인 산책이 아니라, 정주하지 않는 삶 즉 유목의 개시를 알리는 것이었다. 그런 의미에서 이런 변화는 이른바 전통적 산책의 해체적 확장이라고 말할 수 있다.

오늘날 산책은 일부 댄디와 유한계급 지식인-예술가들의 활동이 아니라 대중 일반의 활동으로 일상화되고 보편화되었다. 지그문트 바우만 역시 "산책은 한때 소수 유복한 사람들에 국한된 여가적 활동이었는데, 오늘날 그것은 널리 확대되었다"[3]고 진단한다. 이러한 변화는 전통적 산책자들이 사라짐과 동시에 사회 전체가 일종의 파사주와 같은 관통로이자 유목적 시공간으로 전환된 근현대 도시들의 특징일 것이다.

이 책에서는 이러한 근현대 도시공간으로서 파리, 베를린, 경성 그리고 동경을 다룬다. 그 공간들을 배경으로 전통적 산책의 의미와 그러한 산책이 더 이상 가능하지 않은 현대 도시에서 대중의 유목을 검토한다. 보들레르를 위시한 근현대의 탁월한 지식인과 예술가들은 댄디이자 산책자들이었다. 기존의 산책과 산책자 연구는 이런 두드러진 개인으로서 지식인, 예술가에만 집중하는 경향이 있었다. 이로 인해 산책이라는 일상적 행위의 변증법적 역사와 대도시 거리에서 이루어지는 도시대중의 유목이 갖는 사회사적 맥락이 간과되어온 것도 사실이다.

물론 산책자와 대중, 산책과 유목 사이에는 일정한 의미론적 차이가 있다. 전자가 개인의 자기회복을 위한 행위라면 후자는 대중의 사회적 행동 형식이다. 그러나 전통적 산책이 진화하면서 유목하는 대중의 행위 모델이 되었고, 산책자의 아비투스는 대중의 아비투스로 이행했다. 따라서 대중사회가 본격화되면서 나타난 그 양자 사이의 변증법적 연계성을 19세기에서 20세기로 이어지는 산책의 역사성을 통해 파악하는 것이 필요하다.

바로 이러한 의미에서 지식인-예술가 댄디 산책자들은 유목하는 도시대중과 구별되지만 그 현대적 흐름을 개시한 존재들이다. 그리고 산책의 해체적 확장이란, 특수한 그룹으로서의 이 개인들이 사라짐에 따라 거꾸로 산책이 도시대중 일반의 행위 양태가 되는 것을 의미한다. 댄디 산책자가 도시대중 일반으로 해체된 동시에 도시대중 전체를 유목적 산책자로 진화시킨 이 변증법적 과정에 대한 역사적 이해가 없이는, 그런 진화의 기원이 된 지식인과 예술가 산책자라는 특징적 개인들의 의미도 충분히 조명되기 어렵다. 따라서 이 책은 이들 지식인-예술가 산책자들의 등 뒤에서 이루어진 유럽과 아시아의 몇몇 주요 도시들의 장대한 사회문화적 변화와 더불어 산책자의 진화를 역사적으로 살펴볼 것이다. 그리고 미학적 차원에 국한하지 않고, 포괄적인 사회사적 변화 속에서 산책에서 유목으로 이행하는 변화의 과정을 점검할 것이다.

§

이 작업을 위해 여기서 이론적 지표로 참고하는 것은 우선 짐멜, 벤야민, 크라카우어로 이어지는 '대도시'Metropolis에 대한 논의들이다. 게오르그 짐멜(1858~1918)은 초기 「베를린 무역박람회」라는 에세이를 필두로 이후 『대도시와 정신적 삶』, 『돈의 철학』, 「타자」, 「모험」, 「패션」 등 다수의 사회-문화학 논저들을 통해서 당시 새롭게 형성되던 근현대 도시문화를 선구적으로 성찰했다. 그의 성찰은 이후 벤야민과 크라카우어의 도시 성찰에도 많은 영향을 끼쳤다. 벤야민은 『아케이드 프로젝트』, 『일방통행로』를 비롯한 여러 저술을 통해서 19세기와 20세기를 아우르는 도시 산책자와 대도시 문화를 다루었고, 크라카우어는 『베를린의 거리들 그리고 다른 어딘가』, 『직장인』, 『대중의 장식』 등에서 20세기 도시대중의 유목을 구체적으로 검토하였다. 이들 사이에 상당한 정신적 교유가 있었다는 사실은 전기적으로도, 텍스트 비교를 통해서도 어렵지 않게 확인할 수 있다.

짐멜은 물론 '산책자'라는 용어를 별로 사용하지 않는다. 그러나 그는 베를린 박람회를 사례로 대도시에 나타난 새로운 자극들과 관계의 양상을 다루었고, 그 안의 전형적인 인물군상들을 심도있게 관찰하였다. 가령 자극을 쫓지만 타인에게 '무심한 인물'blase person, 현대적인 상업적 인간관계의 유형인 '타자'stranger, 합리적 삶의 방식을 등지고 모험을 쫓는 '모험가'adventurer와 '도박꾼'gambler, 그리고 '패션중독자'fashion addict 등이 그들이다.[4] 특히 이들은 '이동'

을 주요 특징으로 하며, 이후 벤야민과 크라카우어가 제시하는 산책자 형상과 상당히 유사한 면모들을 가지고 있다.[5] 모험가와 도박꾼은 산책자 보들레르에 대한 벤야민의 에세이에서 찾아볼 수 있으며, '모험가'가 '꿈' 같은 경험세계에 산다는 짐멜의 지적[6]은 벤야민의 산책자 모티프와 현대 도시의 '집합적 꿈'에 대한 논의의 맹아로 이해할 수 있다. 이처럼 짐멜의 인물 유형들은 독특한 개인들이라기보다는 대도시에서 현대인들이 보여주는 삶의 여러 양상들이다.

이런 이해는 벤야민과 크라카우어의 산책자 형상을 통해서 더욱 심화되는데, 이들이 산책을 지칭할 때 쓰는 프랑스어 '플라뇌리'Flânerie는 '배회'나 '구경'의 의미를 포함하며, 산책자 '플라뇌르'Flâneur는 그러한 행위를 하는 사람을 지칭한다. 이들의 산책자 개념은 짐멜의 현대 인물군상들의 속성과 때로 중첩될 뿐만 아니라, 저널리스트, 탐정, 수집가와 같이 산책과 구경을 통해 확보될 수 있는 지식, 탐구, 관찰 등의 지적 분야에 종사하는 유형들까지 아우르고 있다. 저널리스트-산책자, 탐정-산책자, 수집가-산책자는 전통적 사회과학에서 다루지 못한 지식의 생산 모델이기에 또 다른 학문적 방법론의 가능성을 보여준다. 말하자면 그것은 일상의 사회학이나 일상의 역사Alltagsgeschichte, 日常史의 영역을 개척하는 좋은 계기를 제공하고 있는 것이다.

정치와 사회에 대한 거시적 연구들은 일상의 세밀한 부분들을 간과해왔고, 여기서 산책과 산책자 군상들은 정당한 시민권을 획득하기 어려웠다. 도시 연구 역시 자본과 기술에 집중하는 경우가 대부분이었으며, 도시 내부의 생동적인 일상을 구성하는 인간군상은 주로 민족, 계급, 젠더와 같은 특정한 사회과학의 범주들을 통해서 파악되었다. 이러한 범주 설정이 불가피하다 할지라도 거시적 체계와 미시적 일상 사이의 큰 간극이 존재한다는 사실은 부인할 수 없을 것이다.

산책은 이와 같은 '체계'와 '일상' 사이의 긴장과 교착을 첨예하게 드러내는 행동양식이다. 도시대중들은 특정 민족의 일원이자 행인이며, 특정한 성적 주체이자 소비자이다. 그들은 또한 특정한 계급적 틀과 의식 속에서 살지만 동시에 도시의 일상적 거주민이기도 하다. 산책자 인간군상은 민족, 계급, 젠더와 같은 사회과학 범주의 주체라기보다는 그렇게 범주화하기 어려운 유동성이며, 일정한 틀에 가두기 어려운 삶의 여백이다.

물론 이 책이 '테라 인코그니타'terra incognita, 미지의 땅로 불리는 익명의 현대 대중을 여러 사회과학적 범주들의 개념적 한계를 넘어 남김없이 포착할 수 있다는 것은 아니다. 다만 그러한 대중의 재현 불가능성을 대중 유목에서 나타나는 '일상'과 '체계' 사이의 균열을 통하여 좀 더 적극적으로 환기시키고자 하는 것이다. 그 여백은 독일 작가 페터 한트케가 「산책의 종말」이라는 시에서 말했던 바, "공적으로 알려진 바 없는 너의 사이 시간들"[7]이다.

이런 주제를 탐구하는 데 있어 '산책자'라는 용어가 주는 다소 심심파적인 뉘앙스는 오히려 도움이 된다. 왜냐하면 산책자로 통칭되는 도시대중들은 기존의 대중을 규정하는 범주들과는 전혀 다르게 특정 이념들의 주체가 아니기 때문이다. 거대한 파사주로 변한 도시 안에서 산책자는 유목의 주체이자 객체로 살아왔다. 그들은 보는 존재이자 보이는 존재였으며, 거리의 베일이자 실체였다. '산책자'라는 존재가 그러하듯이 '산책'이라는 주제 역시 그저 흘러가는 잡사雜事로 간주되는 일상을 학문적으로 복권할 수 있는 계기가 된다. 그것은 이른바 거대 사건들에 비해 주요하지 않은 행위 양식이었으며, 산책자들은 그저 주변부에 자리하는 배경적 존재에 불과했다. 그러나 도시 내외의 작은 이야기들과 평범한 사람들을 학문적으로 복권하고자 할 때, 이 주제는 더 이상 주변적인 것에 머물지 않는다.

이 책은 특히 그러한 문제의식을 담아내고자 한다. 대도시 발전에 따른 여러 변화를 염두에 두면서, 한편으로는 귀족적이거나 부르주아적인 한량 산책자들이 사라져가는 19세기의 국면과, 다른 한편으로는 이들이 대중화되어 소비자, 도박꾼, 거리의 행인, 저널리스트, 수집가로 재탄생하는 20세기 초의 국면이 드러내는 산책자의 역사적 변증법을 살펴볼 것이다. 그리고 무엇보다도 유목적이고 뿌리 없는 현대인의 전형으로서 산책자를 대도시라는 문제적 공간과 더불어 조명하고자 한다.

§

바우만이 말했듯이 "우리는 대문 밖에서는 서로 어느 정도 타자들이다." 대도시는 이러한 양상이 나타나는 전형적 장소이며, 그것을 사회문화적으로 조명하는 일은 타자성이 전 지구적으로 확산되는 오늘날, 글로벌한 현재성을 지닌다고 하겠다. 짐멜, 벤야민, 크라카우어로 이어지는 대도시와 유목에 대한 성찰의 전통이 오늘날의 사회 이론에서 주요한 주제로 계승되는 것도 우연이 아니다. 가령 철학자 들뢰즈는 '유목'을 하나의 뿌리를 지닌 수목형과 통일적 근원을 갖지 않는 리좀rhizome형으로 유형화한 바 있다.[8] 일정하게 틀지어진 것과 그로부터 벗어나려는 어떤 역동적 운동 속에서 유목적인 것은 근대적 국가와 자본주의 체제의 안과 밖에서 그 체제를 교란하면서 동시에 다른 체제로 이행하는 계기를 만들고 있는 것이다.

사회학자 미셸 마페졸리는 현대인의 유목을, 근대 체제와 자아의 폐쇄성을 넘어서려는 사회의 어떤 집합적 경향성으로 파악하고 있다. 요컨대 그것은 "생산만을 위해서 달려가는 삶의 리듬에 대한 일종의 저항"이며, "산업화된 구조 속에서 모든 것을 단순한 톱니바퀴의 역할만 하도록 만드는 거대 전문화 등에 대한 반란이다."[9] 그는 한 걸음 더 나아가 이러한 방랑을 실존적인 것으로 보고 있는데, 그에 따르면 "실존ek-sistence이라는 용어" 자체에 이미 "단절, 출발, 먼 곳 등의 의미"가 내포되어 있다고 한다. 다시 말해 "존재한다는 것은 (…) 자아로부터 나가는 것이고, 타자에 대해 문을 여는 것"[10]이며, 이런 방랑적 일탈은 "다양한 형태의 폐쇄적이고 치명적인 권력에 대항하는 생명력이자 능동적 에너지의 가장 명확한 지표"[11]라는 것이다.

여기서 유목은 과거 특정한 부족들이 보여주었던 삶의 유형이라기보다는 현대 도시공간 속에서 나타나는 정서적이고 미학적인,

그리고 정치적이고 사회적인 경향성을 가리키며, 근대 국가와 자본의 통합적 힘으로부터 벗어나려는 도시대중들의 일탈적 행위 일반을 의미한다고 하겠다. 마페졸리는 그것을 현대의 탈존적 존재 양태로 간주하고 있거니와, 이러한 행동양식이 사회 전체로 확장된 오늘날에 와서는 이른바 포스트모던 윤리로서 산책자의 윤리와 도덕까지 논의하게 된 것도 우연이 아니다.[12]

더 나아가서 산책 혹은 유목은 글로벌한 일상을 특징짓는 주요한 현상으로 볼 수 있다. 오늘날 지리적, 문화적 경계들을 넘나드는 도시대중의 유목은 여러 분야에서 새로운 흐름과 물꼬를 만들고 있다. 이동수단 및 미디어의 발전과 국제적 노동 분업으로 인해 도시 유목의 양상은 초국적 성격을 띠면서 긍정적이든 부정적이든 새로운 사회문화적 혁명을 소리 없이 수행하고 있다. 초국적 유목 현상은 경제와 기술적 요인에 의해서만 나타나는 것이 아니며, 낡은 체계의 틀을 벗어나고자 하는 현대 대중의 욕구에 의해서도 강하게 추동되고 있다. 일상에서 마주치는 인종적 타자 즉 외국인 산책자들이 갖는 의의도 여기에 있다.

기존의 산책자는 '장소의 정령genius loci에 복무하는 사제'로서 주로 내지인 산책자를 의미했다. 하지만 이런 좁은 문맥에서는 거리의 외국인들을 '산책자'라는 주제 영역에 포괄하지 못하는 한계가 있었다. 이 책에서는 이들을 국경을 넘는 '트랜스내셔널 산책자'[13]라는 용어로 수용하고, 그 함의를 검토할 것이다. 그것은 산책에서 유목으로, 그리고 다시금 초국적 이동과 교류로 확대되는 현대 메트로폴리스들의 팽창과 집중을 드러낸다는 점에서 의미 깊은 성찰의 계기를 제공할 것이다. 이들 외국인 산책자들이 비록 한 사회의 구성인자로서는 소수라 할지라도 지구적으로 확대되는 산책과 대중의 초국적 유목을 대변하기 때문에 오히려 '대표적 소수'라고 할 수 있다.

국가와 로컬의 안팎을 넘어서 정주와 유목은 이제 우리의 사회적 삶에서 서로 분리된 것이라기보다 변증법적으로 교차하는 것이 되었다. 요컨대 우리는 '정주 속에 유목'하고, '유목 속에 정주'하는 것이다. 이 책은 그러한 변화의 역사적 과정과 의의를 근현대의 문제적 공간으로서 유럽과 동아시아의 대도시들과 그 안의 산책자들인 벤야민, 크라카우어, 켈러만, 이상, 박태원, 나혜석, 바크비츠 등의 산책을 중심으로 추적한다. 그리고 19세기에서 발아하여 오늘날에 확산되고 있는 산책의 일상을, 대도시의 문제와 그 문제를 해결하려는 대중의 유목적 활동으로 이해하고자 한다.

정신적으로 정주할 수 있는 종교적 유대를 상실했다고 해서 현대인들의 형이상학적 욕구까지 사라진 것은 아니다. 대중은 이러한 결핍을 예상치 못한 방식으로 복구한다. 그리고 타인과의 대인관계가 합리화로 인해 망실되었다고 해서 타자와의 만남에 대한 근원적 기대가 사라진 것도 아니다. 그 만남의 네트워크를 형성하며 산책은 계속되고 있다. 여기에 근현대 대도시의 문제와 그 문제 해결 활동으로서의 산책이 자리하며, 우리가 '유목적'이라고 진단하는 현대 도시의 사회문화를 해명할 수 있는 단서들이 존재한다.

§

우선 '서장'에서는 각 장에서 세부적으로 다루게 될 핵심적 주제들을 검토한다. 특히 전통적 산책자 개념과 그것의 현대적 변용에 대한 논의의 윤곽을 발터 벤야민과 지그프리트 크라카우어를 통해서 구체화한다. 그리고 오늘날 쟁점이 되는 산책자의 존재 특성과 유목적 사회의 전망을 시론적으로 제시한다.

Ⅰ부에서는 19세기 오스만 남작에 의한 파리의 대도시화 과정과 불르바르를 중심으로 한 산책자 문화를 다룬다. 도시화의 초기 과정과 그 과정의 여러 국면에 나타나는 현대 도시와 문화의 맹아들을 추적한다.

Ⅱ부에서는 20세기 초 대도시 베를린의 일상과 직장인들의 문화적 유목을 살펴본다. 영화, 춤, 여행 등을 통해 근현대 대도시에서 상처 입은 자아와 공동체를 복구하고자 하는 대중의 문제 해결적 산책과 유목의 의의를 조명한다.

Ⅲ부에서는 혼부라本ぶら, 긴부라銀ぶら 등으로 불리던 당대 동아시아 산책의 양상을 고찰한다. 특히 식민도시 경성을 중심으로 한 '이중도시론'의 문제를 살펴보고, 동경의 과거와 현재를 여러 외국인 산책자들의 응시를 통해 재구성한다.

한국 사회도 정주적 삶보다는 유목적 삶이 일상화된 공간이다. 서울의 직장인들은 매일 평균 3시간 이상 이동한다. 그리고 매년 수백만 명이 해외로 여행을 떠난다. 사회문화적 경계도 혼종화되었고, 사이버 노마드들은 세계 어느 지역 및 어느 나라보다 활발히 활동한다. 그럼에도 불구하고 우리의 의식은 아직도 오랜 정주적 전통에 머물러 우리 자신들 사이에 그리고 외국인 타자들과의 사이에 여전히 넘지 못할 경계와 문턱들을 남겨두고 있다. 이에 대한 성찰을 끝으로 이 책을 마무리하고자 한다.

앞서 말했듯이 이 책은 짐멜, 벤야민, 크라카우어, 켈러만, 이상, 박태원, 바크비츠 등 작가, 비평가, 저술가라 불릴 수 있는 산책자들의 이론적인 저술이나 에세이들을 때로는 역사사회학적 자료들을 통해 보충하고, 때로는 대도시에 대한 그들의 응시를 오늘의 시점으로 논평함으로써 근현대 대도시 공간과 산책자 군상의 의미에 대해 성찰한다. 여기서 산책자는 특정한 지식인 및 예술가 유형에만 국한되는 것이 아니며, 산책 역시 일상 속의 특정한 행위 유형만을 가리키는 것이 아니다. 현대의 삶은 산책 혹은 여행의 모드를 내재적으로 갖는다. 이 책은 19세기에서 20세기에 걸쳐 형성된 바로 그러한 산책의 존재론과 집합적 (탈)주체들의 이야기를 통해서 유목하는 현대인의 초상을 그려보고자 한다. 전통적 산책은 끝났지만, 그것은 여전히 혹은 좀 더 본격적인 의미에서 계속되고 있기 때문이다.

도시 산책자와 유목적 대중

산책자—흔적과 열광 사이

1830년대 거북이를 끌고 아케이드를 거닐며 그 속도에 보조를 맞추던 산책자는 오스만 남작이 추진한 관통대로가 등장하고 교통 속도가 증가함에 따라 점차 사라진 것으로 알려져 있다. 그리고 뒤를 이어 등장한 테일러 시스템은 "산책의 타도"Nieder mit der Flanerie[14]를 거의 사회적 모토가 되도록 만들었다. 하지만 「산책자의 귀환」Die Wiederkehr des Flaneurs, 1929이라는 벤야민의 비평문이 시사하듯, 사회 시스템의 합리화에도 불구하고 산책자의 유형은 계속 존속하고 있다. 이 평문은 프란츠 헤셀이 쓴 『베를린에서의 산책』*Spazieren in Berlin*, 1929이라는 책에 대한 글로, 과거 18세기 산책자와 구분되는 새로운 산책자 유형을 시사한다.

과거 산책자 유형으로는 우선 철학적 몽상가가 있다. 루소의 『고독한 산책자의 몽상』과 같은 저작은 산책자의 과거적 전형을 보여준다. 그러나 벤야민이 헤셀에 대한 평문에서 제시하고 있듯이,[15] 새로 탄생한 산책자는 이러한 철학적 산책자와 달리 "사회적 야생성의 한가운데에서 끊임없이 부유하는 알 수 없는 익명의 인간"이다. 18세기의 철학적 산책자는 19세기를 거쳐 20세기에 오면서 에드거 앨런 포의 '군중 속의 남자'와 같은 존재로 재탄생한 것이다. 이러한 의미의 산책자는 카페에 일시적으로 정주하며 무형의 군중을 관찰하거나 그 군중 속에 있는 존재이고, 아케이드(파사주)와 같은 도시 구조물 주변을 배회하며 구경을 하거나 머나먼 타지의 도시들을 방랑하는 존재이다.

그렇다고 해서 전통적인 산책자의 존재 방식이 완전히 사라진 것은 아니다. 새로운 산책자도 특정한 목적 없이 느리게 걷고 배회한다. 그러나 이들은 목적지향적 사회에서 과거와 달리 의심스러운 존재로 인식된다. '의심받는 자'라는 소제목으로 시작되는 헤셀의 『베를린에서의 산책』의 첫 대목은 이렇게 변화된 산책의 의미를 웅변적으로 드러낸다.

> 천천히 활기가 도는 거리를 걷는 것은 특별한 즐거움이다. (…) 하지만 분주한 사람들 사이에서 파도에 씻기듯 밀려나기 일쑤다. 나의 친애하는 베를린 동료시민들은 설사 능숙하게 그들을 피해간다고 하더라도 나를 쉽게 산책하게 두지 않는다. 나는 늘 의심스러운 시선을 받는다. 내가 바쁜 사람들 틈바구니에서 배회하면, 그들은 나를 소매치기로 간주한다.[16]

벤야민에게서 이들 산책자는 우선 무위의 존재로 그려지고 있다.[17] "산책자와의 전쟁"에 몰두하는 "테일러, 그리고 그 협력자들, 계승자들"에 대한 언급은 산책자가 곧바로 기계적 생산시스템과는 대척적인 위치에 있는 인간군상이라는 사실을 분명하게 드러낸다. 요컨대 "산책자의 무위는 분업에 반대하는 시위"[18]라는 것이다. 근대적 산업체계와 전통적 산책자의 대립적 문맥은 크라카우어가 관찰한 직장인의 활동 영역의 분화, 즉 '직장에서의 업무'와 '거리에서의 여가' 사이의 구분을 예고한다. 현대적 산업체계의 주변부에 자리 잡은 산책자들은 대도시 카페, 백화점, 영화관, 기차역, 카지노, 호텔, 박물관 등에 출몰한다. 이러한 사회적 공간들은 '장기적인 체류'를 위한 공간이 아니라 '임시적으로 머무는' 공간이며, '성스러운' 공간이 아니라 '통속적인' 대중의 공간으로서 산책자들의 처소가 되는 것이다.

벤야민은 이러한 산책자들의 행동 특성을 크게 두 가지로 파악하고 있다. 하나는 탐정의 행위와 비교되는 '관찰'이다. 에드거 앨런 포의 단편 「군중 속의 남자」에서와 같이 주로 카페에 정주하며 무형의 대중을 고찰하는 산책자가 첫 번째 유형에 해당된다. 이 유형은 "개인의 모든 흔적을 지워버"[19]리는 대중화의 현상을 목도하며 흔적으로만 남은 현대의 실존에 대해 탐구자적 시선을 가진 자이다. 여기서 산책자는 무형의 대중에 대한 관찰자로서 그에 대해 차가운 거리를 유지하고 있는 존재로 이해된다.

다른 한편, 이와는 정반대로 개인의 고독을 벗어나 대중 속에 섞여드는 것도 산책자의 전형적 태도 가운데 하나이다. 여기서 산책자는 군중과 더불어 열광하고 분노하는데, 그런 점에서 산책자는 대중과 교착되어 있다고 할 수 있다. 스스로 파리의 산책자였고 산책자의 형상을 문학적으로 형상화하기도 한 보들레르의 작품 가운데 「지나가는 여인에게」À une passante는 대도시 거리에서 우리가 흔히 마주치는 상황을 형상화하고 있다. 화자는 지나가는 한 여인에게 어떤 말을 건네고 싶다. 그는 군중 속의 일원으로 익명성이 지배하는 군중 안의 개인들 사이에서 일어나는 어떤 기묘한 심리를 육화하고 있다.

거리는 내 주위에 아우성치고 있었다, 귀청도 째질듯이,
시름에 잠겨, 장중한 고통에 싸여, 날씬하고 후리후리한
한 여인이 지나갔다, 화사로운 한쪽 손으로,
꽃무늬로 가를 두른 치맛자락을 치켜 흔들면서,
(…)
번갯불 한줄기 반짝 — 그리고선 밤! — 그 눈길이
순식간에 나를 되살려 놓고 사라져 가버린 미인이여,
영원 속에서밖에는 그대를 다시 못 볼 것인가?
(보들레르, 「지나가는 여인에게」)[20]

일시성, 우연성, 순간성이 지배하는 대도시의 군중들 속에서 마주침은 19세기 대중사회에서 겪곤 하는 특별한 경험이다. 이들의 조우는 곧바로 성립되기보다는 끊임없이 유예되는 만남의 특징을 보인다. 어떤 의미가 성립될 가능성이 끝없이 유보되는 이러한 조우

의 현상은 대도시를 특징짓는 공허와 허무의 근원이나. 이러한 '개인'으로서 산책자가 겪는 공허와 허무는 '군중'이 됨으로써 느끼는 집단적 도취를 통해서 벌충되기도 한다.

> 고독하고 생각에 깊이 잠긴 산책자는 이 보편적 공감에서 기묘한 도취를 이끌어낸다. 쉽게 군중 속에 들어가는 그는, 상자처럼 닫혀 있는 이기주의자와 연체동물처럼 감금된 게으름쟁이가 영원히 맛볼 수 없는 열광적인 즐거움을 경험한다.[21]

즉 "군중은 개인의 고독을 덜어주며", 현대의 고립된 단자로서 그는 "전체 속에 용해되고 싶다는 어두운 욕구"[22]에 쉽게 사로잡힌다. 개인이 군중이 됨으로써 느끼는 이런 환희는 벤야민에 따르면 거의 종교적인 열광에 가깝다.

> 군중 속에 있을 때의 즐거움은 사람 수가 증가된 상황에서 느끼는 향락의 신비로운 표현이다. (…) 대도시의 종교적 도취. (Benjamin, V.1, p. 369)

이렇듯 군중 속에 섞인 개인은 더 이상 개인이 아니다. 벤야민이 빅토르 푸르넬의 텍스트에서 인용하는 산책자flâneur와 구경꾼badaud의 구분[23]도 개인과 대중 사이에서 진동하는 추처럼 움직이는 대중화된 개별인자들의 정체성을 드러낸다고 할 수 있다. 산책자에서 구경꾼으로 이행하는 과정은 자아를 벗어나 외부 대상에 몰입하고 거기에 완전히 몸을 맡기는 탈자아적 현상이다. 이러한 탈자아적 엑스터시 현상은 백화점 쇼핑객이나 관광객처럼 외부세계의 환등상phantasmagoria에 완전히 자기를 맡기는 현상과 크게 다르지 않다. 자기로부터 벗어나 타자화되는 과정에서 그 타자는 인간의 무리들인 동시에 외부세계의 환등상이기도 하다. 상품 소비자, 영화 관객, 여행자로서 산책자는 대도시를 휘감는 베일과 같은 대중과 도시 환경을 탐정의 시선으로 혹은 열광자의 감정이입으로 읽는 것이다.

벤야민이 시인 보들레르를 산책자의 사례로 보고 있지만, 그가 염두에 둔 산책자의 함의를 특정 작가나 예술가로 좁히는 것은 적절치 않다. 그에게 산책자는 대중, 관객, 소비자, 여행자와 동떨어진 특권적 지위의 존재가 아니기 때문이다. 탐정이자 열광자로서의 산책자는 '흔적'으로밖에 인식되지 않는 현대적 실존과 그 공허한 자리를 환등상에 대한 열광으로 채우는 현대 대중의 인지적 특성을 체현하는 존재이다. 벤야민은 이러한 산책자의 두 가지 인지적 양상을 '아우라'와 '흔적'이라는 개념으로 특징짓고 있다.

> 흔적Spur과 아우라Aura. 흔적은 흔적을 남긴 것이 아무리 멀리 떨어져 있더라도 가까이 있는 것의 현상이다. 아우라는 설령 그것을 불러일으키는 것이 아무리 가까이 있더라도 멀리 있는 것의 현상이다. 흔적 속에서는 우리가 사물을 붙들지만, 아우라에서는 사물이 우리를 장악한다. (Benjamin, V.1, p. 560)

대중의 익명성 속에서 인간과 사물의 흔적을 추적하는 산책자, 그리고 상품과 도시 경관의 환등상에 스스로를 맡기며 열광하는 산책자, 이 두 가지 산책자의 면모는 한편 끊임없이 붕괴되는 사물들의 사물성Gegenständlichkeit과 다른 한편 끊임없이 새로 탄생하는 가상성Aura 사이에서 진자처럼 흔들리는 현대 대중의 인지적 특징의 양면을 구성하고 있다. 따라서 전통적 산책자는 산업적 생산체계와 대척되는 존재로 인식되지만, 20세기 산책자는 그 존재의 역사적 변증법을 거쳐 현대 대중일반의 행동 양상과 긴밀히 연계되는 것이다.

산책자와 샌드위치맨 사이

벤야민에 따르면, 보들레르 시대의 무정형적인 익명의 군중은 "70년 후 그로부터 민족 공동체가 주조될 빈 주형鑄型이다."[24] 말하자면 군중은 부르주아/프롤레타리아 같은 계급이나 관객/소비자/투표권자 같은 유형으로 현실에서 구체화될 빈 그릇 같은 존재이다. 이들은 이후 파시즘 국가에 의해 파쇼대중으로 주조되기도 한다. 한편 그들과는 "화해할 수 없는 적대자"인 "혁명적 프롤레타리아"[25]도 빈 그릇과 같은 군중이 자신의 계급적 현실을 깨달으면서 하나의 뚜렷한 집합체로 형성된 경우라 할 수 있다.

보들레르에게 군중이 도시를 휘감는 베일과 같은 존재로 파악되었다면, 파시즘과 마르크스주의는 공히 현실주의적 관점에서 군중의 그러한 가상적 특성을 변화시켜 목적지향적으로 실체화한다.

벤야민에 따르면 청년 마르크스는 "무형의 대중을 프롤레타리아의 단단한 대중으로 만들어내는 일"[26]을 자신의 과제로 느꼈다고 한다. 그는 여기서 대중을 혁명의 '전위'로 구성하는 일의 이념적 인위성을 지적하고 있다.

대중이 벤야민에게서 좀 더 다변화된 형태로 인지되는 것도 이러한 시각에서 비롯된다. 벅 모스가 거론하듯 벤야민은 '생산'보다 '소비'에 초점을 맞춘다. 그가 유형적으로 부각시키는 산책자나 구경꾼의 형상도 이러한 소비자[27]와 유사해 보인다. 이는 특히 『보들레르의 작품에 나타난 제2제정기의 파리』에 뚜렷이 드러나는데, 산책자는 여기서 "상품의 미로"Labyrinth der Ware를 배회하는 소비자의 특징들을 보여준다. 물론 소비자 사회가 화두가 된 오늘날에는 이러한 산책자의 소비자적 의미도 간과할 수 없지만, 역시 산책자는 소비자라는 자본주의 대중의 한 유형적 형상으로만 환원할 수는 없을 듯하다. 19세기적 의미에서 이들은 게으른 보행자이고, 거리의 구경꾼이며, 카페의 손님들이다. 직업적으로는 기자 혹은 작가이거나, 일반 직장인이 일터를 벗어나 배회하는 산책자가 되기도 한다. 요컨대 산책자는 직업, 계층, 취미, 젠더 등 여러 측면이 교차된 복합적 형상이라고 할 수 있다.

벤야민은 이러한 산책자 형상과 더불어, 산업화의 객체로서 기계를 닮아가는 대중의 모습을 포와 보들레르를 통해서 포착하고 있다. 거리에서 서로 부딪히면 "꾸벅 인사하는" 자동화된 시스템과 같은 군중의 행동양상은 개인에서 군중으로 이행하는 단계에서 집단에게서 나타나는 현실적 행동 양태이다. 이는 오늘날 군중심리학에서 포착하는, 자동기계와 같은 군중의 행동 양태와 기이 유사해 보인다. 군중은 암시에 의해 마치 최면에 걸린 것처럼 행동한다. 이러한 면에서 군중의 행동은 개인의 의식에 비해 무의식적이고, 이 무의식을 좌우하는 것은 그가 구경꾼 혹은 직업인으로서 몰입해 있는 외부세계의 메커니즘이다. 가장 외적인 것이 대중에게는 가장 내적인 무의식이 되는 것이다.

외부세계에 몰입하는 산책자도 이 시대의 도시경관을 장식하기 시작한 벽보, 광고, 기념물, 상품 이미지 등의 외적인 암시들을 내면화한다. 그리하여 고독한 산책자는 구경꾼을 거쳐서 '샌드위치맨'으로 진화한다. 몸의 앞뒤로 광고판을 두르고 다니는 샌드위치맨은 소위 "급료를 받는 산책자"의 상징이다. 벤야민은 다소 극적인 시간의 메타포를 동원해 "샌드위치맨은 산책자의 최후의 화신이다"[28]라고 적고 있다. 직업 및 노동의 세계와는 변별되는 의미를 지니던 산책자는 『파사주 작품』의 이 단편을 보면 직업 세계에 완전히 통합된 것처럼 보인다. 이와 같이 대중이 사회의 합리적 체계 속으로 편입되어 간다면, 그 바깥으로서 산책과 유동하는 대중의 의미론은 어떻게 유효하게 구성될 수 있을까?

합리화된 사회 시스템의 주변부에 유목하는 산책자는 샌드위치맨과 완전히 동일화되는 역사적 순간에 사라진다고 해도 과언이 아니다. 그런 의미에서 샌드위치맨은 벤야민에게 있어 최후의 산책자이다. 하지만 그 양자의 동일성을 지적하는 벤야민의 메모가 여러 다른 메모와 언급들 가운데 하나이듯, 실제 『파사주 작품』의 단편들에는 모순적 관점들이 병존하며, 그 양자가 완전히 동일시되는 것은 아니다. 따라서 산책자, 구경꾼, 샌드위치맨은 '개인'과 '대중' 사이의 멀어졌다가 가까워지는 역동적인 관계 양상을 각기 유형적으로 표시하는 개념으로 이해할 수 있다. 벅 모스 역시 산책자와 샌드위치맨 사이의 유사성과 차이를 동시에 지적한다.[29] 하지만 그는 벤야민의 파사주 단편에 근거하여 산책자를 주로 거리를 배회하면서 급료를 받는 저널리스트와 작가, 경찰 스파이 유형들과 동일시하면서,[30] 벤야민에게 있어 산책자의 한 형상으로 중요하게 자리 잡고 있는 주변부의 유목적 대중으로서 산책자의 의미를 간과한다. 아울러 그는 지식인 한량과 집 없는 거리의 배회자 사이의 경제적 차이를 부각시킴으로써[31] 결과적으로 다시금 '산책자'의 주제 안에서 계급과 계층의 구도를 반복한다.

복합적 형상으로서 산책자의 함의는 이러한 기존의 분석틀을 벗어나는 곳에서 더욱 현재적인 의의를 가질 수 있을 것이다. 벤야민의 '샌드위치맨'은 산책의 종말과 함께 테일러 시스템에 대한 산책자의 패배와 몰락을 시사한다. 그러나 바로 그 종말의 시점에 산책자는 변증법적으로 회귀한다. 크라카우어의 『직장인』이 바로 그러한 사례로 검토될 수 있다. 특히 유목적 양상을 띠는 그들의 '문화적 활동'은 20세기 초 도시 산책자의 회귀와 부활의 방식을 구체적으로 보여준다. 이들은 견고한 근대적 대중의 의미론을 교란하는 유목적인 주변부 대중의 의미론을 구성하는 데에 주요한 이론적 단초를 제공하고 있는 것이다.

개체화의 저주와 유목적 사회성

크라카우어도 초기 글인 『대중의 장식』*Ornament der Masse*, 1927에서는 미국의 한 공장에서 만들어진 인형의 형상을 통해 기계적인 추상화로 치닫는 대중 속의 개인의 모습을 유추하고 있다. 대중 속에서 개인은 자신의 개성적 특질을 상실하게 되고, 사회의 생산 및 소비 메커니즘이 그 내면을 지배하기 시작한다. 이 메커니즘은 대중을 일정한 틀로 묶는 역할도 하지만, 그 기계적 합리성은 정작 개개인간의 유대를 잠식한다.

이 주제는 그의 몇 년 후 저술인 『직장인』*Die Angestellten*, 1930에서 보다 더 구체적으로 다루어지는데, 여기서 그는 20세기 초에 등장한 급료를 받는 직장인들에 주목하고 있다. 특징적인 것은 직장인 대중들이 프롤레타리아 노동자와는 다른 그룹으로 분류되고 있다는 것이다.[32] 그가 바라보는 직장인들은 고도로 산업화된 회사 안에서 최종의 권위와 소통하지 못하는 중간자이며, 이 중간자들은 또한 다른 중간자들의 매개를 거쳐서 최종의 어떤 권위에 도달하고자 하지만 결코 거기에 이르지 못하는 불합리한 구조 속에서 살고 있다.

이러한 양상은 크라카우어가 예시하듯 20세기 문학 속에서는 카프카에게서 잘 찾아볼 수 있다. 카프카의 인물들은 은행원, 외판원, 토지측량기사 등 직장인들이다. 그들은 중간계급의 미로 속을 헤매다가 비극적이고 수수께끼와 같은 종말을 맞이한다. 크라카우어에 따르면 "현대의 거대 기업에서 중간계급의 보스에 의해 점유된 장소를 정확히 드러내는" 카프카의 작품들은 "미로와 같은 인간의 거대 기업의 분명한 초상"[33]을 제공하고 있다.

카프카의 인물들은 에드거 앨런 포나 보들레르가 형상화한 군중보다 산업화가 더 진척된 사회의 대중, 특히 직장인의 멜랑콜리를 잘 드러내고 있다. 그들의 멜랑콜리는 물론 "회사의 구조가 합리화될수록 사람들이 서로 유대를 상실하게 되는"[34] 자본주의 대중사회의 역설에서 비롯된다. 요컨대 대중 속의 개인의 고립은 자본의 논리에 따른 사회 구조의 합리화가 진행되면서 더욱 심화되는 것이다. 이러한 고립의 경험은 『변신』의 주인공 그레고어의 입을 통해서도 직접 진술된다.

> 사무실에서의 근무도 여러 가지로 귀찮기는 하지만, 외판에 따르는 고충은 훨씬 더 각별한 것이다. 기차 시간에 대한 걱정과 불규칙하고 무성의한 식사, 그리고 끊임없이 계속되는 대인관계도 마찬가지다. 일 년 내내 상대가 바뀌고, 어느 하나의 교제도 오래 지속되지 않고 진정으로 가까워지는 사람이 하나도 없다. 이 얼마나 끔찍한 일인가! (카프카, 『변신』에서)

이와 같은 타인과의 유대의 상실은 개체적인 것을 넘어서서 보편적이고 일반적인 것과의 접점을 상실한다는 것을 의미한다. '나'를 벗어나 대중인 '우리'가 되는 것이 특별한 유혹인 이유가 여기에 있다. 그러나 대중 속에 섞인다고 해서 바로 '우리'가 되는 것은 아니다. 그러한 유대를 만들 수 있는 메커니즘들은 강화되지만, 그럴수록 개개인이 충족감을 느낄 수 있는 매개는 빈곤해진다. 크라카우어는 현대 대중의 이런 딜레마를 『대중의 장식』에서 '절대자에 대한 연계성 상실'Die Beziehungslosigkeit zum Absoluten 또는 '개별화'Vereinzelung 과정을 통한 사회적 유대의 상실로 진단한 바 있다.[35] 한편 현대인은 종교적 신앙을 잃어버리고, 다른 한편 초개인적인 사회의 통합이 붕괴되어 '개체화의 저주'Fluch der Vereinzelung를 겪고 있는 것이다.[36]

직장인 대중은 이러한 문제를 특별한 방식으로 해소한다. 그것이 바로 문화적 유목이다. 말하자면 이들의 망실된 사회적 유대는 기존과는 다른 방식의 유대를 통해 복구된다. 크라카우어가 예시하는 바, 유행과 문화상품에 대한 몰두, 스포츠 활동 등 일을 떠난 직장인 대중의 여가 활동들은 대중이 새롭게 만들어내는 유희적 유대의 양상들이다. 경제 영역으로부터 상대적 독립성을 확보하기 위한 대중의 이러한 문화적 활동들[37]은 "메타포적 의미에서" "집 없는 자들을 위한 피난처를 제공"[38]한다.

유목적 대중과 꿈의 도시

루카치가 『소설의 이론』*Theorie des Romans*, 1920에서 말한 바, 현대가 '선험적 실향성'으로 특징지어진다는 것은 당대 대중들이 어떤 지향점을 갖지 못한다는 것을 의미한다. 이러한 존재론적 결핍을 현대 대중은 문화와 유희 속에서 벌충하고자 한다.[39] 크라카우어가 분석하듯이 "매력과 유희에 고픈 대도시 시민들"은 "일에서 벗어나 오락에로"[40] 몰입하고자 한다.

또한 그들은 직장생활의 단조로움을 화려한 문화생활로 벌충하고자 한다.[41] 급료를 받는 직장인들은 음식보다는 "이른바 문화적 욕구를 더욱 높이 간주한다."[42] 이들에게 고향 혹은 집이란 더 이상 "숙박이 아니라 직장인들을 위한 잡지의 광고로 틀지어진 일상이다."[43] 대중문화에 대한 크라카우어의 이러한 관점은 오늘날 대중문화상품에 대한 열광이나 몰입 혹은 현대 사회의 유행 현상을 해명하는 데 중요한 단서가 될 수 있다. 말하자면 문화상품은 정주할 집을 잃은 현대 대중들의 욕구가 기거하고자 하는 처소와 같은 것으로 "마술적인 강제력"[44]을 갖는다는 것이다.

대중들의 이러한 문화 활동과 관련해서 크라카우어의 관점은 '유행'Mode을 개인적이면서 동시에 공동체적 현상으로 보는 짐멜의 관점과도 통한다. 짐멜에 따르면, 유행 속에는 개인의 특별함을 드러내고자 하는 욕구와 타인과 같아지려는 모방의 욕구가 동시에 잠재되어 있다. 그것은 잃어버린 타자와의 유대를 문화적 유행 속에서 되찾으려는 욕구와 다르지 않다. 따라서 유행은 "지속적이고 절대적인 것에서 벗어난 인간이 일시적인 전제적 지배를 필요로"[45] 하듯이 타자에게 몸을 맡기는 현상의 하나인 것이다.

"사람들은 함께 있을 때에만 서로 떨어져 있다는 부담감에서 벗어날 수 있다"[46]는 엘리아스 카네티의 말처럼, 유행도 '함께 있음' 그리고 타자와 '동일시'되고자 하는 대중의 일반적 심리를 표현한다. 즉 그것은 개체의 고립에서 벗어나 유대를 확보하고자 하는 대중 심리의 한 측면을 반영하고 있다. 가령 벤야민이 지적하는 패션의 마력은 "그녀는 세상 모든 사람과 동시대인이었다"는 것인데,

"이것은 패션이 여성에게 줄 수 있는 가장 열광적이며 가장 비밀스러운 충족감이다."[47] "대중을 움직이는 것은 항상 어떤 것이 진리이기 때문이 아니라 언제나 그것이 유행이 되기 때문이다."[48]

남들이 보는 영화와 방송드라마, 남들이 하는 게임을 공유하고자 하는 욕구도 패션에 내재된 대중 심리의 동일시 욕구와 무관하지 않을 것이다. 대중들은 개인들 사이에서 상실된 유대를 그와 같은 일상의 문화적 매체와 상징들을 통해 복구한다. 타자와 동일시되고자 하는 대중의 이런 욕구가 약화되면 대중은 "나르시즘적인 원자들로 해체된다."[49] 대중의 일상의 문화적 상징들은 바로 이러한 창문 없는 단자單子들의 고독을 해소하는 기제이다. 말하자면 그것은 현대가 잃어버린 사회적 유대 즉 보편성을 복구하는 독특한 방식이다. 이른바 상실된 사회성은 일상의 문화적 상징들을 통해서 새로이 매개되고 복구된다. 아울러 과거에 개인이 종교적이거나 예술적인 방식으로 추구했던 초월적 내면성에 대한 욕구도 대중적인 문화적 상징의 외면성을 통해서 일시적으로 충족된다. 유행이나 스포츠, 여행 등과 같은 문화적 사건과 활동들은 이처럼 상실된 초월적 내면성과 사회적 보편성을 대리 보충해주는 효과를 갖는데, 그 양상은 시간적으로 일시적이며, 공간적으로 잠정적이고, 정서적으로 즉흥적이다. 따라서 근대 대중들이 보여주는 이런 독특한 사회성은 종합적으로 말하자면 현대적 조건 속에서 유목적 양상을 띤다고 하겠다.

크라카우어는 『직장인』에서 이러한 문화적 활동을 직장 생활과는 구별되는 주변적인 것으로 파악하지만, 『대중의 장식』에서는 보다 직접적인 것으로 다루고 있다. 이 책에서 그는 "자기완결적 계급"에 속하는 대중이 아닌 "대大부르주아에서 프롤레타리아에 이르는 계층적 다양성"[50]을 띤 문화 소비자들을 거론하고 있으며, 그와 동시에 "들끓음 속에 빠진 시민계층들"[51]같이 과거와는 다른 대중의 재편성 현상을 지적하고 있다. 여기서 새로운 대중 그룹을 형성하는 문화적 요인들에는 책, 패션, 영화, 스포츠, 여행 등 다양한 장르와 장소가 망라되는데, 이러한 것들을 매개로 이루어지는 대중의 재편과 분화의 양상은 '대중의 유목화'로 이어지는 사회문화적 조건이 되고 있다.

물론 크라카우어가 파악하는 대중의 문화 활동은 자발적 행동에 따른 것이 아니라 직장과 사회의 요구에 순응하는 측면도 없지 않다. 1920년대에 일간지 『프랑크푸르터 차이퉁』에 쓴 시리즈 칼럼 가운데 "상점 아가씨들이 극장에 간다"Das kleine Ladenmädchen gehen ins Kino라는 표제의 글[52]에서 그는 현대 대중에게 미치는 영화의 사회적 의미를 거론하고 있다. 여기서 그는 영화를 "사회의 백일몽"[53]으로 정의한다.

> 청소부 아가씨가 롤스로이스를 가진 사람과 결혼하는 일은 현실적으로 쉽게 일어나지 않을 것이다. (…) 그 터무니없고 비현실적인 영화의 상상력은 사회의 백일몽이다. (OM, p. 280)

영화는 현대 대중에게는 내면의 공허를 채워주는 일종의 백일몽과 같은 것이다. 그러나 이러한 비현실적이고 황당한 것이 오히려 대중사회를 정확히 반영한다. 왜냐하면 대중의 의식은 합리적이고 논리적인 것보다는 통속적 꿈과 같은 모티프에 의존하기 때문이다. 그리하여 "영화 모티프의 총체는 동시에 사회 이데올로기의 총체이다. 이 이데올로기는 바로 그러한 모티프의 해석을 통해 탈주술화된다."[54] 영화의 통속적인 모티프들을 우리가 통속적이라고만 폄하할 수 없는 이유는 바로 그러한 통속성이 사회 이데올로기의 총체를 표출하기 때문이다.

크라카우어는 '사무실 기계'office machine에 대비되는 문화적 공간들과 그 사례의 하나로 영화를 분석하면서 다양한 사회적 공간의 문화를 경험적으로 고찰하고 있다. 그러나 그는 문화적 공간과 그 안에서의 활동을 독립적인 것이 아니라, "대중을 주변부에 결박하는"[55] 지배의 확장된 억압 메커니즘으로 보기도 한다. 이러한 시각은 일견 아도르노와 호르크하이머의 『계몽의 변증법』의 선례로 이해되기도 한다. 그러나 크라카우어 자신이 "영화 관객의 소박한 보는 즐거움을 자기 속에 가지고 있고, 상점 아가씨에게서 바로 자신의 일부 반응 형식을 확인한다"[56]는 아도르노의 지적처럼, 그는 스스로 대중문화를 즐기는 소비자이자 현대 산책자의 한 사람이었으며, 대중문화의 비판가이자 동시에 대중문화의 긍정적인 측면도 조명했던 선구적 이론가이기도 했다.[57]

실제로 크라카우어의 글에서는 서술상의 이중성이 자주 엿보인다. 한편 그는 대중의 문화적 활동을 지배 메커니즘의 연장으로 보는 비판적 시각을 견지하지만, 다른 한편 대중문화에 거리를 두는 시민적 교양의 교만이 문화적으로 "가짜 오아시스"[58]를 만든다고 비판하면서, 대중의 문화적 활동에 대한 서술에 열정적으로 몰입하고, 거기에 스스로 동화된 모습을 보이기도 한다. 그가 20세기 초 계급이나 직업의 범주로 파악되지 않는 대중의 활동에 주목하면서, 스포츠 그룹, 여행자 모임, 영화 애호가 등을 직업이나 계약적 노동과는 완전히 다른 차원의 사회성의 사례들로 다루는 것은 우연이 아니다.

일의 일부로 여가가 존재하는 것이 아니라 여가 활동 자체가 점차 일의 영역을 초월하고 그 영역을 포섭하기까지 하는 오늘날의 관점에서 볼 때, 크라카우어는 이러한 변화를 앞질러 추적한 것으로 볼 수 있다. 유목적 대중들은 문화적 공간들을 중심으로 이합집산하면서 합리화된 사회체계의 강고한 틀을 벗어나고자 한다. 파리 근교에서 "하급관리에서 노동자들에 이르기까지" 피난처를 찾아 유동하는 대중들에 대해 크라카우어는 이렇게 말한다. "시간도 목적도 이들 군중의 배회를 강요하는 것은 아니다."[59]

배회하는 이들 대중들의 의식을 가장 두드러지게 특징짓는 것은 '꿈'이다. 꿈은 특히 벤야민에게 있어 개인의 신체적 활동이 아니라 집합적 의식에 속하는 의미를 지닌다. 이 꿈으로부터 깨어남은 산책자가 몰입한 사회의 판타스마고리로부터 벗어나는 각성을 의미한다. 요컨대 꿈으로부터의 각성은 「초현실주의」에 관한 그의 글이 말해주듯 혁명적 계기를 내장하고 있는 것이다. 외젠 아제의 사진이나 키리코의 그림에서 '텅 빈 거리'는 바로 산책자 대중이 꿈에서 깬 상태의 시선을 예시한다. 이러한 각성 역시 사회비판적 함의를 지니지만, 벤야민의 꿈 개념은 바로 그러한 깨어남을 요청하기 위한 사전 단계만은 아니다. 텅 빈 도시공간은 오히려 바캉스vacance의 주기적 회귀와 같이 일정한 휴지와 정지의 의미를 지닌다. 주기적 바캉스처럼 꿈과 깸은 대중의 반복적인 일상을 구성하는 계기들인 것이다.

> 잠과 깨어남에 의해 여러 가지 무늬가 새겨지고 얼룩덜룩해지는 의식의 상태는 단지 개인에서 집단으로만 전이될 수 있다. 개인에게는 외적인 많은 것들이 물론 집단에게는 내적이다. 개인에게 장기들의 감각, 병과 건강의 느낌이 내부에 있는 것처럼, 집단에게는 건축, 유행 그리고 날씨까지 그 내부에 자리하고 있다. (Benjamin, V.1, p. 492)

마치 패션이 개인에게는 우연하고 외면적인 것이지만 집단적 대중의 몸을 이루듯이, 박물관, 아케이드, 기차역, 파노라마, 카지노 등 주로 대중들이 모이는 장소들은 벤야민에게 "집단의 꿈의 집"[60]이며, 집단의 내면을 형성하는 장소이다. 여기서 거론되는 장소들은 정주하는 장소가 아니다. 그리고 이곳들을 방문하는 대중들은 계약이나 계급의 틀 속에 있는 것도 아니다. 요컨대 이러한 도시 공간들은 산책자와 같은 유목적 대중들의 공간인 것이다. 따라서 여기서의 집단이란 유목적 대중이며, 꿈은 이들의 내면을 지배하는 도시의 환등상이다.

크라카우어도 비판적인 어조로, 베를린 파터란트 호텔의 레지던스 카지노 등에서 "그렇게 많지 않은 돈으로 넓은 세계의 숨결을 호흡할 수 있다"[61]는 광고 문구를 내걸고 직장인을 끄는 사례를 제시하고 있다. 특히 '새로운 객체성'the new objectivity을 창출하는 파터란트 호텔의 방들은 비엔나 밤의 경관, 다뉴브 다리를 건너는 전차 등 19세기 이국적 경관의 파노라마를 객실의 장식그림으로 보여준다. "호텔 파터란트(문자 그대로 번역하면 '조국 호텔'이라는 의미—필자)는 전 지구를 포괄한다"[62]고 할 정도이다. 이와 같이 글로벌한 키치 이미지들이 대중의 내면을 구성하는 외부세계의 환등상이다. 그러나 이들 대중들을 사회적 혹은 초국적으로 만드는 계기는 바로 이런 키치적 요소들이며, 여기에 뿌리를 둔 대중의 주술적 꿈은 그들로서는 이해하기 어려운 지적 비판을 가한다고 해서 해체될 수 있는 것이 아니다. 벤야민은 오히려 예술과 영화에서 대중적 키치를 활용할 것을 권하고 있다.

> 그에 반해 형성되고 있는 생생한 형식들에서는 뭔가 따뜻하고 유용하며 마침내 행복을 주는 어떤 것이 포함되어야 하며, 대중에게 가까이 다가가고 그럼에도 그것을 극복할 수 있기 위해서는 그러한 키치를 변증법적으로 자기 자체 내에 수용할 필요가 있다. 영화는 아마도 오늘날 이러한 과제 속에서 성장하고 있는지도 모른다. 아무튼 그 과제는 영화에 가장 근접해 있다. (Benjamin, V.1, p. 500)

벤야민은 '키치'를 "사물이 꿈에게 자신을 드러내는 면"[63]이라고 정의하고 있다. 그것은 "습관으로 닳아빠지고 싸구려 격언들로 양념을 친 면"[64]이다. 기술이 사물의 외관을 완전히 소거시켜버리는 것과 달리, 꿈은 "사물 위에 덮인 회색빛 먼지층"[65]을 이루고 있다. 인류에게 푸른 꿈은 더 이상 존재하지 않는다. 대중은 회색빛으로 변모한 꿈속에서 생각하므로, 이 회색빛 층은 사물에 투사된 대중의 집합적 기억이라고 할 수 있다. 이는 익숙한 것, 흔한 것인 동시에 낯선 것, 새로 만들어지는 것과 상호작용을 통해서 '대상성'Gegenständlichkeit을 형성한다. 합리화된 사회체계에 의해 소거된 사물의 '흔적'을 좇고, 동시에 사물에 덮인 회색빛 '아우라'에 몰입하면서, 산책자는 대상성의 전유와 형성의 과정에 참여한다. "공간이 통속소설처럼 팔리는 현상"이 산책자의 기본체험에 속하듯, 키치 이미지는 통속소설이나 영화에만 국한되어 나타나는 것이 아니다. 획일화된 현대세계를 벗어나 "낯선 느낌과 신선한 충격, 극히 오싹한 이국적인 정서를 추구하는 것"[66]을 모토로 삼는 산책자에게 그것들은 가까운 도시 경관 속에 자리하며, 산책자의 일상의 의식을 좌우한다.

"장소의 정령에 복무하는 사제"Priest des genius loci[67]로서 19세기 도시 산책자의 유형은 20세기 초 대중의 문화적 활동 속에 재편되고 재생산된다. 그들은 현대적으로 가공된 도시 경관을 내면화하고 창발적으로 재생산하면서 유목적 대중의 일상에 참여한다. 내면성이 되어가는 외면성, 초월성을 대신하는 세속성을 도시는 재생산하고 있다. "거리와 주거의 상호침투"[68]가 일어나는 도시에서 개인의 외면은 대중의 내면이 된다. 벤야민과 크라카우어의 논의에서 볼 때, 바로 그러한 외면성의 '허례'와 '속됨' 속에 현대의 고유한 신학과 형이상학이 내장되어 있는 것이다. 이러한 외면성의 문화적 상징들은 상실된 개체성의 유대를 복구하는 현대의 토템이 되고, 이것을 중심으로 모인 유목적 대중들은 유사 부족적 유대를 통해 합리화된 사회가 소거해버린 사회적 유대를 복구하고 그들만의 독특한 유목적 사회성을 구축한다.[69] 도시 산책자와 외유하는 직장인이 갖는 현재적 의미는 이들이 바로 이러한 사회성의 선례적 사례들을 보여준다는 데에 있을 것이다.

도시 산책자의 초국적 유목

가까웠던 것이 '흔적'으로 멀어지고, 멀었던 것이 '아우라'로 회귀하는 현상, 그리고 이색적인 것이 익숙한 것과 교차되는 현상은 현대의 경제적, 기술적 조건들을 통해서 점점 더 일상화되고 있다. 벤야민이 파악한 도시 산책자와 유사한 인지적 특성과 행동양상을 보이는 대중들도 근래 들어 점점 증가하고 있다. 오늘날 도시 산책자는 탈근대적 주체의 양상을 체현할 뿐만 아니라, 산책 역시 일국적 차원이 아닌 다국적 차원에서 이루어진다.

'지구촌'이라는 표현은, 일종의 유사 부족pseudo tribe으로서 유목적 대중이 국경을 넘나들 만큼 경제적, 기술적 조건이 성숙했음을 보여준다. 특히 저가항공의 발달과 이용객의 증가, 그리고 인터넷 사용의 보편화와 정주민이 가졌던 삶의 경계들을 유동화하는 매체의 발달[70]은 도시 산책자들의 유목을 일국적 현상이 아닌 초국적 현상으로 만들고 있다. 19세기 파리의 산책자 유형과 20세기 초 유목적 대중은 오늘날 국경을 넘는 여행자이거나 인터넷을 배회하는 전자적 산책자electronic flaneur[71]로까지 진화하고 있는 것이다.

국경을 넘는 트랜스내셔널 산책의 개념은 단순한 여행의 의미를 넘어 "문화적 전이와 개념적 재위치의 자기 성찰적 과정"[72]으로 자리매김할 가능성을 가지고 있다. 초국적 유목의 시대에는 공간적인 범주를 따라 문화적 충돌과 혼융이 보다 신속하게 이루어질 것이며, 산책은 그러한 충돌과 혼융의 장이 되고, 산책자는 그 장의 새로운 탈주체적 주체로 등장할 것이다.

마페졸리는 유목적 삶의 현재적 의의를 이렇게 요약하고 있다. "19세기에 있어 보헤미안에게 노마디즘은 20세기 말에 통용되고 있는 화폐와 비슷한 의미를 갖는다."[73] 정주적 삶의 틀 안에서 형성되었던 모던적 중심들을 해체하는 포스트모던 부족들의 유쾌한 유목은 최근 철학, 사회학, 매체 및 도시 연구 등 다양한 영역에서 활발하게 탐구되고 있다. 벤야민과 크라카우어의 선행적 작업을 이어가고, 글로벌화하는 새로운 시대적 조건 속에서 그것을 심화하는 작업은 앞으로 풍요로운 지적 유목의 지대가 될 것이다.

I 부

도시와 산책자

생제르맹 대로(大路)의 토요일 밤
그들은 거리의 대중음악 앞에 모여
미쳐간다

페터 한트케, 「산책의 종말」 9연

§

I 부에서는 파리가 근대적인 제국도시로 재구조화되는 과정과 양상을 발터 벤야민의 『파사주 작품』Passagenwerk, 1927~1940과 크라카우어의 『오펜바흐와 그 시대의 파리』Jacques Offenbach und Das Paris seiner Zeit, 1937를 통해 살펴본다. 벤야민과 크라카우어의 두 저술은 공통적으로 제2제정기(나폴레옹 3세 통치기인 1852~1870년) 파리를 소재로 하고 있고, 당대 대도시의 정치 및 사회문화적 생활상을 다루고 있다. 바이마르 공화국에서 나치의 제3제국으로 이행하던 시기의 독일에서 이들이 왜 19세기 파리를 다루었는가 하는 것은 의미 있는 질문이 될 것이다.

산책자 보들레르를 주요 모티프로 채택한 벤야민의 『파사주 작품』에서 엿보이는 19세기 파리의 정조가 멜랑콜리와 우울이라면, 크라카우어의 『오펜바흐와 그 시대의 파리』를 지배하는 정조는 풍자와 웃음이다. 이들은 서로 19세기 파리라는 동일한 소재로 작업하고 있다는 사실을 이미 알고 있었는데,[1] 두 저작은 같은 대상을 소재로 하면서도 상당히 대조적인 방식으로 파리를 서술하고 있어서 비교의 가치가 크다. 하지만 무엇보다 이들에게 19세기 파리는 공통적으로 베를린의 과거사적 범례이자 근대성의 표본이었다. 특히 이들이 다루는 대도시 파리의 장대한 근대적 변화는 도시 산책자 유형의 인물군상들이 생성되는 역동적 과정과 밀접한 관련을 맺고 있다. 산책자들은 지식인, 소비자, 여행자로서 근대도시가 만들어낸 신화 속에 포획되거나 그에 대한 성찰적 저항자로 등장하며, 일종의 탈주체적 주체로서 오늘날 대도시들의 맹아가 되는 19세기 대도시 파리의 장대한 변화를 추동하고 있다.

| 1장 |

오스만과 근대도시 파리의 경관[2]

독일의 문학 비평가이자 사상가인 발터 벤야민이 19세기 파리에 주목한 것은 그 장소가 무엇보다 근대성의 정수를 드러냈기 때문이었을 것이다. 그는 소장학자로서 초기에는 낭만주의 언어 철학과 바로크 비극을 연구했고, 이후에는 독일과 유럽의 문학, 예술, 도시들에 대한 수려하고 심오한 비평문들을 상당수 남겼다. 그의 사상은 오늘날까지 지속적으로 많은 영향을 끼치고 있는 바, 특히 1920년대부터 1940년 프랑스 국경에서 사망하기까지 이어진 파리와 베를린에 대한 관찰과 연구는 문학을 넘어 사회학과 역사철학 분야에까지 많은 영감을 주고 있다. 그 가운데 그가 제시한 '도시 산책자' 형상은 유목적인 근대 및 탈근대 대중의 한 전형으로 이해될 수 있다. 산책자와 그를 둘러싼 도시 경관은 상호 교호하면서 근현대 도시의 일상을 구성한다. 이 장에서는 우선 벤야민의 『파사주 작품』 가운데 「오스만에 관한 장」을 중심으로 근대도시들의 특징적 경관과 그 정치사회적 함의들을 검토해본다.

벤야민에게 『파사주 작품』 단편들은 "19세기의 근원적 역사"[3]를 재구성하기 위한 작업이었다.[4] 특히 파리의 변화에 관련된 방대한 자료들을 인용하고 논평한 이 저작은 완결된 원고가 되지는 못했으나, 근대성에 대한 벤야민의 비판적 시각을 잘 드러낸다.[5]

파사주, 오스만, 실내건축, 보들레르 등 여러 장들로 구성된 이 원고는 벤야민이 1930년대에 쓴 일련의 대도시 관련 논문들과 주제적으로 일치하면서 동시에 상당히 방대한 자료들을 포함하고 있다. 그런 점에서 벤야민의 저작들 가운데 그 중요성은 새삼 강조할 필요가 없다. 그러나 『파사주 작품』 자체가 일련의 인용들과 단편적 주석으로 구성된 점을 감안하면, 행간에 놓인 벤야민의 의도를 파악하는 작업 못지않게, 특정 주제와 관련하여 그의 논지를 재구성하는 창조적 독서가 필요하다.

방대한 『파사주 작품』을 하나의 지구로 보면, 각 장들은 지구의 '경위도 망'[6]에 비유할 수 있을 것이다. 그 가운데 오스만 남작의 파리 개조를 다룬 장은 국가 중심의 근대적 경관이 어떻게 형성되었는지 보여주는 사례일 뿐 아니라, 다른 장들과도 밀접한 주제적 연관성을 지닌다. 이 장은 특히 일종의 '상징'이자 사회적 '메시지', '이데올로기'로 작동하는 근대 도시경관[7]의 정치경제적인 중심화의 논리를 비판적으로 검토하면서 근대성의 이념 일반에 대한 비판으로 나아가고 있다.

물론 『파사주 작품』의 다른 장들과 마찬가지로 「오스만에 관한 장」도 인용과 단편적 논평으로 구성되어 있다. 따라서 오스만의 파리 재구조화 사업을 실제 자료들을 통해 사실적으로 재구성해야

그림 1. 벤야민이 『파사주 작품』을 집필했던 파리국립도서관

할 뿐만 아니라, 벤야민이 그것에 대해 서술하거나 인용한 단편들 행간에 놓인 문맥을 해석학적으로 보충할 필요도 있다. 사실 벤야민의 원고는 미완의 자료라 해도 과언이 아니다. 이러한 보충 작업을 통해서 우리는 오스만의 파리에서 근대의 중심화 논리가 국가와 자본을 통해 관철되는 양상을 확인하게 될 것이다. 이런 검토 과정에서 '진보의 판타스마고리'[8]에 사로잡힌 근대성 일반에 대한 벤야민의 비판적 시각과, 그에 대한 각성으로서 탈중심화를 요구하는 그의 주장을 살펴보게 될 것이다. 파리의 산책자들은 바로 그 중심에 포섭되거나 도전을 감행한, 중심화-탈중심화의 진자 운동 속에 자리하고 있다.

제국도시의 꿈—나폴레옹 3세와 오스만 남작

벤야민이 『파사주 작품』의 「오스만에 관한 장」에서 주목한 파리 재정비 사업은 1853년 나폴레옹 3세(1808~1873)가 오스만 남작Georges Eugène Haussmann(1809~1891)을 책임자로 임명하면서 본격적으로 시작된다. 당시 대통령에 재임 중이던 루이 나폴레옹 보나파르트는 1850년 파리 시청에서 아래와 같은 연설을 하는데, 이 연설은 오스만이 시행할 파리 재정비 사업의 기본 구상을 보여준다.

> 파리는 프랑스의 심장입니다. 이 위대한 도시를 꾸미고, 거기 사는 많은 사람들을 개선하는 데 모든 노력을 기울입시다. 새 길을 열고, 공기와 빛이 들지 않는 밀집 지역들을 정화합시다. 유익한 햇빛이 모든 곳에서 우리의 벽들을 관통하게 합시다.[9]

이후 쿠데타를 거쳐 황제 자리에 오르는 그의 언급 속에서 우리는 생시몽의 사회 이념을 어렵지 않게 엿볼 수 있다. 청년 시절 생시몽주의자였던 나폴레옹 3세는, 소위 순환circulation의 이념[10]에 따라 흐름과 소통을 막는 벽들을 허물고 소통을 통해서 이상적인 공동체에 이른다는 생시몽의 사상에 경도되어 있었다. 그 영향은 파리 재정비 구상 속에서도 구체적으로 나타나고 있다. 이런 구상 아래 1853년 오스만 남작을 사업 책임자로 임명하고 사업을 본격화하면서, 파리는 과거와는 완전히 다른 모습으로 변모하기 시작한다. '제국 수도 개조사업'을 위임받은 오스만은 나폴레옹 3세 사망 이후인 1890년에 쓴 회고록에서 당시를 이렇게 회상하고 있다.

> 제국 수도의 개조작업을 지휘하기 위해 며칠전 갑자기 부름을 받고 되돌아왔을 때 (…) 실제로 이처럼 복잡한 임무를 감당하기 위한 마음의 준비가 사람들의 추측보다는 훨씬 더 잘 되어 있으며, 어쨌든 해결해야 할 문제의 핵심으로 대담하게 뛰어들 준비가 되어 있다고 느꼈다. (『오스만의 회고록』, 1890년 / 파사주 단편 E 3,1)[11]

파리 재정비 사업의 필요성은 이전에도 꾸준히 제기되었고 또 부분적으로 실시되었지만, 제2제정기만큼 대대적으로 정비가 이루어진 적은 없었다. 이 사업의 주요 방향은 1. 새 도로가 낙후된 지역을 관통하도록 할 것, 2. 행정기관들 사이의 소통을 원활하게 할 것 3. 철도를 중심으로 그것에 이어지는 간선도로를 정비할 것, 4. 녹지를 조성할 것,[12] 5. 역사적인 기념비적 건축물 주위에 더 넓은 공간을 확보할 것 등이었다.[13] 이러한 기본 지침 하에 무엇보다도 "황제와 지사는 파리를 프랑스뿐만 아니라 세계의 수도로 만들려고 했다."[14] 그러나 이는 특정한 두 인물만의 생각은 아니었다. 이 사업의 배후에는 부르주아 계층의 이익과 국가주의적 이념 및 제국에 대한 향수가 작동하고 있었다.

특히 당시 파리의 경우에는 근대 국가의 이념이 직접적으로 도시 정비에 반영되었다. 하비에 따르면 1848년 "이상적 공화국의 이미지는 이상적 도시의 이미지와 불가분 연계되어 있었"으며, 당시 "국가는 (…) 부르주아 계급의 지배도구였다."[15] 벤야민은 "나폴레옹

이 국가가 부르주아 계급의 지배도구라는 기능적 본질을 전혀 이해하지 못했듯이, 이 시대 건축가들 또한 철의 기능적 본질을, 즉 철의 등장과 함께 그 구성 원리가 건축을 지배하기 시작하리라는 것을 이해하지 못했다"[16]고 적고 있다. 당시 파사주, 박람회장, 철도역 등의 건설에 사용되기 시작한 철과 유리의 자체 기능적 의미를 이해하지 못했던 건축가들처럼, 왕들도 그 대상인 국가를 통솔하는 독점적 주체가 아니었던 것이다. 다시 말해서 비록 실질적인 수도 개조사업이 나폴레옹 3세와 오스만의 지도에 따라 이루어졌다고는 하지만, 그 이면에는 국가주의적인 부르주아 계층의 이데올로기적 뒷받침이 있었고, 근대화 과정의 진전으로 노동과 자본의 잉여적 축적이 이루어지면서 사회적으로 새로운 공간 관계를 창출해야 할 객관적 필요성도 있었다. 그러한 필요에 따른 기반시설을 만드는 과정에서 드러나듯이 '도로관리자', '운동관리자'로서의 국가-기계State-Machine인 근대국가는,[17] 공간에 홈을 파서[18] 통제하는 관리자의 면모를 드러낸다.

> 국가의 기본적인 임무 중의 하나는 지배가 미치고 있는 공간에 홈을 파는 것, 즉 매끈한 공간을 홈이 파인 공간을 위한 교통수단으로 이용하는 데 있다. (…) 외부 전체, 세계 공간을 가로지르는 흐름의 총체에 대해 법이 지배하는 지대가 군림하도록 하는 것은 모든 국가의 사활적 관심이다.[19]

이러한 국가적 도시 개조사업에 대한 일반의 평가는 오늘날 상당히 엇갈린다. 그 사업을 "매혹적인 옛 도시 파리의 분별없는 학살"[20]로 평가하는가 하면, 또 한편으로는 하나의 도시 재건축 "모범"[21]으로 보기도 한다. 이는 오늘날 학계에서 볼 수 있는 근대성에 대한 양가적 입장과도 무관하지 않다. 오스만의 사업이 '창조적 파괴'로 불렸듯이, 근대성도 파괴와 창조라는 양면성을 수반하는 것이었다. 『파사주 작품』의 단편들을 통해서 이 근대적 도시경관의 전형에 들어있는 중심화의 논리와 그 이면의 양상에 세부적으로 접근해 보자.

원근법과 바리케이드

오늘날 일반적으로 접하는 오스만의 도시 재건축에 대한 평가는 당대와는 상당한 차이를 드러낸다. 특히 벤야민이 파리 국립문서보관소를 뒤지며 작업했던 『파사주 작품』 속의 인용 문헌들에서 볼 수 있는 오스만의 도시 재건축에 대한 반응은 상당히 신랄한 비판들이 주류를 이루고 있다. 장대하고 멋진 경관의 이면에 도사리고 있는 근대 국가의 중심화의 논리와 탈중심화를 통제하려는 전략적 이유들이 이들 비판적인 지적들 속에서 자주 폭로되고 있다.

> 파리의 주요도로를 모두 단 하나의 중심—튈르리 궁이라는 중심—에 기하학적이며 평행하게 연결하는 독특하고 단순한 도로망 체계를 제시했는데, 이것은 방어와 질서 유지를 위한 탁월한 방법이기도 했다. (라티에Rattier, 『파리는 없다』, 1857년 / 파사주 단편 E 8,1)[22]

오스만의 도시 개조사업이 시행될 무렵 파리는 혁명과 폭동의 중심이기도 했다. 폭동에 따른 게릴라전과 시가전에 효율적으로 대처하기 위해 대로들을 만들고 좁은 골목들을 정비할 필요가 있었던 것이다. 비릴리오가 지적하듯 "혁명의 그룹은 그 이상적 형태를 생산의 장소가 아니라 거리에서 얻는다."[23] 따라서 "대중의 순환을 지배할 수 있는 국가의 능력"은 후일 전체주의의 맹아가 되지만 당시에도 "국가라는 거대한 행정적 신체"[24]의 요체였다. 괴벨스가 1931년에 "누구든 거리를 정복하는 사람은 역시 국가도 정복한다"[25]고 했던 것은 우연이 아니다. 거리 통제와 관리는 오랜 기간 동안 통치자들의 지속적인 관심사였다.

19세기 파리에서 "도시를 원근법적으로 조망하려는 전략적 이유"가 여기에 있었다. 도로는 "혁명에 사용될 구조물을 제공하지 않기 위해 포장이"[26] 요구되었다. 도로 포장은 루이 필리프 시절에 도입되었는데, 이유는 혁명군이 "화강암을 건물 맨 위층까지 끌어올린 다음 병사들의 머리를 겨냥해서 던졌고", 이런 종류의 "다른 무기에 쓰러진 자들이 총탄에 쓰러진 자들보다 (…) 더 많았기"[27] 때문이다.

혁명의 과정에서 왕들은 바리케이드를 통해서 탄생했다. 1830년 7월 알제리 전쟁 중에 의회를 억압한 샤를 10세가 퇴위당하고 새로 왕위에 오른 필리프는 혁명군의 바리케이드에 의해 탄생했다고 해서 '바리케이드 왕'이라고 불렸다. 마찬가지로 1848년 혁명의 바리케이드에 힘입어 대통령이 되고 이후 쿠데타를 성공시켜 황제의 자리에 오른 나폴레옹 3세가 바리케이드를 무력화시키기 위한 전략으로 대로를 만들었던 것은 역설적이다. 반면 그들을 탄생시킨 바리케이드 주역들은 제2제정기의 시작과 함께 권력을 고스란히 부르주아들에게 넘김으로써 사회적 소외 계층으로 전락한다.

1848년 혁명 당시 바리케이드 설치 장소는 이미 계급의 분화와 벤야민이 "적색지대"[28]라고 부른 도시 공간의 계층적 분화를 선명하게 드러낸다. "1840년대에 가장 부유한 상인들과 은행가들은 당시 도시의 서북쪽 경계지역에 (…) 쇼세당탱Chaussé d'Antin이라는 새로운 주거지역을 조성했다. 이 지역은 도시 내부에서 계급에 따른 주거분리가 가시적으로 나타난 최초의 구역이었다."[29] 파리의 동북쪽은 노동자 밀집 주거지역이 되고, 서쪽은 부르주아들의 주거지역으로 자리 잡았다.[30] 오스만의 재개발은 빈민들의 주거지역을 관통하는 대로를 설치하여 혁명을 위한 바리케이드, 질병의 근원이 되는 불결함 등을 일소하려 했다. 동시에 이 사업은 프롤레타리아를 도시 외곽으로 내몰면서 계급에 따른 공간의 사회적 분화를 더욱 가속화시켰다.

물론 도로 정비사업은 프롤레타리아 계층을 통제하기 위한 것만이 아니었다. 1850년 무렵 파리에서는 매일 통행하는 마차 대수가 기하급수적으로 늘어나고 있었고 그에 따른 도로 정비가 불가피했다. 카르모나는 프랑스 "정예부대를 가로막는 데 마차 두 대를 뒤집어 놓으면 충분할 정도로 길들이 좁았다"[31]고 당시 파리의 열악한 도로 사정을 요약하고 있다. 파리 인구도 60만을 넘어섬에 따라 당시 유럽에서 100만을 넘은 런던에 이어 두 번째로 많은 인구를 보유하고 있었다.

인구가 많다는 것은 통제가 불가능하다는 것을 뜻하기도 한다. 군중은 일종의 위험 요인을 지닌 존재들로 간주되었고, 이런 생각은 곧바로 오스만의 도시 재정비 사업에도 표현되었다. "도로의 폭은 바리케이드 설치가 불가능할 정도로 넓어야 했고, 병영과 노동자 구역 사이에 최단거리의 길을 내야 했다." 그렇게 해야만 적색 지대에 대한 통제를 효율적으로 수행할 수 있다고 생각한 것이다. "당시 사람들은 그러한 기획에 '전략적 미화'L'embellissement stratégique라는 이름을 붙였다."[32]

"길게 일직선으로 뻗은 도로들을 통해 원근법적 시야를 확보하고자 한"[33] 오스만식의 "거대 관통대로"[34]는 낙후되고 오래된 주거지를 통과하였고, 넓은 도로를 중심으로 양쪽에 건물들을 올리는 형태였다. 오스만이 회고하듯 '자르기'와 '꿰뚫기'는 도시의 이런 외과적 수술을 묘사하는 가장 적합한 말이었다.[35] 하지만 당대인들은 이러한 설계가 무미건조하고 무개성적이며 몰역사적이라고 비난했다.

> 오스만의 프로젝트의 가장 두드러진 특징은 역사적 경험을 경멸하는 것이었다. 그의 도로들은 (…) 대부분 놀랄 만한 관통 방식을 보여주는데, 그것들은 어딘가에서 시작해서 도중에 그 길 안의 모든 것을 파괴하면서 어디라고 할 수 없는 곳에 다다른다. 도로를 조금만 구부려도 이전의 옛 건물들을 보존할 수 있는데도 말이다. (뒤벡과 데스페젤Dubech-D'Espezel, 『파리의 역사』, 1926년 / 파사주 단편 E 5a,1)[36]

그림 2. 개선문을 중심으로 곧게 뚫린 파리 관통대로

기억과 망각의 정치

"어둡고, 좁고, 굽은 길들"[37]을 지워버리는 거대한 관통대로가 뚫리면, 옛 도로들에 새겨진 기억들도 파괴된다. 흥미롭게도 이 무렵 사라져가는 과거를 그림이나 사진으로 보존하려는 노력이 전 유럽에 걸쳐 이루어지고 있었다.[38]

그것은 기억의 파괴에 저항하는 기억의 보존 작업이라 할 수 있을 것이다. 외젠 아제Eugène Atget의 초기 사진들, "늙은 파리의 데드 마스크"[39]라 불린 샤를 메리용Charles Meryon의 동판화 등이 대표적인 예다. 특히 벤야민이 근대적 현상의 일부로 상당히 중요하게 고찰

그림 3. 샤를 메리옹의 동판화. 왼쪽부터 모르그가(1854), 노트르담 성당 후면(1854)

했던 보들레르의 멜랑콜리한 작품들도 이러한 망각을 강요당함으로써 뿌리를 상실한 근대인의 비애적 측면을 반영하고 있다.

> 파리는 변한다! 그러나 내 우울 속에선
> 무엇 하나 끄떡하지 않는다! 새로 생긴 궁전도, 발판도, 돌덩이도,
> 성문 밖 오래된 거리도, 모두 다 내게는 알레고리가 되고,
> 내 소중한 추억은 바위보다 무겁다.
>
> (보들레르, 『악의 꽃』, 218쪽)

오스만의 도시 재구조화 사업은 한편으로는 이와 같이 망각을 강요하였고, 다른 한편으로는 부르주아 역사의 기념비화 작업으로 오히려 주변에 더 넓은 공간과 녹지를 조성하여 국가적 기억의 전승을 꾀하였다. "넓은 대로 끝에 오스만은 원근법을 위해 여러 기

그림 4. 외젠 아제의 파리 거리 사진

념 건조물을 세웠다."[40] 발터 벤야민에게 이런 경관과 기념 건축물들은 망각과 동시에 기억을 강요하는 '일방통행적' 근대 역사의 상징에 다름 아니었다. 잊히는 것은 과거 삶의 흔적들이고, 기억되는 것은 소위 '문화유산'이라 부르는, 승리자의 개선행렬에 동반된 전리품이었던 것이다. 그런 점에서 "현대 대도시는 잘못된 역사가 창조되는 장소이고, 도시의 기념물과 박물관에서 과거는 판타스마고리아가 되었다"[41]고 해도 과언이 아니다. 여기서 역사는 다시금 영원성의 신화의 베일을 쓰게 되는데, 부르주아 기념 건축물들은 이러한 역사의 재신화화를 위한 전시와 홍보 효과를 동시에 의도한 것이었다.

얼핏 정부가 특히 기존의 기념 건축물을 보존하는 일에 심혈을 기울인 것이 기묘하게 보일지도 모르겠다. (…) 그러나 이 정부는 변덕스러운 날씨처럼 민중을 덮치는 것이 아니라 지속적으로 민중의 현존 속에 그 자신을 각인시키고자 한다. (…) 오래된 집은 무너져도 오래된 기념 건축물은 남겨두자는 것이다. (「국경의 전령」, 1861년 / 파사주 단편 E 2,4)[42]

관통대로 끝에 기념비적 건축물을 배치한 오스만식 경관은 부르주아 승리의 역사를 더욱 분명히 상기시킨다. 그리고 역사의 진보와 제정의 영원성이라는 판타스마고리를 통행인들에게 지속적으로 주입하는 이데올로기적 기능에 복무한다. 기념 건축물 주위에는 텅 빈 거대 광장들이 국가적 제전과 대중 집회를 위해 마련되었고, 광장에는 또한 상징적인 국가 영웅들의 조상이 설치되었다. 그것은 국가의 신화와 상징을 무정형의 대중들에게 주입시키기 위한 장치였으며,[43] 도시경관을 획일화하고 개성을 말살하는 것이기도 했다.

석조건물 안에서 압도하는 듯한 영구성을 과시하고 있는 오스만의 건축물들은 제정의 전제적인 통치원리의 완벽한 재현이다. 요컨대 모든 개성적 형식이나 유기적인 자기 발전의 억압, 모든 개성에 대한 근원적인 혐오가 그 원리인 것이다. (호네거Honegger, 『현대 보편문화사의 기초』, 1874년 / 파사주 단편 E 1a,1)[44]

철도와 진보 이데올로기

벤야민이 소개한 것처럼, '창조적 파괴'라 부르던 도시의 이런 재구조화 속에서 오스만의 비판자들은 "중앙집권화의 과대망상벽"을 읽었고, "이 도시 안에서 더 이상 편안한 느낌을 갖지 못하게 되었다."[45] 이에 대해서는 오스만 자신도 나름대로 항변할 만한 말이 없지 않았다.

> 파리는 주민들에게는 커다란 소비시장, 거대한 노동현장, 온갖 야심의 경연장이거나 아니면 그저 만나서 즐기는 장소일 뿐입니다. 고향이 아닌 것입니다. (「오스만의 연설」, 1864년 / 파사주 단편 E 3a,1)[46]

오스만의 변명 속에 이른바 근대도시의 전형적 특징들이 나타나 있음을 확인하게 된다. 더 이상 안온함을 주지 못하게 된 파리는 오늘날 대도시들의 공통된 특징을 보여준다. 즉 도시는 고향이나 주거를 위한 공간이 아니라 노동과 소비의 시장이다. 자본과 노동이 집중되고 잉여 수익이 발생하는 곳이다. 특히 이 잉여를 해결하는 일은 자본주의 산업사회의 불가결한 과제였다.

생시몽의 이념대로 '순환'은 사회적 진보를 이룩하는 데 불가피한 조건이다. 그러한 흐름에 물꼬를 터주는 것이 철도였다. 물론 그러한 순환을 가능하게 하면서 통제하고 조절하는 일은 '도로관리자', '방향전환기' 또는 '인터체인지'로서 근대 국가의 관심 가운데 하나였다.[47] "왜냐하면 국가는 온갖 종류의 흐름들, 즉 인구, 상품

또는 상업, 자금 또는 자본 등의 흐름을 어디서라도 포획하는 과정과 분리될 수 없기 때문이다."[48] '순환'이라는 생시몽의 이념은 이러한 근대 자본주의 국가의 이해에 잘 들어맞는 개념이었으며, 철도는 특히 시장, 재화, 공간의 등가적 획일화를 가능케 함으로써 그 이념을 대표하는 물적인 토대가 되었다.

이러한 국가적 관심을 대표하는 파리의 주요 철도는 이미 필리프 왕 시절에 기본적인 골격을 갖춘 것으로 알려져 있다.[49] 따라서 철도와 관련된 오스만의 사업은 주로 철도역과 간선도로를 연결하는 일에 집중된다.

> 철도역은 오늘날 파리로 들어가는 주요한 현관이 되었다. 이것들과 도심을 대규모 간선도로로 연결하는 것이 시급히 필요했다. (『오스만의 회고록』, 1890년 / 파사주 단편 E 2a,5)[50]

1825년 영국을 필두로 1835년 독일, 1838년 러시아, 1839년 이탈리아 등이 잇달아 철도 운행을 시작했다. 프랑스에서는 앙드레지외–생테티엔 간 노선이 1827년 최초로 완공되었는데, 원래는 광물 수송만을 위한 것이었으나 1832년부터 여객용으로도 활용되었다. 같은 해에는 리옹–생테티엔 간 노선도 개통되었다.[51]

1820~30년대에 걸쳐 처음 철도가 개통된 이후 그것은 '공간과 시간의 소멸'을 주도하며 근대 문명의 상징이 된다. 철도는 "속도와 공간의 새로운 정신적 지각"[52]을 일으킴으로써 근대의 공간 인식에 상당한 변화를 가져온다. 경관이 "유럽인들로 하여금 자신들을 둘

러싼 세계 및 그 세계와 맺는 그들의 관계를 표현하는" "인종의 보는 방식"[53]을 드러낸다고 한다면, "운송장치의 이동 속도와 시선이 도구적으로 결합되는 중간 정착지"[54]라고 정의되는 '도시' 경관은 정치, 경제, 사회적 측면에서 심대한 것이었다고 할 수 있다. 국가와 제국의 경영도 이렇게 달라진 인식을 반영한다. 철도는 도로와 마찬가지로, 당시 중앙집권적 정치체제에 반대하는 '혁명들' 및 '빈곤'과의 대결에서 첨병 역할을 하는 것으로 이해되었다.

> 새로운 간선도로가 생기면 (…) 파리 중심부를 몇 개의 역과 연결시켜 역의 혼잡을 줄일 수 있을 것이다. 다른 간선도로들이 빈곤과 혁명에 맞선 싸움에 참가하게 될 것이다. 전염병의 진원지나 폭동의 중심지로 파고들어가고, 상쾌한 공기의 유입과 더불어 군대의 도착을 가능하게 하고 (…). (라롱즈Laronze, 『오스만 남작』, 1932년 / 파사주 단편 E 3a,3)[55]

'도로와 철도가 합심하여 빈곤과 사회적 불만세력들의 혁명에 맞선다'는 생각은 도시기획자들의 기본적인 이데올로기적 입장을 분명하게 드러낸다. 루이 필리프 시절부터 지배계급은 "보유 주식에 유리한 상황을 조성하기 위해 철도 건설을 촉진"[56]하기도 했다. 더 나아가 철도를 통해서 표방하던 국가 상호간의 순환과 소통이라는 이념 배후에는 제국주의의 팽창의식이 도사리고 있었다.

1820, 30년대에 이미 유럽통합을 주창했던 생시몽주의자들은 그들의 기관지 『르 글로브』*Le Globe*를 통하여 "세계 민족들을 생산적

교역과 사회의 조화 속에 결합"[57]한다는 이념을 퍼뜨렸다. 순수한 의미에서 생시몽주의자들에게 도시들은 "어떤 국가적인 그리고 사실상 글로벌한 체계의 일부"[58]였고, 철도를 통해서 서로 매개될 수 있었다. 그러나 철도를 이념적으로 뒷받침하던 "생시몽주의자들은 세계적인 산업의 발전은 예측하였으나 계급투쟁은 예상하지 못했다."[59]

이러한 낭만적 이념의 주창자들은 '프랑스의 중심화'French centralization를 전제하고 있었고, 이는 곧 파리의 중심화로 귀결되는 것이었다. 푸리에의 우주적 몽상[60]을 모방하여 철도를 통해서 파리는 국가의 중심이 되고, 유럽의 중심이 되며, 더 나아가서는 세계의 중심, 우주의 중심이 된다는 라티에Rattier의 꿈속의 파리 이야기는 10년 후에 야유로 바뀌지만, '국가-기계'state-machine에서 '행성-기계'planet-machine[61]로 나아가려는 제국주의적 팽창 의지의 허황된 단면을 잘 드러낸다.

> 다음날 이탈리아, 스페인, 덴마크, 러시아는 법령에 의해 파리 시에 합병될 것이다. 3일 후에는 노바야제믈랴 제도와 파푸아인의 섬까지 시의 경계가 확대될 것이다. 파리는 세계가 되고, 우주는 파리가 될 것이다. (…) 파리는 머지않아 하늘로 솟아올라 하늘 중의 하늘 위로 올라가서는 행성과 별을 교외로 통합할 것이다. (라티에Rattier, 『파리는 없다』, 1857년 / 파사주 단편 E 7a,4)[62]

철도를 매개로 이루어지던 이러한 중심화는 주변을 소외시키는 결과를 벗었다. 파리는 생필품을 공급하던 주변의 로컬에 상대적으로 덜 의존하게 되고, "주된 시장이자 주된 생산의 중심"[63]으로서 원거리 로컬의 노동력들까지 파리로 유입시키면서 중앙집중화와 함께 로컬의 공동화 현상을 초래했다.

물론 오늘날에 비해 극히 적었던 도시 인구나, 소도시와 농촌이 인구 대부분의 생활터전이었던 당시 유럽의 상황[64]을 고려하면 이러한 집중화 양상은 다소 예외적인 면이 없지 않다. 그럼에도 불구하고 철도는 "교외를 시내로 통합하는"[65] 데 결정적인 역할을 했다. 1860년 파리는 소읍들을 파리 시로 병합하면서[66] 12개 구에서 20개 구로 재편되었다. 파리의 확대는 동시에 지방 소도시들을 기능적으로 약화시켰다. 그도 그럴 것이 당시 파리는 사회의 경제적 계급에 따른 거주지역의 경계가 뚜렷이 나타나고 있었기 때문이다.

로컬의 자율성은 "접근의 어려움"[67]으로 인해 그나마 부분적으로 보장되는 형편이었지만, 로컬 엘리트들은 지방의 운송과 통신시설을 개량함으로써 역설적으로 중앙집중화에 일조했다. 1860년대부터 탈중심화의 담론들이 등장하여 로컬의 자유라는 명분을 찬양하고 지방자치 공동체를 지지했지만, 그것이 과연 로컬 자체를 위한 것이었는지는 의문의 여지가 있다. 그것은 가령 중앙행정의 효율적인 전파를 위해서였거나(보나파르트주의자Bonapartists) 로컬 귀족이나 성직자들에게 힘을 실어주기 위해서(왕당파royalists)였고, 또는 지방 부르주아가 주체가 되는 지방 민주주의를 위해서였거나(공화주의자 repubricans) 정치적 연대를 위해서(공산주의자communists) 등의 이유에 따른 것이었다.[68] 특히 파리 대對 프랑스 전체가 도시 대 농촌의 대립관계urban-rural contradiction로 나타날 정도로 파리의 중심화는 극심했고, 철도는 그 중심화의 혈관 역할을 했다.[69]

여기서 벤야민은 기술과의 결합을 통해 더욱 현실적 힘을 얻는 전체주의, 제국주의, 나아가 근대성 일반의 이데올로기적 측면에 주목한다. 그에게 "진보라는 개념은 자연세계에 대한 기술적 지배와 그에 수반된 다른 인간 존재에 대한 착취의 이데올로기적 기초이다."[70] 근대적 기술과 결합한 진보 이데올로기는 제국주의적 의식을 치장하고 문명을 가장한 야만의 기록으로 전락한다. 이런 전락은 또한 "문명의 전도사"[71]나 '한 쌍의 은빛 날개를 가진 천사'에 비유되기도 하던 철도의 숨은 역설을 드러낸다.[72]

'진보의 표상'은 벤야민이 블랑키를 빌려 표현하듯 "역사 그 자체의 판타스마고리"[73]이다. 이는 신화로부터 벗어나려는 근대 합리적 역사관이 신화로 다시금 퇴행하는 역설을 보여주는 것이기도 하다. 기실 문명의 진보라는 가상 이면에 가려진 도시 공간 내부에서 가장 야만적인 계층화와 타자화가 심화되고 있었던 현실은 이러한 역설을 입증하고 있었다.

콜레라와 위생 이데올로기

> 도시의 재건은 (…) 노동자들로 하여금 변두리 지구에 살도록 강요함으로써 그때까지 부르주아들과 맺고 있던 이웃관계의 끈들을 끊어버렸다. (르바쇠르Levasseur, 『프랑스 노동계급과 산업의 역사』, 1904년 / 파사주 단편 E 2,1)[74]

그림 5. 스트라스부르 대로

그것은 사람과 사람 사이의 이웃관계를 망가뜨리는 데에도 한 몫했다. 당시 콜레라는 파리의 더러운 공기와 가난에서 비롯된다고 생각되었다. "1832년 콜레라가 유행하자 그들(생시몽주의자—필자)은 환기가 잘 안 되는 구역들을 해체시킬 것을 요구했다."[75] 그뿐만 아니라 파파야니스에 따르면, "질병과 혁명은 1830~1880년 사이 유럽을 통틀어 도시 중산층의 가장 큰 쌍둥이 걱정거리였다."[76]

이들은 콜레라의 원인으로 빈곤층의 불결함을 지목했고, 병, 지역, 계급이 일정한 연관성을 가진다고 생각했다.[77] 1852년 스트라스부르 대로가 뚫리면서 시장 구역이 파괴된 것은 그러한 생각이 도시 정비로 표현된 대표적인 예다.[78] 위생 이데올로기는 도시 재정비의 근거가 되었고, 노동자와 극빈자를 외곽으로 몰아내는 명분이 되었다. 이로써 사회적 계급 간의 위화감과 불신이 커지고, 콜레라에 대한 중산층의 공포는 가난과 불결함에 대한 적대감으로 표출되었다.

"대하수구를 판"[79] 것으로 알려지는 오스만의 하수도 정비 사업도 이전부터 문제가 되었던 공공의 위생개선 문제를 해결하기 위한 측면이 있었다. "온갖 종류의 유령이 (…) 드나들고," "도처에 썩는 냄새와 독기가 가득 차있었던"[80] 것으로 알려진 파리의 하수구는 개조가 불가피했다. 그러나 이러한 위생을 위한 공익사업이 1830년대에 극에 달했던 콜레라에 대한 부르주아 중산층의 알레르기 반응을 계승하고 있다는 점 또한 간과할 수 없다.

오스만이 로마 제국의 하수도와 빈번히 비교했던 하수도 개조는 부유층을 위한 라인과 도시의 하층민을 위한 라인으로 이원화되었고, 도시 환경에 대한 감각적 경험도 계층별로 차이가 난다고 생각되기 시작했다. 부르주아들이 냄새에 민감한 반면, 가난한 계층은 그에 무관심하다는 것이다. 이와 같이 빈민계층을 적대시하는 타자화의 과정은 경제적 측면에서 심미적 감각의 측면에까지 확대되었다.[81]

하수도는 일종의 '후각의 혁명'을 시도하는 것이었다. 동시에 하수도의 이미지는 지상세계와 대별되는 지하세계로서 매춘, 혁명, 질병 등을 연상시켰고, 당대 부르주아들의 계급적, 도덕적 의식이 투영되어 있었다. "사람이 많이 모인 곳에는 매춘이 불가피하듯, 하수도가 불가피하다."[82] '분수'나 '연못'이 순결한 여성의 표상을 대변하는 공간이 되었던 반면, 하수구는 "여성의 섹슈얼리티의 위험한 이면"[83]을 대표하는 것으로 코드화되고 있었다. 지하에 자리 잡은 하수도 공간은 젠더화되어 어두운 매춘의 표상이 되었던 것이다.

하수도는 오스만 시절 사회, 도덕, 감각의 측면에서 부르주아가 수행한, 빈민계층과 여성에 대한 왜곡된 타자화를 반영하는 거울이었다. 여성의 섹슈얼리티와 프롤레타리아의 혁명성은 동시에 부르주아들의 도덕적 계급의식을 위협하는 것이었고, 이는 문명에 대립되는 일종의 야만성으로 코드화되었다. 이성적/비이성적, 자연/문화, 남성/여성, 가시적인 것/비가시적인 것이라는 19세기의 이원적 메타포 속에서 하수도는 길들여지지 않은 지하세계의 비합리적 자연, 야만, 위험을 표상하는 것이었다.[84] 실제로 프랑스-프로이센 전쟁이 발발했을 때, 독일군이 하수도로 침투해올 것이라는 부르주아 대중의 공포심을 잠재우기 위해서 파리의 하수구들로 이어지는 하수도 주수로를 봉쇄하는 해프닝이 벌어지기도 했다.[85] 하수도의 개량은 파리 시내 환경과 센 강의 수질을 개선하는 효과는 있었지만, 대외적으로는 국가 간, 대내적으로는 계층 간의 타자화를 심화하는 문명과 진보의 이데올로기에 의해 추동된 도시 개발의 사례이기도 했다.

시간과 공간의 판타스마고리

부르주아의 대변자였던 오스만은 이처럼 빈민과 노동자들에게 적대적이었다. 그는 심지어 슬럼이었던 "시테 섬의 빈민 주거지를 없애버리는 데 성공한다."[86] 1870년 무렵에 그 섬의 거주자는 100명을 넘지 않았다. 또한 빈민주거지 정비를 인구적, 경제적 관점에서 정당화하려는 시도도 등장했다. 오스만 자신이 이미 회고록에서 많은 주거지들을 파괴했지만 파리 전체 거주자는 증가했다고 주장했고, 카르모나는 센 강 지역의 세액이 정비 이전인 "1853년 1,500만 프랑에서 1869년 2,500만 프랑으로 증가했다"[87]고 지적한다.

그러나 이는 빈민계층을 주변으로 몰아내고 중심부를 부르주아들로 채운 결과일 뿐이다. 집과 땅을 가진 부르주아들은 오스만의 사업으로 상당한 이득을 챙긴다. 그것은 곧 땅과 집을 삶의 공간이라기보다는 상품으로 보는 사물화된 관점을 대표한다. 시테 섬의 주택 보상과 관련하여 벤야민은 오늘날 이른바 '장소 마케팅'의 원조라고 할 만한 흥미로운 일화를 소개하고 있다.

> 어느 날 시테 섬의 한 석탄상이 관인이 찍힌 임대차 계약서를 제시했는데, 날짜는 실제보다 몇 년 전으로 되어 있었다. 이 단순한 남자는 벌써 낡은 집으로 한몫 단단히 잡았다고 믿고 있었다. 그러나 이 남자는 이 서류종이의 투명무늬 위에 제조 연월일이 새겨져 있다는 것은 알지 못했다. 소송 대리인이 종이를 밝은 곳에 놓자 계약 연도보다 3년 뒤에 만들어진 것이라는 사실이 들통 났다. (오귀스트 르파주Auguste Lepage, 『파리의 정치와 문학 카페』, 1874년 / 파사주 단편 E 9,2)[88]

이 사례와 같이 "오스만 시절 파리 시의 토지수용 심사위원회를 기만하는 것은 하나의 산업이 되었다."[89] 나폴레옹 3세와 오스만은 1858년 무렵 파리 재정비를 위한 재원을 마련하기 위하여 채권을 발행해 '공공사업을 위한 기금'을 조성하기도 했다.[90] 재개발지역의 토지를 수용하여 보상하고 새로운 시설을 건설하기 위한 기금이었다. 은퇴한 파리의 상인들은 이를 믿을 만한 투자처로 간주하였고,

실제로 상당수의 부르주아들이 부자가 되었다. 1860년대부터 오스만의 사업은 점점 더 그 규모를 확장하여, 기금뿐 아니라 의회의 승인이 필요치 않은 상당액의 대부로 사업비를 충당함으로써 재정 부담을 가속화시켰다.[91] 이는 결국 황제와 오스만 비판자들에게 강력한 비판의 빌미를 제공함으로써 후일 이들에게 상당한 정치적 부담을 안겨주게 된다.[92] 도시 내 땅값 인플레이션이 커지면서 빈민들은 외부로 더욱 밀려나게 되었고, 도시 내의 계층격차는 커졌으며, 지역별로 "서쪽의 부유한 부르주아 구역과 북쪽, 남쪽의 노동계급 구역 간의 지리적 격리"[93]도 점점 심해졌다.

이러한 계층화와 타자화의 과정을 거쳐 조성된 "거리들은 완성되기 전에는 천막으로 덮어두었다가 기념비처럼 제막식을 거행했다."[94] 막대한 비용이 소요된 도시 재정비는 이처럼 제국도시의 위용을 드러내고자 하는 기득권 부르주아적 계층의 제의의 일부였다. 이 제의는 또한 일종의 '신성의 세속화'The secularization of the sacred[95]라고도 할 수 있었다. 18세기 이래로 사상, 문학, 사회 등 전방위적으로 가속화된 이러한 세속화의 양상은 제국 도시의 경관을 구축하는 주체들을 통해서, 그리고 그들이 만든 근대적 도시경관 속에서 그 구체적인 모습을 드러냈던 것이다.

이러한 세속화는 부르주아적 제의의 장소로서 도시 중심에 자리한 텅 빈[96] 거대 광장과 거대 관통도로를 통해 구현되었고, 실제로 거기서 제의적인 제막식이 거행되기도 했다. 생시몽이 도시 엔지니어들을 "문명의 사제"Priest of civilization[97]라고 부른 것은 우연이 아니었다. 문명과 야만의 경계를 가르는 데 바탕을 둔 이들 사제들의 도시 기획은 벤야민의 표현대로 "공간의 판타스마고리"[98]를 창출한다. 이는 관통대로, 기념비적 건축물, 그리고 거대 광장이 만들어내는 광휘였다.

아울러 금융자본과 결탁한 투기도 도시 재개발에서 표면화되었는데, 그것은 일종의 "시간의 판타스마고리"[99]를 제공해주었다. 토지와 주택은 도시 정비를 위해 환금될 수 있는 담보로서, 부르주아들의 투기 심리를 끊임없이 자극했다. 또 산업자본이 조장하는 투자는 도박과 유사한 양상을 띠고 나타났다. 벤야민에 따르면 당시 "파리는 투기의 전성기를 맞이하고 있었다. 주식투기가 봉건사회에서 전해온 도박의 형식을 대치했다."[100]

> 잊지 말라, 시간은 탐욕스런 노름꾼임을,
> 속임수 안 써도 매번 이긴다는 것을! 그건 철칙이니
> (보들레르, 『악의 꽃』, 176쪽)

"산책자는 공간의 판타스마고리에 몸을 맡기는데, 이것은 도박꾼이 몰두하는 시간의 판타스마고리에 상응하는 것이었다."[101] 시간과 공간의 판타스마고리는 상품의 물신적 성격에 대한 마르크스의 인식을 벤야민이 원용한 것이다. '판타스마고리'Phantasmagorie는 벤야민의 정의에 따르면 "상품을 생산하는 사회가 (…) 자체를 둘러싸는 광휘이다."[102] 광채, 광휘, 환(등)상으로 번역되는 이 말은 이론적으로 보자면 우선 마르크스에게서 유래하는데, 마르크스는 물질로서의 상품이 아닌 사회적 성격을 띠는 상품의 측면을 드러내

기 위해 이 표현을 도입했다. 요컨대 "상품 형태나 이 형태가 나타내는 바의 노동 생산물들의 가치관계는 노동 생산물의 물리적인 성질이나 그로부터 생겨나는 물적 관계와는 절대적으로 아무런 상관이 없다. 그것은 인간 자신들의 일정한 사회적 관계일 뿐이며, 여기에서 그 관계가 사람들의 눈에는 물체와 물체의 관계라는 판타스마고리적 형태를 취하게 된다."[103] 상품은 이런 과정을 통해 이른바 '물신적 특성'Fetischcharakter을 띠게 되는 것이다.

벤야민은 판타스마고리 개념을 다소 변형하면서 확대하고 있다. 이 점은 그가 프랑크푸르트 사회연구소 측에 『파사주 작품』 프로젝트를 설명하는 대목에서도 나타나는데, 거기서 그 개념은 문화 일반으로 확대된 외연을 지닌다. "문화의 사물화된 표상에 대한 연계와 마찬가지로, 무엇보다도 이전 세기에 빚지고 있는 새로운 상품 생산을 조건으로 하는 창조물들과 삶의 형식들이 어떻게 판타스마고리의 총체에 연관되는지 서술하는 것이 이 연구의 과제이다."[104] 그에 따라 벤야민은 『파사주 작품』의 각 장에서 상품 교환가치의 판타스마고리, 군중의 판타스마고리, 실내의 판타스마고리, 공간과 시간의 판타스마고리 등 다양한 양상의 판타스마고리들을 언급하고 있다. 「오스만에 관한 장」은 그 가운데 특히 시간과 공간의 판타스마고리와 연관된다.

여기서 벤야민이 또 한편으로 강조점을 두었던 것은 이러한 판타스마고리가 영향을 미치는 산책자들의 집단적 의식이다. 이는 '대중의 집합적 꿈'이라는 벤야민적 모티프로 이어지는데, 이것에 대해서 아도르노는 마르크스의 객관적 관점을 벤야민이 주관적으로 전용하고 있다고 비판적으로 지적한 바 있다. 그러나 이러한 지적이 과연 더 풍부한 이론적 결실로 이어졌는지는 의문이다. 벤야민의 판타스마고리는 단순히 객체적 대상에 귀속되는 것도 주체적 의식에 귀속되는 것도 아닌, 사물과 주체 사이에 어떤 아우라적 관계를 표현하는 새로운 개념이기 때문이다.

당대 파리의 재개발을 통해 구축되던 이 판타스마고리에 가장 먼저 도취한 사람들은 기득권 부르주아들이었다. 이 무렵 파리 재개발과 동시에 진행되고 있었던 백화점과 소비문화의 형성, 국제적 만국박람회 개최 등은 이러한 도취적 분위기를 더욱 확산시켰다. 무슨 제의라도 거행하듯 끊임없이 거리는 넘치는 에너지로 치장되고, 부르주아들은 시간을 돈으로 환전했다. 오스만의 도시 재정비 사업은 1870~71년에 걸쳐 벌어진 프랑스-프로이센 전쟁, 파리코뮌, 파리 대화재 등 일련의 사회정치적 격동과 불안으로 인해 막을 내린다. 그러나 그 사업은 여전히 19세기 근대적 공간과 시간이 제국주의적 국가와 부르주아 산업자본에 의해 어떻게 구축되고 확산되는지, 그리고 어떠한 내부적 모순을 드러내는지 보여주는 주요한 모델이라고 하겠다.

오스만의 20세기 후예들

오스만의 파리 재구조화 과정에서 반복되는 레퍼토리였던 신고전주의 양식의 광장과 거대한 관통도로는 프랑스 아비뇽, 리옹, 마르세유 등의 지역에도 복제되었을 뿐 아니라, 유럽 전역에 있는 근대

그림 6. 파리 콩코르드 광장의 오벨리스크

대도시들의 전형이 되었다.[105] 이후 이 구조물들은 미국의 워싱턴과 시카고에 이식되었고, 파리의 콩코르드 광장의 1903년판 모방이 여전히 오하이오에 존재할 정도로 대표적인 근대적 도시경관을 구성하게 되었다.[106] 오늘날 이 경관들은 관광객을 모으는 장소로 변질되었지만, 19세기 파리에서는 제국도시의 권위를 과시하고 도시의 합리적 통제를 용이하게 하기 위한 일종의 근대적 중심화의 상징 역할을 했다. 그러나 인구와 재화가 파리와 그 주변에 집중됨으로 인해 역설적으로 프랑스는 집중화가 덜 이루어진 나라들에 비해 정치적 부침을 심하게 겪기도 한다.

벤야민의 『파사주 작품』의 한 장을 차지하고 있는 오스만의 파리 재구조화 사업은 근대성에 대한 벤야민의 성찰과 관련하여 연구사에서 상대적으로 덜 강조된 느낌이지만, 1930년대의 현대 정치사와도 긴밀히 연관된 것이다. 벅 모스에 따르면 벤야민이 나폴레옹 3세에 초점을 맞춘 것은 히틀러의 부상에 대한 응답이었으며, 오스만은 히틀러 시대의 도시계획가 알베르트 슈페어Albert Speer의 국가주의적 도시계획을 상기시킨다는 것이다.[107] 크라카우어도 1937년 저서인 『오펜바흐와 그 시대의 파리』에서 나폴레옹 3세와 히틀러 사이의 유사점에 대해서 논하고 있으며, 이후 살펴보겠지만 그의 제2제정기 파리에 대한 묘사에 바이마르 공화국을 거쳐 제3제국으로 나아가는 베를린의 사회정치적 변모 과정이 투사되고 있다.[108]

1848년 혁명 이후 자유를 기꺼이 희생하고 독재자를 옹립한 파리의 부르주아들의 행보가 벤야민과 크라카우어 같은 20세기 초 독일 지식인에게 파시즘 지지 세력으로 변모하기 시작한 바이마르 공화국의 부르주아들과 유사하게 보인 것은 우연이 아닐 것이다. 그런 점에서 19세기의 수도 파리에 대해 포괄적인 검토와 비판을 가한 벤야민의 『파사주 작품』과 그보다 일찍 출간된 크라카우어의 『오펜바흐와 그 시대의 파리』는 뚜렷한 주제적 유사성을 갖는 정치적 문건들이다.

여기서 우선 지적해둘 것은 벤야민이 19세기 파리와 20세기 초 베를린 사이의 이러한 역사적 상관성 속에서 근대성의 한 전형적 양상을 도출하고 있다는 사실이다. '전근대적이면서도 지극히 근대적인 파시즘의 양상'[109]은 모더니티 자체에 대한 반성을 불가피하게 한다. 그에 따르면 "자체의 판타스마고리에 의해 지배되는 세계, 바로 그것이 (…) 근대성이다."[110] 그 중심은 가득 찬 듯하지만, 텅 비어있고, 견고해 보이지만 파국을 향하는 잔해들로 이루어져 있다.

19세기 제국도시의 광대한 광장과 관통도로의 빈 공간도 상징적으로 이러한 텅 빈 중심의 모습일 것이다. 오스만의 도시 개조는 판타스마고리를 돌로 만들어 영원성을 부여하는 작업이었지만, 그 영원성은 근대성의 불안하고 한시적인 환등상의 일부일 뿐이다. 벤야민은 파사주 단편들을 통해서 이러한 근대성의 중심의 허상에 대한 '각성'을 요청하고 있다. 이는 금융 및 산업자본과 결탁한 부르주아 국민국가 역사의 연속성을 파괴하는 탈중심화의 작업으로 평가할 수 있다.

| 2장 |

19세기 꿈의 집들

파사주—꿈의 공간

오스만의 관통대로가 실외에 만들어진 것이라면 파사주는 '실내의 대로'라고 할 수 있다. "그것은 실제로 실외의 대로와 연결되었고"[111], 투명한 "유리지붕에 대리석으로 깔은 길이 집들 사이를 지나가는"[112] 형식으로 지어졌으며, 길을 덮어서 실내화하고, 양쪽으로 상점들이 도열해 있는 구조를 띠고 있었다. 오늘날 쇼핑몰과 백화점의 전신이라고 할 수 있는 이러한 파사주들을 벤야민은 '상품자본의 신전'Tempel des Warenkapitals이라 부르고 있다.[113]

18세기 말부터 건축되기 시작하여 유럽 각지에 널리 퍼진 파사주는 1850년 경 쇠퇴하고 백화점으로 대체되기 시작한다. 그러나 파사주는 몰락한 부르주아의 꿈처럼 벤야민에게 근대 자본의 상징적인 건축물로 인식되고 있다. 오스만의 도시 재정비가 정치권력의 중앙집권적 야심에 따른 도시경관의 변화를 보여주는 사례라

그림 7. 파리의 파사주

면, 파사주에서 백화점으로 이어지는 상업적 도시 건축물의 발전은 산업자본의 축적과 상품소비의 확대를 드러낸다. 파사주와 함께 백화점의 원리도 오스만의 원근법적 통일성을 견지하는 도시와 거의 동일하다.

> 백화점의 원리. 각 층이 하나의 단일한 공간을 이룬다. 말하자면 사람들은 그 층들을 한 눈에 둘러볼 수 있다는 것이다. (기디옹Giedion, 『프랑스에서의 건축』 / 파사주 단편 A 3,5)[114]

당시 대표적인 백화점으로는 '봉 마르셰' '루브르' '벨 자르디니에르' 등이 있었는데, "봉 마르셰의 매출은 1852년에는 45만 프랑에 불과했으나 1869년에는 2,100만 프랑까지 증가했다"[115]고 한다. 이러한 백화점의 발전은 원래 파사주가 가진 상품사회의 원형적 이미지를 훼손하기보다는 오히려 더욱 그 기원에 대한 관심을 촉발한다. 원래 파사주는 '갤러리형 거리'[116]에서 시작되어, 이 거리를 지붕으로 덮어서 비를 피하도록 한 데서 비롯되었다. 그 회랑복도식 구조에 상점들이 입점해 쇼핑가를 이룬 것이다. 난방이 들어오고 비도 맞지 않는 이 거리는 유토피아적 이미지를 담고 있지만, 실상은 "온갖 소규모 잡상인이 모이는 집합소이다."[117]

욕망을 북돋우는 이 상품의 신전은 큰 예배당이 작은 예배당을 거느리듯이 큰 상점이 작은 상점들을 거느리는 형태로 도열해 있었다. "이러한 갤러리들은 소매점에 할당되었는데, 이곳의 상품들은 통행인들이 점포 앞이 아니라 내부 자체를 왕래할 수 있는 형태로 진열되었다."[118] "파사주: 외부가 없는 집들과 보도. 마치 꿈처럼"[119]이라는 벤야민의 기록처럼 파사주는 구조적으로 실내와 실외의 구분이 없는 '꿈'과 같은 공간구조를 구현하고 있었다. 특히 차단되어 있으면서도 투명하게 드러나 보이는 유리 진열창은 이러한 파사주의 주요 원리를 대표하는 장치였다.

유리 진열창의 도취

유리는 당대에 신소재로 쓰이기 시작했는데, 그것은 대중민주주의 소비사회의 역설을 대변하는 재료였다. 요컨대 그것은 투명해서 열린 듯하지만 닫혀있다. 벤야민도 이러한 유리의 역설에 주목했다. 그것은 마치 가짜 유토피아처럼 갇힌 자들에게도 전망을 마련해준다.

"파리의 모든 거리를 유리지붕으로 덮으려 한다고 들었어. 그렇게 하면 아름다운 온실이 되겠지. 그러면 우리는 안에서 멜론처럼 살 거야."[120] 1827년 파리에서 초연된 연극 대본에 나오는 이러한 풍자는 푸리에의 유토피아를 상기시키는데, 벤야민은 그것이 기만적 이상임을 시사하고 있다. 원래 파사주는 온실을 모델로 지어졌다. 유리와 철을 소재로 한 당시의 다른 건축물들도 마찬가지였다.[121] 특히 유리가 가진 현혹적 현시 효과는 보들레르와 같은 산책자들을 매혹시켰다.

너의 두 눈은 진열창처럼,
그리고 축제일에 밝혀지는 나무처럼 빛나고[122]

여기서 '두 눈'은 아무 것도 바라보고 있지 않은 교감이 없는 눈이다. 그런 의미에서 유리 진열창은 현혹적이지만, 사물화된 경험을 반영한다. 벤야민은 「경험과 빈곤」이라는 글에서 "유리로 된 사물들은 아우라가 없다"고 말하고 있다. 유리의 '기능성'은 대중 산업사회를 닮아 있고, '투명성'은 예술의 전시적 가치가 그 전통적 제의적 가치에 우선하는 시대를 상징적으로 표시하고 있다. 파사주, 박물관, 만국박람회 등의 전시적 기능은 유리의 소재적 특성과 잘 부합한다. 잘 구부러지는 철과 더불어 유리는 당대의 첨단소재였던 것이다.

파사주 유리 진열창은 여행객과 산책자들에게 일종의 판타스마고리를 제공하는 경관의 역할을 했다. 그것을 통해서 안은 밖이 되고, 밖은 안이 되기도 했다. 즉 "거리와 집의 도취적 상호침투"[123] 현상이 생겨난 것이다. 이 현상은 동시에 이동의 이미지가 정주의 이미지를 대체하면서 후자를 압도하는 결과로 이어진다. 그 건축적 상징이 '패시지'passage 즉 '지나감'이라는 말과 같은 어원을 가진 '파사주'인 것은 우연이 아니다. 그것은 "사치품 거래의 중심"[124]이자, "낯선 여행객들을 매혹하는 지점"[125]이었다. 시인 아라공은 그것을 '인간들의 수족관'[126]이라고 불렀다. 그곳을 방문하는 대중은 이 환등상적 건축물을 휘감는 베일이 된다.

군중—산책자의 은신처

> 군중 속에서 도시는 때로 풍경이고 또 때로는 방이다. (Benjamin, V.1, p. 54)

벤야민은 유리 진열창에 대한 언급을 통해서 '정주'와 '이동'이 분리되기보다는 서로 삼투되는 현상을 포착한다. 그 속에서 '풍경'과 '방', '거리'와 '집'의 서로 대척적인 이미지가 교차하면서 집이 거리가 되고, 거리가 집이 되며, 풍경이 방이 되고, 방이 풍경이 되는 '이행'을 포착하고 있다. 또한 정주와 이동이 전환되는 지점에는 군중이 자리하고 있다. 도시를 휘감고 있는 이들은 더 이상 개별적 인격이 아니다.[127] "개인의 흔적을 모두 지워버린" 군중 혹은 대중은 벤야민에 따르면 "도시의 미로 속에서 가장 새롭고 불가해한 미로이다."[128]

유령적 인간집단으로서 19세기 군중은 에드거 앨런 포가 「군중 속의 남자」에서 포착한 바와 같이 정체불명의 특징을 지닌다. 이 집단은 잠재적 소비자이자 생산자이고, 거리의 보행자 무리이며, 보들레르와 같은 산책자들에게는 은신처이기도 하다. 왜냐하면 군중 속의 개인들은 서로에 대해 익명적인 상태이기 때문이다. 산책자는 군중 속에 모습을 감추고 군중의 일부가 되기도 한다.

지식인 산책자의 전통에서는 산책자를 군중과 구분하는 경향이 있지만, 사실 벤야민에게 '군중'과 '산책자'는 변증법적으로 교차되는 존재들이다. 산책자는 특정한 목적의 군중과는 거리가 있지만, 단순한 인간 무리로서의 군중은 그에게 자신을 은폐하는 은신처가 되며, 또한 그러한 군중집단 속의 개별자들은 익명의 산책자가 되기도 한다. 군중의 일부가 된다는 것은 개인적 특질을 감추고 서로 낯선 사람들 사이에 섞여든다는 것을 의미한다. 개인이 군중이 되는 과정에도 역시 자아를 벗고 외적인 것을 내적인 것으로 받아들이는 안팎의 교차가 일어난다.

특징적인 것은 벤야민이 군중과 물신화를 유사한 문맥에서 다루고 있다는 점이다. "고립된 개체는 자기 안에 생성된 공허한 공간을, 타자적인 것을 빌려옴으로써 채우기 시작한다."[129] 자아의 틀을 벗어버리고 외적 세계 특히 파사주의 상품이 갖는 현혹적 이미지에 온전히 자신을 내맡기는 탈자아적 현상이 군중 속의 개인에게서 나타나는 것이다. 이는 상품세계에 감정을 온전히 이입함으로써 이루어진다. 그리고 마침내 자기 스스로를 일종의 상품으로 간주하는 물화의 극점에 도달하는 것이다.

상품에 대한 충동은 일종의 "성애적 충동을 무기물적 대상에 투사하는 것"[130]이다. '비유기적인 것의 성적 유혹에 굴복하는' 이러한 양상은 곧 유기물적 생명 자체의 무기물화를 유발한다. 상품세계에 대한 도취와 황홀은 유기물의 삶을 무기물의 죽음으로 대체하는 과정이다. 인간의 사물화 과정은 이러한 전도 현상을 내포하고 있는 것이다. 벤야민은 보들레르에 대해 "유기적인 것을 무기적인 것의 토대에 병합시키려고 하는 그의 상상력들 속에는 새디즘과 페티시즘이 얽혀있다"[131]고 적고 있다.

이러한 양상은 대중을 일종의 기계로 묘사하는 포 등에게도 선취적으로 나타나고 있다. 이들의 비판적 상상력은 군중이 현실 사회에서 상품에 자신을 동화하면서 자기를 상실해가고 결국 자기학대로 나아가는 일련의 과정을 드러낸다. 이러한 자기소외와 억압은 근대의 도시환경 속에서 무의식적으로 벌어지고 있는 일상이라 해도 과언이 아니다.

우리는 여기서 소비자 사회의 등장[132]과 함께 소비자로서의 대중의 존재방식에 대한 벤야민의 선구적 인식을 일부 엿볼 수 있다. 소비자 대중의 "상품에 대한 감정이입은 곧 교환가치에 대한 감정이입"이다. 상품에 내재한 무기물적인 것과의 교호 현상은 특히 유행에서 극명하게 나타난다. "유행은 오로지 화려하게 치장한 시체의 패러디, 여성을 통한 죽음의 도발이다."[133] 이처럼 그는 유기적인 생명이 비유기적인 것에 몰입하면서 그것을 자기의 것으로 전치하는 과정을 '죽음'과 '시체' 메타포를 동원해서 진단하고 있다. 교환가치에 대한 감정이입을 통해 인간은 스스로 사물화되는데, 여기서 사물화는 일종의 죽음을 의미한다. 동시에 유행이라는 현상이 일시적이며 사멸하는 성격을 지닌다는 점에서도 급속한 죽음과 부패의 의미를 수반한다. 따라서 상품의 유행은 화려한 죽음이라는 역설의 패러디가 성립하는 것이다.

벤야민의 '판타스마고리' 개념이 폐허의 이미지를 동시에 내장하고 있는 것은 우연이 아니다. 말하자면 그는 "19세기 부르주아들의 기념비들이 붕괴하기도 전에 이미 그것을 폐허로 간파하고" 있으며, 꿈을 꾸면서 꿈으로부터의 각성을 촉구하고 있는 것이다. 이러한 파국의 이미지는 인간이 곧 상품 자체가 되는 매춘부와 샌드위치맨을 통해서 가장 극적인 양상을 보인다. 벤야민은 그것을 다음과 같이 묵시록적으로 표현한다.

> 죽음은 파사주를 통하여 아스팔트 물결을 흐르게 하는 새로운 레테의 강변에 아마추어 매춘부들을 전리품으로 세운다. (파사주 단편 B 1,4)[134]

당시 파사주를 누비던 매춘부들은 "판매인이자 상품"[135]으로서 상품의 물화된 이미지를 내장하고 있다. 이러한 양상은 또한 벤야민이 '산책자 최후의 형상'으로 인식한, 광고판을 몸에 두른 '샌드위치맨'에게서도 나타난다. 즉 개인성의 특질을 가졌던 산책자는 군중 속에서 몸을 광고판으로 두른 샌드위치맨으로 진화하는 것이다. 매춘부와 샌드위치맨은 물신의 거리를 장식하는 대표적 형상들이다.

샌드위치맨의 사례에서 보듯이, 느리고 유유자적한 전통적 산책자는 19세기 중엽이 지나면서 이미 사라졌다고 할 수 있다. 그러나 크라카우어와 같이[136] 벤야민에게도 역시 산책자는 20세기에 다시 태어나는 변증법적 형상이다. 그들은 물론 독특한 스타일의 전통적 개인이나 한량 같은 존재가 아니라 소비자 대중이나 거리의 행인과 같이 보다 일반화된 자본주의 시대 군상의 형태로 재등장한다. 벤야민이 헤셀에 대해 쓴 비평문의 제목인 「산책자의 귀환」은 그 형상의 변증법적 회귀를 잘 시사한다. 이 산책자들이 거니는 20세기 초의 거리 모습은 바로 오스만 시절인 19세기 중후반에 이미 예견되고 있었던 것이다.

광고와 벽보 속의 유토피아

당시 도시의 벽들도 광고와 벽보로 장식되기 시작한다. 벤야민 자신도 1920년대에 발표한 『일방통행로』에서 거리의 벽보를 상기시키는 글쓰기를 실험적으로 시도한 바 있고, 『파사주 작품』에서는 그러한 형식의 역사적 근원을 검토하고 있다. 그는 "1867년에 어느 벽지 상인이 교각에 포스터를 붙였다"[137]고 적시하면서, "벽은 집단(또는 대중—필자)의 필기대이며, 신문 가판대는 서재"[138]라고 비유하고 있다. 여기서도 실외와 실내가 몸을 바꾸는 양상이 암시되고 있는데, 이른바 도시 경관들은 더욱 직접적인 메시지가 된다. "공간이 통속책자처럼 되는 현상"[139]이 나타나는 것이다. 광고와 간판으로 도시 외관이 도배되고, 이러한 양상은 직접적으로 도시 산책자

그림 8. 19세기 말 파리의 광고판.
장 베로(Jean Béraud) 그림.

의 '삽화적인' 인지구조에도 영향을 미치게 된다.

이러한 내면과 외부의 교차 양상은 군중과 이미지 사이의 연관성 속에서 더욱 극명하게 나타난다. 르봉에 따르면 군중의 심리를 좌우하는 것은 복잡한 논리보다는 이미지다. 단어도 때로는 이미지로 작용한다. 군중은 불합리하고 비논리적인 이미지적 표현에 더욱 현혹되는 경향이 있다.[140] 언어가 특히 이미지로 표현되는 경우는 주로 광고에서 나타난다. 여기서 말은 "이미지를 호출하는 전화기 버튼"[141] 역할을 한다. 대중을 지배하는 이미지에 대한 이런 인식을 한 걸음 앞서 보여주고 이를 문학적으로 활용한 사례는 초현실주의자들에게서 볼 수 있다.

벤야민은 "초현실주의자들의 작품은 말을 상호商號처럼 다루며, 이들의 텍스트들은 근본적으로 보자면 아직 창업하지 않은 기업의 선전 팸플릿이다"[142]라고 적고 있다. 또 그는 일상에서 사용된 한 소금 광고의 이미지를 가지고 "이러한 포스터 속에는 지상의 삶에서 아직 누구도 경험해보지 못한 것들에 대한 은유가 들어있는 것은 아닌가?"[143] 하고 질문한다. 그 안에는 "유토피아에서의 일상에 대한 은유"[144]가 들어있다는 것이다. 이러한 은유는 존재하는 것에 대한 은유가 아니라 존재하지 않는 것에 대한 알레고리이다.

광고의 은유들은 가짜 유토피아의 이미지를 담고 있다. 넥타르, 암브로시아 등 우리에게도 친숙한 음료들의 명칭은 신의 음료라는 이미지를 내장하고 있다. 그 밖에도 고향의 이미지, 순수와 청정의 이미지, 영생의 이미지 등 광고가 상기시키는 유토피아의 이미지들은 다양하다. 벤야민에 따르면, "광고란 꿈이 산업에 자기를 강요할 때 사용하는 술수이다."[145] 거지와 비를 피하고 추위로부터 영원히 자유로운 사계절 봄의 이미지를 가진 파사주의 유토피아적 이미지와 마찬가지로, 광고는 상품에 그러한 유토피아의 이미지를 덧씌운다. 이러한 이미지들은 실제 사물이 가진 의미처럼 유통된다.

증권거래소의 지배

상품의 교환가치가 얼마나 자의적일 수 있는지, 그리고 사물 자체에 대한 임의적 가치에 불과한 그것이 얼마나 전제적 지배를 수행할 수 있는지 하는 것은 무엇보다 증권을 통해서 여실히 드러난다. "1816년에는 7개의 기업이 증권거래소에 상장되었으며, 1847년에는 200개가 넘었다."[146] "1832년부터 생시몽주의의 예언대로—이 나라는—거대한 금융적 운명을 받아들일 시기에 접어들었다. 1837년에는 모든 사람들이 저항하기 힘든 기세로 증권거래소로 몰려들었다. 철도 건설이 이러한 기세에 새로운 힘을 불어넣었다."[147]

당시 부르주아 자본가들은 주식 거래의 확대와 비슷한 시기에 확장되고 있던 철도 사업에도 대거 투자했던 것으로 알려져 있다. 크라카우어에 따르면 1852년에는 철도 건설을 위한 부동산 채권 Crédit Foncier이 발행되었다.[148] 그리고 파사주와 함께 '신전'으로 불리는 증권거래소의 수도 점점 늘어나기 시작했다.

> 주식 시황판에서는 면화가 '오름세', 구리가 '내림세', 옥수수가 '활기'를 띠고, 갈탄이 '보합세', 밀이 '상승'하고, 등유가 '신장세'를 보인다. 사물들이 자립하여 사람 같은 행동을 취한다. (오토 륄레Otto Rühle, 1928년 / 파사주 단편 G 5,1)[149]

상품이 구체적 생산물로서의 성격을 벗어나자마자 유령적 대상성을 띠는 현상은 마르크스가 이미 지적한 바 있다. 이러한 유령적 대상성은 소위 상품의 판타스마고리를 지칭하는 것이기도 한데, 이는 곧 교환가치의 마술을 의미한다. 벤야민은 이러한 마술이 이미 부르주아들의 손조차 벗어난 자율성을 지니는 것으로 파악하고 있다.[150] 크라카우어는 제2제정기에 있었던 주식 투자의 극적인 성공과 실패 사례들을 통해 "현실이 꿈보다 더 비현실적"[151]이라고 지적하고 있다.

이러한 자율성을 토대로 증권은 마침내 전제적 지배를 수행하기 시작하는데, "증권거래소라는 도박장이 여론의 나침반이 되기에 이르렀다."[152] "하룻밤 사이에 좌파의 의석에서 우파의 의석으로 옮기도록 15명의 입법 의원을 매수한 데 대해 고액의 수익을 요구한"[153] 주식투기꾼 디아르Diard에 대한 발자크의 서술은 정치적 의사 결정조차 주체적인 인간이 아닌 자율화된 금융 및 산업자본의 입김에 좌우되던 양상을 잘 보여준다. "우리는 이 나라를 한 손에는 주식, 다른 손에는 채찍을 들고 다스린다"[154]는 르 옹Le Hon의 언급도 "투기가 국가 종교가 되고, 증권이 성전이 된"[155] 제2제정기에는 과장이 아니었던 것이다. 그와 같은 금융 및 산업자본의 강화는 크라카우어가 『오펜바흐와 그 시대의 파리』에서 묘사했듯이, 제2제정의 정치적 입지를 파괴하는 데까지 이른다.

만국박람회

대도시에서 점증하는 자극들에 대한 짐멜의 이론이 베를린에서 열린 무역박람회(1896)에 대한 분석[156]에서 출발한 것처럼,[157] 벤야민에게도 박람회는 대도시의 상품소비 문화와 장소의 스펙터클을 드러내는 핵심적 이벤트였다. 특히 19세기 유럽의 열강들이 경쟁적으로 개최했던 만국박람회는 금융자본과 산업자본을 위한 전람회였다.

1851년 만국박람회가 열린 영국의 수정궁은 유리와 철로 8개월만에 건축되었다. 이는 자재나 공사기간의 측면에서 획기적인 일이었다. 박람회장의 기본적인 착상은 파사주 건축과 같이 넓은 터에 지붕을 온실처럼 덮는 것이었다. "한밤중에 태양 아래서 꾸는 한여름 밤의 꿈"[158]이라는 인상처럼 만국박람회가 개최된 수정궁은 전 세계적으로 동화나 파라다이스와 같은 이야기로 전해졌다. 1862년에 또다시 열린 런던 만국박람회에서는 중국에서 약탈한 보물이 전시되었다.[159] 만국박람회는 제국주의 국가의 자기 과시의 장이었던 것이다. 이 점에서 상대적으로 후발 제국이었던 프로이센의 베를린은 같은 야심을 갖고 있었음에도 "아직은 만국박람회를 개최하지 못하고 있었다."[160]

그림 9. 1896년 베를린 무역박람회 포스터

대신 베를린에서는 1896년에 '무역박람회'가 열린다. 당시 유럽에서 경쟁적으로 개최되던 박람회는 민간 주도로 이루어진 초기 박람회와 달리 국가와 산업자본가들이 공모한 것으로, 국가주의의 온상이자 제국주의의 경쟁적 우위를 선전하는 장이기도 했다. 그들은 자신들의 국가와 산업이 더 현대적이고 더 진보적임을 선전하고자 했고, 모더니티의 첨병임을 과시하고자 했다. 런던, 파리, 비엔나 등 그들 국가의 수도와 대도시들은 그러한 모습을 구현하는 장소가 되었다.

프랑스는 "1855년과 1867년에 샹 드 마르에서 만국박람회를 개최했다."[161] 이 두 박람회 사이의 시기는 오펜바흐의 오페레타가 흥행하던 시기와 일치한다.[162] 특히 나폴레옹 3세의 통치가 정점에 달하면서 반환점을 돌기 시작하던 1867년의 박람회에 대해 벤야민은 다음과 같이 쓰고 있다.

> 자본주의 문화의 판타스마고리가 1867년 만국박람회에서 가장 찬란하게 전개되었다. 제국은 힘의 정점에 서고 파리는 사치와 유행의 수도로서의 자리를 확고히 했다. (Benjamin, V.1, p. 51f)

이 '제2제정기의 판타스마고리' 속에서 크라카우어는 자신의 시대로 이어지는 현재성을 보고 있는데,[163] 그것은 파사주, 백화점 등에서 벌어지던 사치품 거래의 호황과 제국의 위상을 만방에 알리는 박람회가 서로 연동된 의미를 가지고 있었기 때문이다. 이처럼 파리가 박람회형 건조물이 들어설 수 있는 최적의 조건을 갖추게 된 것은 역시 오스만 식의 도시 재정비 덕분이었다. "극히 규모가 큰 박람회조차 콩코르드 광장 바로 가까이서 개최할 수 있었다. 이 광장에서 서쪽으로 뻗어나간 센 강 양안에는 수 킬로미터에 걸쳐 인도와 사도私道 사이의 연석들을 강으로부터 뒤쪽으로 한참 물러난 상태로 배치해, 폭넓게 일대를 자유로이 사용할 수 있도록 만들었다. 몇 열씩이나 가로수가 펼쳐져 있는 이 일대가 전람회 개최에 가장 아름답고 편리한 가로를 제공해주었다."[164]

이 공간들에서 세계 각국 도시의 물품들을 파노라마식으로 구경할 수 있게 했고, 실제로 파노라마가 상연되기도 했다. 1889년 파리 박람회에서는 "스티븐스와 제르벡스의 역사 파노라마가 상연되었다."[165] 1900년 파리 만국박람회에서는 '세계여행'이라는 이름의 파노라마가 소개되었다.[166] 프랑스 혁명기의 "원통형 그림"[167]에서 출발한 파노라마는 1822년 루이 다게르에 의해 파리에 도입되었고, "당시 유행하던 모든 경마장과 산책로에 자리를 잡았다."[168]

파노라마 그림에 조명을 조절하여 일광의 변화와 같은 것을 모방한 디오라마도 유행하였는데, "이 눈요깃거리는 기계장치들로 작동되는 것이었고,"[169] 이것을 통해 파사주나 거리를 걸을 때의 경험이 파노라마에서 도시, 역사 등을 보는 경험으로 확대되었다. 이는 일종의 판옵티콘의 환상("모든 것을 볼 뿐만 아니라 모든 방식으로 본다")을 시험하는 것이기도 했다. 사진과 영화의 모태가 된 파노라마는 만국박람회에 설치되어 볼거리를 제공했지만, 만국박람회 자체도 일종의 파노라마 형식을 띠고 있었다.

전시의 형태와 관련해서 박람회는 또한 박물관과 유사성을 가지고 있었고, 벤야민도 "이 둘의 이데올로기적 바탕을 비교할 것"[170]이라고 메모한 바 있다. 두 대상은 그에게 근대성을 조명하는 주요한 키워드이다. 박물관에서는 과거의 유물들이 파노라마식으로 전시되고, 역사 또한 승리자의 전승 과정으로 홍보된다. 다시 말해 역사 자체를 일종의 진보의 과정으로 목록화하고, 그러한 의미의 관조 대상이 되도록 함으로써 '역사의 승리자에게 감정이입'(「역사철학테제」)을 시켜주는 역할을 수행한 것이다. 또한 벤야민은 부르주아들이 향유하는 "문화사의 판타스마고리"[171]가 유행과 유사한 의미맥락을 가지고 있음을 지적하는데, 이 영역에서도 '새로운 것'이 지상과제가 된다. 끊임없이 새로워야 한다는 상품의 논리가 문화의 논리마저 은밀히 잠식하고 있는 것이다.

박람회는 민간의 손에서 이후 점점 국가와 산업자본이 긴밀히 공조하는 행사로 변해 갔다. 그리고 무엇보다도 박람회의 현시적 효과는 부르주아의 유토피아적 표상을 선전함으로써 계급간의 갈

등과 사회적 갈등을 잠재우는 역할도 수행하였다. 각국의 노동자 대표들이 초대받았고, 산업자본주의의 진보를 상징하는 박람회의 모습에 고무되었다. "강철 거인들의 하찮은 하인들"[172]에 불과한 것으로 보이는 "눈이 휘둥그레진" 관람 대중들은 '만지지 않고 보는'[173] 구경꾼으로 훈육되었다. 박람회에서 강조되는 "사물들의 쇼윈도적 특질"[174]은 베를린 무역박람회에 대한 짐멜의 글에서도 주요하게 거론된다. 여기서 짐멜이 다소 가치중립적이라면, 벤야민은 시각중심적 전시가 갖는 대중에 대한 이데올로기적 영향을 부정적 뉘앙스로 강조한다.

그에 따르면 "만국박람회는 소비에서 배제된 대중이 교환가치에 대한 공감을 교육받는 고등교육기관이었다."[175] 또한 박람회는 산업자본과 제국의 위용을 과시하고 그 유토피아적 미래를 확인하는 자리였다. "진보는 19세기의 종교가 되었고, 만국박람회는 진보의 성소가 되었으며, 상품은 진보의 성물이 되었고, 오스만의 '새로운' 파리는 진보의 성지가 되었다."[176]

당시 진보의 표상과 가장 긴밀하게 연관된 것은 '한 쌍의 은빛 날개를 가진 철도'였다. 철도와 철도역도 전형적인 근대적 건축물에 속한다. 이후 '철의 승리'라는 이름으로 홍보되었던 1889년 파리 박람회를 위해서 기계관과 에펠탑도 건조되었다. 에펠탑은 철로 된 상징적 건축물이었고, 제작 원리는 "철로와 동일하다."[177] 무선 송신탑으로서의 기능 덕분에 해체를 모면한 에펠탑[178]은 흥미롭게도 쓸모없어진 철로들을 재료로 만들었다고 한다. 당대에는 임시 건축물이었지만 그것은 오늘날 영원한 번영을 구가하는 상징처럼 보인다.

그림 10. 19세기 말 건조 당시의 에펠탑

파사주—근대성의 신화와 역사 사이에서

유리와 철은 주로 임시적 통과를 위한 건축물들에 쓰이는 재료다. 파사주, 박람회장, 기차역 등이 실제로 유리와 철을 소재로 해서 만들어졌다. 파사주는 통과하는 곳이고, 기차역은 대기하는 곳이며, 박람회는 일시적으로 구경하는 곳이다. 이 건축물들은 시공간적 의미에서 한시성을 지닌다. '통과'가 근대적 존재이자 역사가 된 것이다. 박물관은 그러한 통과의 과정 속에 쌓인 과거의 기억을 전시한다. 그리고 그곳에서 다시 우리는 어디론가 나아간다. 이와 같은 통과의 제의가 위계적으로 인식되면, 이제 그것은 "서구에서 먼저 그리고 다른 곳에서도"[179] 반드시 거쳐야만 하는 선행적 역사로, 말하자면 더 이상 역사가 아닌 신화로 자리하게 된다.

이러한 근대성의 신화를 미완의 과정으로 보는 시각 역시 그 신화를 다시금 강화하는 것에 지나지 않는다. 이와 달리 벤야민은 근대성의 이데올로기적 측면에 주목한다. 근대가 추구해온 자유는 사실 소비능력이며, 평등은 거래를 위한 최소의 조건이고, 혁명Révolution은 프랑스어의 중의적 의미에 따라 "재고정리"[180]를 의미한다는 것이다. 근대인들의 역사에 대한 의식에도 이러한 소비자 사회의 특징들이 침윤되어 있고, 나아가 제3세계에 있어서도 정치사회적 근대성을 가늠하는 척도로 작용하는 역설도 나타난다.

이 같은 역사의 신화화는 상품이라는 꿈의 형식이 근대의 정치적, 사회적 이념들을 왜곡하면서 19세기 대도시를 지배한 결과라고 할 수 있을 것이다. 그리고 그것은 자본주의를 수단으로 '풍요라는 국제적-사회주의적 목표가 성취될 수 있다는 미망'을 낳기도 한다. 이러한 기대를 담은 부르주아 역사는 그 자체로 일종의 신화가 된다. 신화적 느낌을 주는 도시 경관, 이미지와 사물의 자리바꿈, 판타스마고리의 지배 등에서와 같이, 벤야민은 부르주아 근대도시에 대한 마르크스주의적 비판을 많은 부분 전유하고 있다.

그러나 그의 진단과 해법은 특정 군중들이 이루는 이념적 집합체에 기대를 거는 마르크스주의와는 궤를 달리한다. 도시 '산책자'나 집합적 '꿈'과 같은 개념들에서 볼 수 있듯이, 벤야민에게서는 주관적이거나 일상적이라고 간주될 수 있는 계기들이 주요하게 부각된다. 이 같은 점은 사회에 대한 구조 분석이나 실증적 분석들에서 쉽게 간과하거나 가볍게 여겨왔던 부분이기도 하다.

산책자 주제가 학계의 시민권을 얻기 어려웠던 것도 그러한 이유에 기인하겠지만, 같은 이유에서 벤야민의 미시적이고 일상적인 도시에 대한 인식은 오늘날 더욱 현재성을 확보해가고 있다. 그의 도시 산책자는 거리의 행인, 소비자, 여행자들로 거대한 파사주를 이룬 근현대 신화의 동굴 안에서 꿈의 집들 안팎을 유랑하면서 그러한 도시화가 진행되는 현재를 몸으로 육화하는 존재들이다.

| 3장 |

파리의 산책자와 오페레타

정치적으로 국가 중심의 도시 재구조화가 광범위하게 이루어지고, 경제적으로는 금융과 산업자본이 지배력을 강화하는 과정에서, 거리를 배회하며 꿈꾸는 자로서 산책자들은 자본주의 신화의 먹이가 되기도 하지만, 동시에 그 신화의 주술로부터 깨어나는 비판적 각성의 순간을 맞기도 한다. 이러한 산책자는 정치사회적 시스템의 압력 안과 밖에 살면서 그 사이에서 흔들리는 존재이다. 이들이 거리의 유동하는 도시대중 일반의 전형으로 확대되는 것은 산책의 해체적 확산이 이루어지던 20세기 초의 일이다. 벤야민과 크라카우어는 이러한 변화를 예비했던 19세기 초기 산책자들의 유동적 정체성에 주목하고 있다.

벤야민이 시인 보들레르를 중심으로 19세기 파리의 산책을 탐구했다면, 크라카우어는 작곡가 오펜바흐를 통해 그 주제에 천착했다. 국내에서는 주로 보들레르를 모델로 파리의 산책자에 대한 소개가 이루어졌고, 미학적 근대성에 대한 관심에 따라 이 주제를 조명하곤 했다. 그에 반해 크라카우어의 『오펜바흐와 그 시대의 파리』(이하 『오펜바흐』)는 벤야민이 같은 주제로 작업하던 시기와 비슷한 때에 쓰였고, 파리의 산책자와 댄디들의 사회사적 맥락을 풍부하게 조명하고 있음에도, 잘 알려져 있지는 않다.

크라카우어가 레오 뢰벤탈에게 보낸 편지에 따르면 이 작품은 1934년에 시작되어 1937년에 독일어 판이 출간되었고, 벤야민도 1935년 8월 숄렘에게 보내는 편지에서 자신과 유사한 소재를 다룬 에른스트 블로흐의 '19세기의 상형문자'와 더불어 크라카우어의 '오펜바흐'를 거론하고 있다.[181] 『파사주 작품』의 메모 가운데에는 『오펜바흐』를 인용하는 대목들도 간혹 등장한다. 보들레르가 우울한 산책자의 전형이라고 한다면, 오펜바흐의 오페레타에는 유쾌하고 몰염치한 대도시 산책자들이 등장한다. 우울과 권태를 기저로 하는 보들레르의 산책자 이미지에 대비하여 크라카우어의 『오펜바흐』에서는 유쾌하고, 유머러스하며, 경쾌하거나 때로 경박하기도 한 가벼운 산책자 이미지가 예시된다. 이는 근대성의 감정적 정조에 대한 기존의 편향적 이해를 재고하는 데 참고가 될 수 있다.

크라카우어는 『오펜바흐』에서 '오펜바흐'라는 인물과 그의 희가극 '오페레타'를 중심으로 루이 필리프 통치기에서부터 나폴레옹 3세의 제2제정기까지 파리의 사회문화의 역동적 변화들을 기록하고 있다. 1937년 출간된 이 책은 오펜바흐 개인 전기가 아니라 제2제정기 파리의 '사회적 전기'Gesellschafts-biographie이며, 대도시 파리의 변화 양상을 기록한 '도시의 전기'Stadtbiographie라고 할 수 있다.[182] 이 장에서는 19세기 전반기에서 중후반에 이르는 파리의 사회문화적 변화와 변화된 당대 파리의 거리를 거니는 산책자의 정치적, 사회적, 미학적 의미를 폭넓게 가늠해볼 것이다.

불르바르의 정신

거리의 학자, 문인, 댄디, 예술가, 저널리스트 등의 터전이 되는 대도시 거리는 '불르바르의 정신'Esprits des Boulevards을 구축한다. 그것은 일종의 저항적인 비판의식이라고 할 수 있다. 1858년 에밀 몽테귀가 쓰고 있듯이 "모든 잘못된 신성화된 법들과 찬탈된 권리들과 화해하지 못하는 적"이 바로 "불르바르의 정신"이다. "여기 가벼운 바람이 부는 공기 속이 아니라면, 어디 다른 곳에서 그러한 자유롭고 유동적인 정신이 무르익을 수 있겠는가?"[183]

애초부터 관통대로가 지배계층의 전략적 기획에 의해서 이루어진 것이라면, 이러한 불르바르 산책자들이 은거하는 대로大路 곳곳에는 저항적 지식인과 예술가들의 자유로운 정신이 자리한다. 여기서는 정치사회적으로 부당하고 불합리한 일들이 곧바로 아이러니와 패러디의 공격 대상이 된다. 일종의 시민적 공론의 장을 형성하는 카페를 비롯한 산책자들의 은거지는 바로 '아이러니와 패러디'를 주요 기법으로 하는 오페레타의 모태가 되었다.

그러나 불르바르의 열린 정신은 역설적으로 그 공간이 당대 사회로부터 상당히 고립적이고 예외적인 곳이었기 때문에 가능했다. 크라카우어는 당대인들의 증언을 통해 불르바르라는 공간이 곧바로 "비가시적인 댐들로 둘러싸인"[184] 것과 같다고 특징짓고 있거니와, 이는 불르바르라는 공간이 당시 보편화된 장소가 아니었음을 시사한다. 예컨대 그곳은 아직 특수한 계층의 지식인들과 특정한 부류의 일부 대중들이 점유하는 공간이었으며, 바로 그 폐쇄성을 통해 열린 논의가 가능했던 곳이다.

하지만 그런 한계에도 불구하고 불르바르의 '아이러니'는 "프랑스 정신의 무기"eine Waffe des französischen Geistes이기도 했다.[185] 희극적인 오페레타와 신문을 비롯한 저널들은 그러한 불르바르의 정신 속에서 태어난 문화적 매개체였다. 크라카우어에 따르면 "오페레타 작곡가와 저널리스트는 공유하는 것이 많았다."[186] 특히 에밀 드 지라르댕Emile de Girardin의 아이디어로 신문이 광고 수익을 통해서 혁신적으로 구독료를 낮추게 된 일화를 크라카우어는 『오펜바흐』에서 자세히 기록하고 있다. 이는 이른바 대중적 저널리즘의 탄생을 알리는 일이었고, 산책자들에게 많은 가십거리를 제공했다. 또한 신문연재 소설들이 생겨나서 외젠 쉬Eugene Sue와 같은 당대 인기 작가는 "댄디의 모범"[187]으로 불렸고, 저널리스트 네스토르 로크플랑Nestor Roqueplan은 "불르바르의 우상"[188]이 되었다.

이들은 더 이상 집안에서 작업하지 않았다. 왜냐하면 거리의 흐름을 놓치지 않아야 했기 때문이다. 이를 통해서 불르바르의 사회문화적 함의가 확대되고 중요해졌을 뿐만 아니라 지식인의 작업으로서 '읽고 쓰는 일'의 변화도 가속화된다. 신문의 가십은 불르바르의 이야깃거리가 되고, 신문기사들에 대한 불르바르의 평가에 따라 "저널리스트들의 기용과 해임이 반복"[189]되기도 한다.

당시 불르바르는 제한적이지만 일종의 '시민적 공론장'으로 자리하고 있었다. 불르바르의 '카페 프랑세즈'는 거의 모든 사회소설에서 언급되었으며, 당시의 저널리스트들과 댄디들이 출몰하는 유명한 장소로 기능했다. 그리고 1860년대 이후에는 '카페 앙글레'가 그 역할을 넘겨받는다. 이러한 불르바르의 만남의 장소들은 전통적 공간들의 폐쇄성을 허물면서 민주주의와 공화주의의 이념을 확산하는 모태로 작동하고 있었던 것이다.

권태와 매혹

물론 불르바르가 지성적인 비판과 토론으로만 채워진 것은 아니었다. 그것은 유혹적인 광휘와 상업적 정신에 둘러싸여 있기도 했다. 상류층 남자들이 말 타기와 불르바르에서의 사교적 만남에 몰두했던 것처럼, 그 부인들도 마찬가지로 살롱을 중심으로 불르바르의 삶에 동참하고 있었다. "패션의 왕"으로 불렸던 초기 댄디 조지 브루멜George 'Beau' Brummell, 쥘 바르베Jules Barbey 등 유명한 상류층 댄디들을 포함하여 보들레르, 오스카 와일드 등 작가 댄디들도 의상과 일상의 독특한 취향으로 유명했다.[190]

불르바르의 음식점, 카페, 레스토랑 등의 외관을 장식하던 "금과 거울의 화려함"[191]도 산책자를 매혹시키는 요소였다. 내밀한 살롱 문화도 불르바르와 긴밀히 연결되어 있었다. 크라카우어가 소개하는 일화에 따르면, 불르바르의 유명인사인 한 귀부인이 사망한 후 그녀가 사용하던 화장실 물건들이 상당한 가격에 나오게 된다. 이와 같이 "살롱은 거리로 나아가고, 거리는 살롱 안으로 들어온다."[192] 말하자면 살롱의 귀부인들의 명성은 거리의 가십거리이면서 동시에 거리의 삶들과 밀접하게 연결되어 있었던 것이다.

이런 상황은 종국에는 심지어 "신문이 살롱을 죽이"고 "공공성이 사교모임을 압도하는"[193] 정도에까지 이른다. 사적인 공간과 공적인 공간이 뒤섞이면서 근대도시의 불르바르는 전통사회의 폐쇄성이 파괴적으로 열리는 장소인 동시에 그 자체의 새로운 사회적 코드를 구현하는 독특한 장소로서, 당대 사회에서 마치 고도처럼 공중에 떠있는 것으로 인식되었던 것이다. 이러한 폐쇄적 공공성을 지닌 거리의 매혹의 이면에는 동시에 지난한 권태와 새로운 변화에 대한 기대가 자리하고 있었다.

크라카우어는 권태를 일종의 정치사회적 변화와 관련지어 이해하고 있다. 대중들에게 침묵을 강요한 나폴레옹 3세의 정치적 독재도 사회적 권태감의 주요한 요인으로 거론된다. 지식인들과 대중들은 서로에 대한 무관심 속에 이념적 열정과 삶의 방향성을 상실했고 깊은 공허감에 사로잡혔다. 그는 뮈세를 인용하여 "사람들은 열정 없는 유희자遊戲者이다. (…) 그들은 열정 없이 사랑하고, 즐거움이 없이 배회한다"[194]고 쓰고 있다. 또한 크라카우어는 루이 필리프 시절 "주식 투기는 정부가 제공할 수 있는 유일한 센세이션이었다"[195]고 말하기도 한다. 이러한 투기적 자극은 시대의 지난한 권태에서 비롯된 것이며, 불르바르 산책자들의 정신적, 행동적 양상의 일면을 형성하고 있었다. 크라카우어에 따르면,

이 시점(루이 필리프 시대—필자)에 산책자 유형의 사람들이 생겨나는

데, 이들은 목적 없이 쏘다니면서 자기 안과 주위에서 느끼는 허무를 셀 수 없는 인상들—쇼윈도 진열대, 석판화들, 신축 건물들, 우아한 치장, 화려한 장식마차들, 신문팔이—로 뒤덮었다. 산책자는 그에게 밀려오는 이미지들을 선택 없이 흡수했다. (OB, p. 99)

산책자는 하시시(대마초—필자) 흡연자와 같다. 도시의 이미지들은 산책자 주위에 꿈처럼 나풀거린다. 그러한 꿈을 만들어내는 배회의 악습도 불르바르의 사람들에게는 달콤한 습관이 되었다. (OB, p. 100)

크라카우어가 지적하는 이러한 산책자의 특징들과 거의 유사한 언급들을 벤야민에게서도 쉽게 찾아볼 수 있다. 벤야민의 『파사주 작품』은 1920년대 말에서 1940년까지 장시간 작업한 원고이지만 미완으로 남았다. 크라카우어의 『오펜바흐』는 1937년에 출간되었지만 벤야민이 『파사주 작품』에서 이를 참조한 사실도 상호 텍스트적으로 확인된다. 또한 벤야민의 텍스트에서도 작곡가 오펜바흐에 대한 직접적인 언급을 찾아볼 수 있다. 그에 따르면 제2제정기 "소비와 유행의 수도로서 파리는 그 위치를 확고히 했고," "오펜바흐는 그러한 파리의 삶에 리듬을 부여했다."[196] 무겁고 장중한 오페라와 달리 아이러니와 유머를 통해 폐쇄적인 분위기를 일신하는 오페레타의 탄생은 권태에 짓눌린 사회 분위기와 무관하지 않다는 것이다. 그에 따르면 "오페레타는 계속된 자본 지배의 역설적 유토피아이다."[197] 이러한 오페레타의 가벼움과 경쾌함은 바로 "나쁜 깊이를 회피하는" 불르바르의 정신과 통한다. 크라카우어에 따르면

"정박할 장소가 없다는 것은 바로 불르바르를 표현하는 것이다."[198] 불르바르 자체가 이미 유목적 현대의 전형적 장소성을 대변하고 있었기 때문이다.

극장과 무도회 그리고 불르바르의 카페들은 권태를 쫓기 위한 장소들이기도 했다. 이 장소들은 권태의 요인을 희석시키는 이데올로기적 기능도 가지고 있었지만, 권태를 새로운 방향으로 순화시키면서 변화를 추동하는 장소이기도 했다. 불르바르의 산책자들이 지배적인 정치사회적 시스템의 동조자이거나 무능한 회색인들로 살았던 것도 사실이다. 그러나 정치적 태도에 비추어 불르바르와 그 위의 산책자들을 예단하는 것은 성급하다. 그도 그럴 것이 이 공간에서 배태된 사상적 맹아들은 사회 변화를 위한 잠재력이기도 했기 때문이다.

불르바르의 문화는 보들레르가 말한 바, "공화국에 대한 무한한 감정"[199]과 연관되어 있었다. 그리고 오페레타는 "민주적 삶의 감정에 폭넓은 공간을 허용"[200]해주는 것으로 크라카우어는 평가하고 있다. "의심의 여지없이 오페레타는 민주적 정신에서 자라났던"[201] 것이다. 정치적으로 크라카우어는 『오펜바흐』를 통해 1930년대 히틀러의 부상으로 예견되는 독일의 장래를 염려하면서, 프랑스의 제2제정기 나폴레옹 3세의 독재와 이를 용인할 수 없는 사회적 분위기의 부조화를 매개로 현실 정치를 우회적으로 비판하고 있었다.

풍자와 도취

불르바르의 민주주의와 공화주의 정신이 얼마나 효과적으로 정치적 영향력을 행사했는지 판단하기는 쉽지 않다. 공화주의적 민족주의와 가톨릭적 세계주의 사이에서, 세계 금융자본주의가 탄생하고 이를 지원해야 하는 입장에 있는 귀족적 봉건제의 수혜자 나폴레옹 3세의 자기모순적 상황은 이와 같은 극적인 모순과 교착, 변화의 흐름에 대한 저항과 순응 사이의 중첩된 상황을 잘 드러낸다. 『오펜바흐』에서 나폴레옹 3세는 그러한 모순을 안고 역사의 뒤안길로 사라져야 할 운명을 가진 존재로 그려지고 있다.

오페레타는 그러한 여명기의 역동적 변화 속에서 출현한 예술형식이라 할 수 있다. 오펜바흐는 〈호프만 이야기〉(1880), 〈지옥의 오르페우스〉(1858), 〈아름다운 헬레네〉(1864), 〈파리의 삶〉(1866) 등 캉캉 리듬을 비롯한 경쾌한 춤곡과 함께 그리스 신화와 독일의 소설에서 채용한 스토리로 당대 나폴레옹 3세와 제정 그리고 부르주아들의 삶을 풍자하는 상당수의 오페레타를 창작했다. 이후 〈집시 남작〉, 〈박쥐〉 등의 오페레타를 창작한 요한 슈트라우스(2세)에게도 직접적으로 영향을 주었다.

그의 작품 가운데 〈파리의 삶〉은 특히 새로운 시대감정을 표현한 작품으로 잘 알려져 있다. 크라카우어는 이 작품이 주제나 소재의 측면에서 오펜바흐의 이전 작품들과 변별성을 보인다고 지적한다. '풍자와 도취'가 뒤섞인 오페레타의 양식적 특징이 〈파리의 삶〉에서 특히 두드러지게 나타난다는 것이다. "파리에서의 만남에서 이방인들의 도취, 카페 앙글레에서 유흥객들의 도취, 그리고 고용인들이 벌이는 축제의 화려한 도취의 장면들"은 이 작품에서 "모두 돌고 모두 춤추는"[202] 절정을 향해 나아간다.

크라카우어는 이 대도시의 정조를 "디오니소스적 도취"[203]라고 표현하고 있다. 이는 오펜바흐의 다른 작품 〈지옥의 오르페우스〉에서 표현되었던 부르주아의 자기도취에서 벗어나 새로운 시대가 시작된다는 기대감에서 비롯된 것이다. 오스트리아의 작가 칼 크라우스에 따르면 〈파리의 삶〉은 단순히 '꿈'이 아니라 "있는 그대로가 거의 있을 것 같지 않은 비현실적인 삶"[204]이다. 이러한 "비개연적 현실"[205]이 바로 공화주의, 민주주의 그리고 세계시민주의의 여명기의 파리였던 것이다. 그런 이념들을 현실적으로 구현하는 장소가 불르바르였고, 그 예술적 표현이 오페레타였다.

새롭게 발아하는 현실을 체감하던 도시의 대중들은 불르바르를 일종의 유토피아적인 장소로 이해했으며, 오페레타는 그 비현실적 현실을 희극적으로 다루었다. 보들레르를 통해서 국내외에 폭넓게 이해된 것처럼 당대 파리의 산책자 예술가와 지식인들의 모더니즘은 미학적 측면에서 모던한 예술의 경향성을 대변한다. 이들이 폭넓게 공유했던 것은 19세기 파리의 불르바르에서 포괄적으로 "새로운 시대가 시작된다는 고양된 감정"[206]이었다.

그것은 봉건적이고 비민주적이며 정주적이던 과거를 허물어뜨리는 거대한 물결이며, "새로운 형태의 유랑"[207]을 구현하는 실체였던 것이다. 이 거대한 흐름의 19세기적 국면에 몸을 맡긴 파리의 산책자들은 왕정과 공화정, 제정과 민주주의 사이의 대립 속에 길항했고, 이들의 불르바르는 자유로운 예술과 대중민주주의를 위한 공간이었다. 이는 오늘날에는 일반화된 모습이지만 당대에는 상당히 예외적인 현상이었다. 그런 의미에서 현대적인 것은 예외적인 것이기도 했다. 아울러 그 공간은 개방되어 있지만 폐쇄적일 수밖에 없는 시대적 한계를 지녔고, 당대에는 독특했지만 오늘날 일반화된 도시대중의 면모를 띤 댄디와 산책자의 전형들을 배태하고 있었던 것이다.

혼종의 공간 불르바르

불르바르의 비현실성은 크라카우어에 따르면, 파리에 정착한 외국인 이주자들로 인해 더욱 강화된다. 거리는 "가치중립적인 만남의 지점"[208]이자 외국인, 저널리스트, 댄디, 지식인, 사교인들이 다양하게 결합하는 독특한 "탈영토적인 특성"[209]을 가진 장소로 인식되었다.

오늘날과 달리 외국인 거주자가 많지 않았던 당대에는 "폴란드, 스페인, 이탈리아 등에서 온 귀족들과 망명자들"[210]이 불르바르의 공간적 이질성을 더욱 강화시켰다. 이러한 다국적 이방인들의 모습은 〈파리의 삶〉에서 희화적으로 그려진다. 파리를 방문한 스웨덴 남작 부부가 사기당하는 이야기 속에는 대도시적 삶의 허영과 자유연애가 풍자적 터치로 코믹하게 다루어지기도 한다.[211] 또한 불르바르의 이국적 면모를 강화해준 사람들 가운데는 아시아인들도 빠지지 않는다. 크라카우어에 따르면,

> 사람들이 단지 페르시아인이라고만 불렀던 국적이 동양인 사람도, 누구에겐가 말을 거는 일이 없이 위아래로 요동치는 거리의 흐름을 따라 방랑했다. (OB, p. 84)

당시 불르바르를 거닐던 동양인 산책자들은 국적이 특정되기보다는 '페르시아인'으로 통칭해서 불렸던 것으로 보인다. 이미 국경을 넘는 양상을 보이기 시작했던 파리의 불르바르는 이국적인 것과 혼종화되는 글로벌화 과정의 초기 국면을 보여주었다는 점에서 특히 주목할 만하다. 그 공간은 프랑스를 넘어서 국가 간, 인종 간의 폭넓은 접면을 이루고 있었던 것이다.

가령 파리의 오페라하우스를 배경으로 한 가스통 루르Gaston Leroux, 1868~1927의 추리소설 『오페라의 유령』(1910)에는 페르시아인이 탐정으로 등장하고, 도시의 경계가 고스트 이미지를 통해서 표현되고 있다. 이 또한 글로벌화 과정에 역동적으로 편입되어가던 대도시 파리 및 불르바르의 모습과 무관하지 않다.

이 소설은 전통적 부르주아 문화의 쇄락과 새로운 대도시 문화의 등장을 오스만 시절 세워진 오페라하우스에 등장하는 유령을 소재로 다루고 있다. 여기서 대도시 공간의 낯섦과 그 안에서 대중들이 느끼는 불안과 공포 및 기대와 선망이 '고스트 이미지'를 매개로 전개된다. 작품 속의 국경을 넘는 여행 모티프와 아시아 모티프는 당대 유럽인의 의식 속에서 비유럽의 지역적, 인종적 타자들에 대한 불안과 기대가 섞인 복합적 심리를 반영하고 있다.[212] 여기서 글로벌화의 초기 국면에 타자와 타 지역에 대한 대중의 심리적 반응과 경계의식들이 잘 나타난다.

주지하듯이 나폴레옹 3세의 통치기인 제2제정기를 거쳐 제3공화국에 이르기까지 프랑스는 줄곧 제국의 확장을 시도했다. 그리고 당대 유럽인의 의식 속에는 문명과 비문명, 제국과 식민지의 위계가 작동하고 있었고, 그들의 지리적 심상 속에서 동양은 전제적 통치시스템을 가진 비문명의 세계로 자리하고 있었다. 여러 대중소설과 미디어들을 통해 확인되는 것처럼, 이 세계에 대한 유럽인의 인식은 한편으로는 유럽과 비유럽 사이의 위계와 차이에 대한 의식으로, 다른 한편으로는 타자적인 것에 대한 호기심과 (반문명적) 동경으로 특징지어진다.

시인 뮈세는 당시 길지 않았던 불르바르만을 '세계'로 인식하던 댄디들을 풍자하며 "불르바르의 경계 너머에서 동인도가 시작된다"[213]고 적고 있다. 말하자면 파리 시내에서 불르바르가 끝나는 후미진 장소는 동인도에 비교되고, 아직은 좁은 세계상을 갖고 있던 불르바르 산책자들에게는 문명화에 뒤진 세계의 변방처럼 인식되었다는 것이다. 이는 일부 댄디들의 좁은 의식을 비판적으로 풍자한 것이지만, 유럽 내부와 외부에 대한 유럽인의 인식이 파리의 불르바르 문화를 중심으로 가늠되고 있었다는 사실을 시사한다. 세계의 경계들이 곧바로 불르바르 위에서 접면을 이루고, 타자적인 것에 대한 대중들의 불안과 기대의 감정도 거기서 얽히며 교차하기 시작했던 것이다.[214] 이는 19세기 이래 본격적으로 나타나기 시작한 산책자의 트랜스내셔널한 변화, 즉 대도시 문화를 통해서 자기 국경의 안과 밖을 수용하기 시작한 불르바르 산책자들의 국경

초월적 의식의 한 단면이다.

불르바르를 중심으로 문화적으로 낯선 것이 익숙해지고 익숙한 것이 낯설어지는 전치와 교착이 역동적으로 발생했다. 이러한 사회문화적 변화는 마치 오페레타가 유럽의 대도시들을 중심으로 확산되어갔듯이 더 이상 파리의 불르바르라는 제한적 공간에서 끝나지 않았다. 크라카우어에 따르면 "오펜바흐의 오페레타는 유럽을 정복하기 시작했다. 오펜바흐 자신이 도처에 오페레타의 주도권을 확립하기 위해 여행을 많이 했다."[215] 회고적으로 볼 때 파리의 산책자와 오페레타는 19세기 말에 본격적으로 활성화되기 시작한, 국경을 넘는 오늘날의 도시 산책자와 글로벌 도시문화의 기원이었던 것이다.

II부

직장인의 문화적 유목

전철 안 접이식 의자 위에
한 여인이 눈을 감고 앉아있다
마치 죽음을 기다리는 것처럼
슈퍼마켓 계산대 여자가 자신을 돌아보지도 않은 채
자기 앞에 비닐봉투를 내던졌던 일
그 여자의 고요한 승리의 만족을 생각하며
그녀는 전율한다
집에 와서 도움을 구하듯이
기분을 북돋우는 드 마르세유라 불리는 조각비누의 향기를 맡으며
철사로 잘라낸 버터 조각에 코를 대며
아직 차가운 시장의
사과 향내를 맡으며

페터 한트케, 「산책의 종말」 12연

§

19세기적 산책은 20세기 초 도시화의 진전과 더불어 불르바르를 중심으로 한 도시대중 일반의 행위 유형으로 확대된다. 그것은 과거 소수 전통적 '산책자들'이 사라지면서 역설적으로 그것이 확산되는 변증법적 과정이기도 했다.[1] 크라카우어는 그 과정을 「린덴 파사주와의 작별」Abschied von der Lindenpassage이라는 단편에서 설득력 있게 보여주고 있다.

Ⅱ부에서는 「린덴 파사주와의 작별」을 포함하여 전통적 산책이 유목으로, 산책자의 행위 유형이 도시대중의 유목적 행위 양상으로 변화하는 20세기 초의 국면들을 대도시 베를린을 중심으로 살펴본다. 여기서 크라카우어는 사회의 합리화가 진행되면서 나타난 '절대자와의 유대 상실'[2]의 문제와 근현대적 '개체화'[3]와 더불어 발생한 공동체 의식의 훼손에 대해 심도 있게 성찰하고 있다. 이 두 가지 문제는 문제적 공간으로서 도시와 그 해결을 위한 문화의 역할에 대한 크라카우어의 인식의 근간을 이룬다. 그는 현대 도시대

중을 절대자와의 연계를 상실한 "정신적으로 집 없는 사람"으로 진단하고, 대중의 방랑과 유목을 필연적 현상으로 간주한다. 또한 대중문화는 상실된 공동체의 관계를 회복하는 계기로 인식하고 있다.

이 과정에서 그는 대도시 베를린의 인상학적 관찰을 수행하고, 직장인들을 연구하였으며, 사무실 밖에서 이루어지는 이들의 문화적 유목에 대해 성찰했다. 아울러 그는 도시대중들을 중심으로 형성되는 새로운 유동적 공동체 형상에 대해 벤야민과 마찬가지로 다수의 이론적이고 경험적인 단초들을 제시하고 있다. 과거와 다른 형상의 공동체들이 생겨나는 오늘날에 크라카우어와 벤야민의 이런 성찰들은 사회사적으로 상당히 많은 시사점들을 제공한다.

크라카우어는 1920, 30년대의 전형적인 저널리스트 산책자였다. 그는 『프랑크푸르터 차이퉁』의 고정 칼럼니스트로 활동하면서 도시와 문화에 관한 상당수의 에세이들을 발표했다. 여기서 주로 검토할 베를린 체재 시절의 글들은 특히 도시화와 대중의 문화적 유목화의 양상에 대한 그의 심도 있는 관찰과 통찰을 보여준다. 그러나 고정 칼럼니스트로서 크라카우어의 이력은 30년대 들어 위기를 맞는다. 그는 『프랑크푸르터 차이퉁』의 베를린 지사에서 활동을 시작하면서 서서히 신문과 거리두기를 시작하였고, 1933년 나치의 집권과 더불어 신문을 떠나게 된다.[4] 이후 8년간 파리에서 망명생활을 하면서 『오펜바흐』(1937)를, 그리고 미국 망명 중에는 『독일영화사—칼리가리에서 히틀러까지』(1947)를 비롯한 일련의 나치 비판적인 저술들을 출간한다. 미국으로 먼저 간 프랑크푸르트 사회연구소의 호르크하이머, 아도르노, 뢰벤탈 등의 도움으로 유럽을 떠날 무렵, 오십대에 접어든 크라카우어는 뉴욕의 친구들에게 이렇게 쓰고 있다.

> 이제 마지막 정거장이 온다. 망쳐서는 안 되는 마지막 기회. 그렇지 않으면 모든 것이 사라져버리고 말 것이다.[5]

미국 망명 시절에도 그는 박물관 영화부 직원에서 시작해 컬럼비아 대학의 한 연구소 소장으로 경력을 마감할 때까지 『영화이론』(1960)을 비롯한 다수의 주요 저술들을 집필하였다. 그의 이력은 대개 '바이마르의 크라카우어'와 '미국의 크라카우어'로 구분된다.[6] 여기서 다루는 것은 주로 '바이마르의 크라카우어'이다. 바이마르 공화국 시절 도시와 문화에 대한 크라카우어의 초기 칼럼들은 『화려한 프랑크푸르트』*Das bunte Frankfurt*, 『베를린에서 나란히』*Berliner Nebeneinander*, 『베를린의 거리들 그리고 다른 어딘가』*Straßen in Berlin und anderswo*, 여기서는 SB로 약칭 등의 제목으로 출간되었다. 그리고 『직장인』*Die Angestellten*, AG로 약칭하며 같은 책 영어판은 AE로 약칭, 『대중의 장식』*Ornament der Masse*, OM으로 약칭이라는 제하에 엮은 르포와 에세이 모음들이 있다.

이 글들에서 일관되게 그는 20세기 초 합리적 사회시스템으로 인한 공동체의 상처와 이를 치유하는 대중의 문화적 활동에 대해 천착한다. 그 중심에는 특히 문화의 영역에서 일과 조직에서 벗어나 자유를 만끽하며 유목적 양상을 보이는 도시대중들이 자리하고 있다. 대중에 대한 크라카우어의 인식에는 비판적인 일면도 있다.

그런 측면에서 일견 그는 아도르노와 호르크하이머의 『계몽의 변증법』 등에 나타나는 목적합리적 지배시스템에 대한 비판적 인식을 공유하는 것으로 보인다. 실제로 그는 1차 세계대전 무렵 아도르노와 함께 칸트를 읽으면서 긴밀하게 교류하기도 했다.

그러나 크라카우어가 이후 프랑크푸르트 사회연구소의 연구 방향과 잘 화합하지 못한 이유는 아도르노가 체계적 학문 경향을 선호한 데에 기인한 것이기도 하다. 그의 학문적 경향성과 글쓰기 방식은 벤야민이 그랬듯이 아도르노와 상당한 차이를 보인다. 근래에 특히 사회의 외면성을 투시하는 크라카우어의 모자이크적인 산문들이 "경험적 연구과 지적 비판의 연계"[7]로 평가되면서 사회학적으로 새로운 조명을 받고 있을 뿐만 아니라, 일부 아도르노와 공유하고 있는 것으로 여겨졌던 문화산업에 대한 두 사람의 비판적 입론에서도 차이도 부각되고 있다.[8] 아도르노가 크라카우어를 '기묘한 리얼리스트'wunderliche Realist[9]라고 칭했을 때 크라카우어가 격분했던 일화[10]는 두 사람 사이의 정신적 지향성과 방법론의 간극이 얼마나 큰 것이었는지 새삼 확인시켜 준다.

하지만 아도르노와 크라카우어를 본격적으로 비교하는 것이 이 책의 관심사는 아니다. 다만 크라카우어의 시도는 학문적으로 일정한 실험적 작업이기도 했으며, 벤야민이 지적했듯이 "박사모를 던져버리고"[11] "버려진 것들"에 주목한 "새벽의 넝마주의"[12] 크라카우어의 지적 실험은 오늘날 회고해 볼 때는 상당히 진척된 인식들을 선취하고 있다. 길로크[13]가 그를 "우리와 동시대인"[14]이라고 규정한 것도 그런 사실을 환기시킨다.

또한 크라카우어의 르포와 에세이들이 벤야민의 글들, 가령 『일방통행로』라든지 『독일 비극의 기원』 등과 상호텍스트적 연계성을 갖는다는 사실도 주목할 만하다. 『프랑크푸르터 차이퉁』의 객원 편집자로 있던 크라카우어는 실제로 1920년대 벤야민의 『일방통행로』의 여러 단편들을 신문에 게재하기도 했고,[15] 「벤야민의 글들에 대하여」Zu den Schriften Walter Benjamins라는 제목으로 『일방통행로』와 『독일 비극의 기원』에 대한 논평을 쓰기도 했다.[16] 벤야민도 바이마르 시절 크라카우어의 주저인 『직장인』에 대해 두 편의 서평을 썼는데,[17] 그것은 오늘날에도 크라카우어 연구에 중요한 방향을 제시한 글들로 평가되고 있다.

두 사람의 긴밀한 지적 유대는 특히 20세기 들어 산책자가 유목하는 도시대중으로 진화한 변증법적 과정을 공통적으로 인식한 데서도 잘 드러난다. 이 과정은 20세기 초 합리화된 사회체계를 벗어나려는 도시대중의 문화적 유목 활동과 밀접하게 관련되어 있다. 크라카우어의 『직장인』과 『대중의 장식』 그리고 일련의 도시 에세이 모음들은 막스 베버적인 '관리되는 사회'의 베를린적 버전의 면모를 보이는가 하면, 동시에 그러한 사회로부터 벗어나려는 도시대중의 정신적-육체적 유목을 당대 도시대중 문화의 표면들을 통해서 포착하고 있는 것이다.

이런 관찰은 오늘날 가상이 사실을, 외면이 내면을 대체하는 독특한 포스트모던적 전도에 대한 현대 사상가들의 인식을 선제적으로 보여준 것이기도 하다. 동시에 크라카우어는 그러한 변화를 전통적 관점에서 비판하기보다는, 외면성의 대중문화와 대중들의 정신적 유목 속에서 긍정적이고 유토피아적 비전을 도출하는 데에까지 이른다. 그 비전의 여러 역설들 속에서 오히려 우리는 도시대중으로 전환된 20세기 산책자들이 갖는 풍부한 문화적, 사회적 함의들을 확인할 수 있다. 아울러 더 이상 정주하지 못하는 이들이 만들어 내는 유목적 사회성이 어떤 새로운 공동체적 형상을 제시하는지 들여다 볼 수 있다.

| 4장 |

베를린 오디세이

20세기 초 베를린은 과거의 부르주아 문화가 여전히 존속하면서도 낯설고 이질적인 사람들이 뒤섞인 장소였고, 끊임없이 변화하며 새로운 것이 용광로처럼 들끓는 곳이었다. 『직장인』과 비슷한 시기에 쓴 『베를린의 거리들 그리고 다른 어딘가』와 『베를린에서 나란히』에서 크라카우어는 근현대 도시 베를린의 면모를 산책자의 시선으로 스케치하고 있다. 그가 저널리스트로서 발표한 이 글들은 바이마르 시절 그의 다른 주요 저작인 『직장인』, 『대중의 장식』 등이 도시 전체의 지형도에 대한 검토 과정의 일부라는 사실을 드러낸다. 말하자면 도시에 관한 그의 저술들이 직장인과 그 문화에 대한 저술들과 주제적으로 일정한 연계성을 갖는다는 것이다.

이 장에서는 『직장인』과 『대중의 장식』을 본격적으로 검토하기 전의 예비적 작업으로, 『베를린의 거리들 그리고 다른 어딘가』를 통해서 베를린에 대한 저널리스트 산책자 크라카우어의 인상학적 관찰과 단상들을 살펴본다. 특히 이 에세이 모음집에서는, 근현대 대중의 유목을 상징적으로 예시하는 공간으로 파사주를 대하는 크라카우어의 인식이 베를린에 대한 그의 전반적 인식에도 관통하고 있음을 알 수 있다. 발터 벤야민이 파리의 파사주에 천착했다면, 비슷한 시기에 크라카우어는 베를린의 파사주를 탐사하고 있었던 것이다.

파사주의 변증법

소비의 거리 쿠담, 기억의 교회, 베를린 중심가의 운터 덴 린덴과 프리드리히 거리, 알렉산더 광장, 서부 지역의 샬로텐부르크, 베를린 가장자리의 반제 호수와 광대한 녹지 그뤼네발트는 오늘날에도 베를린을 대표하는 장소들이다. 『베를린의 거리들 그리고 다른 어딘가』라는 제하에 엮은 크라카우어의 글들은 이러한 대표적인 장소들에 대한 인상학적 서술들로 이루어져 있고, 그 행간에는 현대 대도시에 대한 그의 독특한 통찰이 담겨 있다.

그의 글들 가운데 무엇보다 파사주의 역사적 변증법을 드러내는 글로 주목할 만한 것은 당시 베를린의 중심가에 자리하고 있던 '린덴 파사주'에 대한 서술이다. 현대성을 상징하는 건축물로 통하는, 파리의 파사주와 같은 형식의 이 건축물은 크라카우어가 학생이었던 1차 세계대전 전에는 운터 덴 린덴과 프리드리히 거리 사이에 자리하고 있었다.

그것은 운터 덴 린덴Unter den Linden 거리에 자리한 일종의 '통로' Durchgang였으며, '린덴 파사주'라고 불렸다. 원래는 르네상스풍의

그림 11. 1930년대의 린덴 파사주

원형부조 장식, 난간, 화려한 전면 등으로 이루어져 있었지만, 신문 통신원으로 그곳을 다시 방문한 크라카우어에 따르면, 이미 화려했던 과거의 파사주는 사라지고 통로로서의 기능도 상실한 채 과거의 흔적으로 잔존할 따름이었다. 과거 파사주를 둘러싸고 있던 모든 것들이 "차가운 대리석 더미의 무덤 속으로 몰락"[18]했던 것이다.

> 새로운 유리 지붕과 대리석 장식을 한 이전의 파사주는 이제 백화점의 현관을 생각나게 한다. 점포들은 여전히 남아있지만 거기 엽서들은 상품 더미로 대체되고, 세계 파노라마는 영화가 추월해 버렸다. 그리고 해부학 박물관은 오래 전부터 더 이상 센세이션이 되지 못했다. (SB, p. 39)

19세기에 번성했던 "파사주의 시간은 지나갔다."[19] 과거의 파사주는 거리의 백화점으로 대체되었고, 그 안에서 시연되었던 파노라마는 영화관이 대신하고 있다. 상점들과 파노라마로 유명했던 파사주의 기능을 다른 것들이 차지한 것이다. 크라카우어에게 이와 같은 파사주의 소멸은 그 안에 존재하던 일상의 형식들이 파사주를 벗어나 현대적 삶의 존재방식 일반으로 확장되는 것을 의미한다. 말하자면 그것은 단순히 사라지는 것이 아니라 그 사라짐을 통해서 삶 자체의 양식이 되는 것이다. 이러한 반전을 그는 "그 자체가 단지 하나의 파사주인 사회에서 파사주는 무엇이란 말인가?"[20]라는 질문 속에 담고 있다. 요컨대 그는 이 질문을 통해서 파사주가 쇠락하면서 사회 전체가 일종의 거대한 파사주가 되는 파사주의 해체와 재탄생의 역사적 변증법[21]을 시사하고 있는 것이다.

크라카우어가 유년기에 가곤 했던 린덴 파사주는 산책자들이 배회하던 긴 통로였으며, 파노라마의 환상적 이미지와 상점들, 해부학 박물관, 그리고 책방들이 있는 곳이었다. 그것들은 사라졌지만 오히려 파사주 내부의 모습들이 사회 전체로 확대 재생산되는 방식으로 변화가 이루어진다. 따라서 과거의 파사주는 그에게 현대적 삶을 예견할 수 있게 하는 단서들로 가득 찬 장소이기도 한 것이다.

> 여기서는 지나가는 존재들이 정착권을 요구한다. 시내에 살지 않고 시 외곽에 은거하도록 허용되었던 집시들처럼. (SB, p. 33)

그러한 단서들 가운데 하나는 정주적인 일상의 삶에 유목적 존재들인 집시들이 틈입했다는 점이다. 과거에 시 외곽에만 머물도록 허용되었던 이들이 시내로 진입했다는 사실은 바로 '이동'이 현대적 삶의 주요 양식으로 등장했다는 것을 시사한다. 통행로로서 파사주 안에서는 사람들의 끊임없는 흐름으로 인해 한 군데 머물러 있을 수가 없다. 바로 이 "이동하라"[22]라는 파사주 안의 모토가 현대적 삶의 불가결한 정언명령이 된 것이다. 그에게 파사주의 양 끝에 자리한 여행사들이 의미심장하게 느껴진 것은 우연이 아니다.

> 린덴 파사주 입구에 두 개의 여행사가 자리하고 있는 것은 의미심장한 우연이다. 배의 모형들과 광고판 송가頌歌들이 유혹하는 여행은 물론 더 이상 사람들이 파사주에서 하던 이동과는 비교할 수 없는 것이지만 말이다. 현대의 짐 배달 서비스 역시 점차적이지만 그 통행로로 들어왔다. 지구가 현저히 작아진 이래로 시민적 현존재들은 꼭 보헤미안들처럼 여행을 하고 있다. (SB p. 35)

전통적 파사주는 이동이 일상화된 현대적 삶의 이러한 변화를 맹아적으로 가진 장소였던 것이다. 그런 변화는 오늘날에 와서는 텔레비전을 보면서 안방에서 여행하듯이, 정주의 행위마저 유목으로 바꾸고 있다. 파사주는 실외이면서 지붕이 덮인 실내의 형식을 갖춤으로써 공간적으로 실내와 실외의 구분이 모호한 장소였다. 또한 파사주는 그 안에 전시된 흥미롭고 이색적인 것들의 수많은 이미지들을 통해 먼 것은 가깝게 다가오고 가까운 것은 낯설게 느껴지며, 깊이는 표면이 되고 표면은 또 다른 깊이로 바뀌는 의식의 전환을 주도했다. 이러한 정신적, 물리적 자리바꿈의 현상은 짐멜이 「타자」에서도 시사했듯이 '낯선 것'에 대한 대중의 인식에 심대한 영향을 미치고, 결과적으로는 사회적 관계를 재구성하는 데로 귀결된다.

크라카우어가 말하듯 "육체와 이미지"가 서로 연결되고 "먼 것과 가까운 것이 서로 매개되는"[23] 상황에서는 타인과 타 지역에 대한 인식도 혁명적으로 변화된다고 할 수 있다. 이러한 변화를 추동하는 파사주의 삶의 형식은 통행로로서 시간성을 구현하는 역사 자체의 표상으로까지 이해되고 있다. 이를 예증하듯 '카스탄의 판옵티쿰'[24]도 파사주 안에 자리 잡고 있었다. 여기서는 밀랍으로 역사적 인물들이나 인간 해부 모형을 실물 크기의 인형으로 제작해서 볼거리로 제공하였다. 크라카우어는 그에 대해 이렇게 논평한다.

> 우리가 물려받은 것들, 바로 우리 자신의 것이라고 불렀던 것들이 통로에서는 전시실처럼 진열되어 말라비틀어진 잔해를 드러냈다. 우리는 스스로를 이 파사주에서는 죽은 것으로 다시 마주하게 되었다. (SB, pp. 38-39)

그는 파사주라는 통로 안에서 삶과 죽음이 뒤섞이며 진열되는 역사의 표상을 보는 것이다. 그곳에서는 전통적 삶의 경계들을 대체하는 새로운 경계들이 나타나고, 기존 부르주아적 삶의 형식들이 유목적이고 통속적인 방향으로 극적인 전환을 이룬다.

그림 12. 베를린 프리드리히 거리에 있던 '카스탄의 판옵티쿰'(Castan's Panopticum)

크라카우어가 강조하듯이, 이 장소가 부르주아들이 전통적으로 가졌던 이상주의 관념과 배치되는 것[25]도 자명한 일이었다. 파사주의 산책자들이 더 이상 귀족이나 부르주아 계층의 개인들에 국한되지 않는 것도 이러한 파사주의 역사적 변증법에 기인한다. 그것의 확장은 대중사회의 등장과 동근원적이다. 파사주에서의 산책은 대중적 소비와 구경의 행위로 발전했고, 그 안의 이동은 장거리 여행의 선행적 모델이 되었다. 파사주는 바로 그러한 변화를 예비하는 장소였던 것이다. 그런 의미에서 파사주는 크라카우어에게 철 지난 건축물이 아니라 시간적으로 과거와 현재, 공간적으로 먼 것과 가까운 것, 심리적으로 친숙한 것과 낯선 것, 촉각적으로 깊은 것과 표면적인 것이 교차하면서 그 전통적 위계를 뒤집는, 유목적인 현대 대중사회의 상징적 형상이었다.

미로의 공포와 매혹

운터 덴 린덴에서 이어지는 프리드리히 거리Friedrich Straße는 오래 전부터 베를린의 중심가에 자리하고 있었고, 기차역이 들어서 있었다. 크라카우어는 여기서도 '통과'를 현대의 실존적 상황으로 인식한다. 그에 따르면 기차역은 "통과역이 아니라 삶의 한 가운데를 지나가는 것"[26]이다. 그 말은 요컨대 삶 자체가 일종의 통과역이 되었다는 것이다. 통과의 양식은 이처럼 현대에 와서는 삶의 존재 양식 자체로 내면화되었다.

또한 프리드리히 거리는 쇼윈도, 전광판, 경관, 합승마차, 버라이어티쇼 상연 사진들로 채워져 있고, 거지들로 붐빈다. 그곳을 지나가는 사람들은 거의 무의식적으로 이러한 모습들이 주는 인상들에 오감을 빼앗긴다. 프리드리히 역에 머무는 기차에 대한 인상적 서술에서 크라카우어는 기차를 "끊어지지 않는 사슬", "들판과 들판 사이 진동하는 공기를 관통하여 끊임없이 구르는 인간띠"[27]라고 묘사한다. 사람들은 프리드리히 거리를 중심으로 한 광휘와 혼잡에 뒤섞여 열차를 인식하지 못한다. 왜냐하면 크라카우어 자신처럼 열차와 자신의 삶 자체가 무의식중에 동일시되어 분별할 수 없게 되었기 때문이다.

이와 같이 크라카우어는 유목을 현대의 실존적 상황 자체로 인식한다. 또한 거리를 오가는 대중들의 무정형적 모습도 그러한 상황을 예시한다. 그는 프리드리히 거리의 콘크리트 지하도를 통행하는 사람들 사이에서 비균질적인 혼잡의 양상을 포착하고 있다. 그것은 목적 지향적이거나 자연적인 공동체가 형성되기 이전의 단순한 '함께 있음'과 '우연한 공존'의 현상이다. 콘크리트로 장대하게 구축된 지하도 건축물과 거기에 "행인과 걸인의 무정부적 뒤섞임"이 묘한 대조를 이루면서 그에게 "공포감"을 자아낸다.[28] 합리적으로 구획되고 조성된 도시와 그 안의 대중의 혼돈이 순간 극적인 부조화를 불러일으키는 것이다.

크라카우어가 도시 산책에서 종종 지적하곤 하는 '공포'는 근현대 대도시 공간과 사회의 문제에 보다 심도 있게 접근하기 위해 주목해야 할 감정적 지표라고 할 수 있다. 그 감정은 이른바 헤겔의 '나쁜 무한성'과 같이, 무한히 확장되는 도시 공간 속에서는 특정한 목적도 사람들 상호간의 공속성도 가질 수 없는 데서 비롯된다. 그는 파리의 한 거리에서 겪은, 이와 유사한 지향성 상실의 경험을 기록하고 있다.

> 나는 목표를 가진 것으로 믿었다. 하지만 불행히도 나는 목적을 잊어버렸다. (SB, p. 10.)

이러한 도시 체험에서 특징적인 것은 도시 자체가 일종의 '미로'로 다가오고 있다는 사실이다. 미로에서는 공간의 체험이 시간의 체험으로 이행하고, 어떤 것으로도 채워지지 않는 그 공허하고 지루한 무한대의 시간은 섬뜩한 공포를 동반한다. "호러 바쿠이Horror vacui, 그 공허에 대한 공포가 사람들을 지배한다."[29]

공포의 감정은 권태와 불가분의 관계인 것으로 보인다. 베를린의 소비거리 쿠담의 한 상점 안의 고요를 묘사하며 크라카우어는 '유리 제단'이 설치된 '상품 신전'이 왕의 무덤처럼 적막하고 황량하다고 지적한다. 그 안에서 일하는 여성에 대해서는 "내 생각으로는 그녀는 종종 섬뜩할 정도로 지루할 것이다"[30]라고 소견을 덧붙이고 있다. 공허한 시간과 생소한 사람들 사이에서 나타나는 이러한 권태와 공포는, 개체화가 가속화되어 사회적 유대가 사라지고 절대자와의 연계 같은 삶의 확고한 준거점을 상실한 근현대인의 특수한 정황에서 비롯된다고 하겠다. 그는 상대적으로 다른 지역에 비해 정비가 잘 되어있던 베를린 서부 지역의 거리에서 다시 한 번 대상이 없는 공포에 대해 이야기하고 있다.

> 그러한 공간들(베를린의 베딩Wedding, 노이쾰른Neukölln 같은 지역의 공간들을 지칭—필자)과 달리 서쪽의 거리들에서는 공포가 생긴다. 이 공포에는 대상이 없다. 이 지역에는 프롤레타리아들이 살지도 않고, 봉기의 징후도 없다. 여기 사람들은 서로 공속되어 있지 않다. 그리고 이들에게는 공통의 행동이 나타날 분위기 자체가 결여되어 있다. 여기서는 서로 아무것도 기대하지 않는다. 불확실하게 그들은 서로 스쳐간다. 그건 내용도 없고 공허하다. 이 공허가 순간 그런 섬뜩함을 불러일으키는 것일까? (SB, p. 30)

베를린 서부 지역은 노동자들의 구역이 아니다. 그리고 상대적으로 부유한 지역에 속한다. 지극히 합리적이고 목적 지향적으로 잘 짜인 이곳의 공간이 역설적으로 비합리적인 섬뜩한 분위기를 촉발시키는 것이다. 이 공포는 무미건조한 무한대의 시간과 공간 속에서 원자화된 개인들이 공동체적 유대에 의존하지 못하는 상황에서 마주하는 존재론적 두려움에 다름 아니다. 크라카우어가 묘사하는 그 증세는 아고라포비아agoraphobia, 광장공포증와 유사한 양상을 보인다. 이 공포증은 근대 도시공간의 출현과 더불어 나타난 것으로 알려져 있는데, 그것은 단순히 심리적 병증이 아니라 정신사적으로 주요한 의미를 갖는다.[31] 크라카우어가 묘사하는 그 증세는 1930년대 '개체화가 일종의 저주로 체험되는'[32] 사회 공동체의 위기와 도시화에 따른 공간의 재편에 따른 아노미적 경험과 긴밀한 관계가 있는 것으로 보인다.

그러나 저널리스트 산책자 크라카우어가 근현대 시공간과 익명의 대중들을 부정적으로만 인식했던 것은 아니다. 그는 자신이 방을 세내어 머물기도 했던 베를린 서부 지역의 임대건물에 대해서 몇 개의 추가적 단편들을 남기고 있다. 여기서도 그는 상인, 의사, 관료 등 서로 연관성이 없는 다양한 직업군의 사람들이 일시적으로 공존하는 양상을 포착하고 있다. 엘리베이터 안팎에서 아파트 거주자들과의 피할 수 없는 마주침, 그리고 그에 이어 이들과 친교관계를 가진 방문객들과도 조우하게 되는 그 공간의 독특한 관계의 연쇄는 '거리'와 다름없는 '집'의 양상을 드러내고 있다. 집이 거리가 되고, 거리가 집이 되는 유목과 정주 사이의 어떤 역설적 순환이 여기서도 나타나는 것이다.

하지만 이 임대하우스의 멋진 점은 마치 항구가 있는 지역처럼 매일 새로 도착한 사람들을 받아들이는 데 있다. 그리고 그것은 길에 면해 있을 뿐만 아니라 길 자체이기도 하다. (SB, p. 198)

개체화의 저주는 정주와 유목이 자리를 바꾸는 역설적인 순환을 통해서 해소되는 것 같다. 이 과정에는 또한 개체들의 자기의식의 좁은 울타리를 부수는 "거리의 도취"[33]도 일상화된다. 크라카우어는 한편으로 베를린 서부 지역의 거리에서 개개인 간의 연관성이 사라진 상태에서 일종의 섬뜩한 두려움을 감지한다면, 다른 한편으로는 마치 기차역이나 항구처럼 임의적인 이합집산이 이루어지는 임대하우스에서의 유쾌함을 읽고 있는 것이다. 이를 통해서 도시는 공동체의 외상을 스스로 치유한다. 대도시 베를린의 거리에서 산책자 대중들은 "임의적 모자이크"를 형성하며, 그 "텅빈 공간들"[34] 속에서 때로는 두려워하고 또 때로는 알 수 없는 거리의 도취에 몸을 맡기면서 새로운 공존의 형식을 모색하고 있는 것이다.

쿠담의 여성적 남성들

파사주처럼 바뀐 거리를 가장 잘 예시하는 곳은 베를린 중심가에 자리 잡은 소비거리 쿠담이다. 그곳은 지금과 마찬가지로 바이마르 공화국 시절에도 베를린의 소비의 중심이었다. '기억의 교회'에서 길게 이어지는 쿠담 거리에는 수많은 카페와 상점, 쇼룸, 미용실, 댄스홀 등이 자리 잡고 있다.

이 거리는 쇼핑객과 상인들로 붐빈다. 크라카우어는 길거리 쇼핑을 "사물에 대한 사냥"[35]이라 부르면서, 상점 가판대에서는 "모든 것이 준동한다. 모든 것이 움직인다"[36]고 적고 있다. 그리고 해마다 열리는 크리스마스 장터의 활기찬 모습을 묘사하기도 한다. 다른 한편 그는 「기억이 없는 거리」라는 제목으로 여러 상점들이 수시로 폐업하고 새로 개업하는 쿠담을, "그 안에서는 어느 것도 지속될 수 없는 공허하게 흘러가는 시간의 육화"[37]라고 표현하고 있다. 그가 종종 방문하던 카페는 경쟁력이 있는 빵가게로 변하고 이전의 흔적은 어디에도 없다.

뿌리 없는 것은 사람들만이 아니라 도시의 집들과 가게들도 마찬가지다. 이러한 바로크적 인생관과 세계관이 당대 파사주의 존재론적 특징을 이루고 있었다. 무엇보다 쿠담에 진열된 상품들은 "임의성의 인상"[38]을 준다. 임의성은 바로크적 현대에 특징적으로 나타나는 현재 의식이자, 일시적인 통과 장소로서 파사주에 잘 부합하는 속성이다.

쿠담은 또한 가는 곳마다 영화의 스타들의 사진으로 가득 차있어서 크라카우어는 이 거리를 '이미지 거리'Bilderallee라고 지칭하기도 한다. 거기서 그는 한편 숨가쁜 변화와 쉴 새 없이 대체되는 상점과 카페들을 멜랑콜리의 시선으로 묘사하는가 하면, 다른 한편 유행을 좇는 화려한 외관의 소비거리와 상점들이 '지상의 하늘'이라 불리는 스타들의 사진들로 가득 채워져 있는 데에 주목하기도 한다. 과거의 "대리석은 사진이 되었"으며 그 거리는 '이미지 갤러리'에 다름 아니다.[39] 과거의 무거운 대리석들을 대체하는 쿠담 거리의 사진들과 여타 재생산 매체들의 가벼운 이미지들은, 외면성이 내면성을 대체하고 깊이를 표면으로 치환하는 현대 문화의 양상을 전형적으로 드러낸다. 산책자로서 문화의 깊이보다 외면에 천착하는 크라카우어의 독특한 시각은 여기에서 비롯된다. 그의 시각이 체계를 선호하는 학문의 영역에 수용되기까지는 다시금 많은 시간을 필요로 하였다.

크라카우어는 쿠담을 또한 "현대의 승리의 거리"[40]라고 명명하기도 한다. 그것은 과거 베를린의 '승리의 거리'Siegesallee를 빗댄 것인데, 그 거리는 빌헬름 2세에 의해 1895년 독일의 과거를 기념하는 장대한 불르바르로 만들어졌고, 독일 역사의 인물 조각상들이 거리에 조성되어 있었다. 쿠담에서는 그러한 대리석 조각상들이 유행하는 스타들의 사진과 이미지들로 대체된 것이다. 일요일이면 유행을 좇는 중산층 젊은이들이 그곳으로 몰려나온다. 그는 과거 '승리의 거리'를 메웠던 장교들과 대비하여 이 젊은이들을 '남성적 여자들'이라고 지칭한다.[41] 짐멜도 유행을 여성적인 것으로 코드화한 바 있는데, 그것은 여성이 "사회적 평균에 더욱 강하게 속박되어 있다는 점에서" 그리고 동시에 "상대적으로 개체화를 강하게 추구하는" 경향이 남성의 경우보다 더 강하게 발현되기 때문이라고 설명하고 있다.[42] 크라카우어는 여기서 짐멜을 명시적으로 언급하고 있지는 않지만, 현대 베를린의 도시문화를 기술하며 젠더 코드를 활용하고 있는 것은 눈여겨볼 만하다.

그러한 측면에서 볼 때 프로이센에서는 남성적 군사 문화가 지배적이었던 데 반해, 바이마르 공화국에서는 유행과 외면성을 지

그림 13. 베를린의 옛 '승리의 거리'와 승전기념탑 (1907)

향하는 방향으로 극적인 선회가 이루어졌다고 할 수 있을 것이다. 하지만 나치의 제3제국에 들어서면서 슈페어에 의해 '승리의 거리'를 중심으로 제국의 수도 게르마니아 건설이 다시 추진된 것은 역사의 아이러니한 반전의 반전이라 할 수 있을 것이다.[43]

경계 위의 성, 지식, 그리고 지식인

유행과 외면성을 중심으로 확산된 자본주의 도시문화의 변화에 대한 크라카우어의 태도는 양가적이다. 그는 쿠담 거리의 젊은이들, 이 '남성적 여성들'의 '모험'에 매료되기도 하지만 종종 비판적인 시각을 감추지 못한다.[44] 그의 이런 양가적 면모는 파리의 한 댄스홀에서 '편지를 쓰는' 다소 역설적인 행동에서도 나타나는데, 그는 함께 춤추기를 권하거나 매춘을 유혹하는 여성들의 접근에 거리를 둔다. 그 모습은 마치 어느 낯선 섬에 표류한 점잖은 부르주아 지식인 오디세우스가 유혹당하는 장면과 유사해 보인다.

"아, 당신은 문필가ecrivain로군요!"[45] 크라카우어에게 접근한 여성들은 이렇게 말하고, 다소 경이로운 눈길로 그를 바라본다. 세 명의 여자들이 스쳐간 후에 그는 다시금 역설적으로 이렇게 쓰고 있다. "나는 방해받지 않고 편지를 끝까지 쓸 수 있을 것이다. 나는 춤추는 것보다 그러기를 더 원한다."[46] 댄스홀에서 편지를 쓰는 크라카우어의 모습에서 전통적인 부르주아 문화 속에서 성장한 한 저널리스트 산책자가 새로운 도시문화에 매료되면서도 거리를 두는 의식의 양가적 긴장이 표면화되고 있다. 크라카우어는 바이마르 대중문화의 '참여관찰자'Participant-Observer[47]로 알려져 있지만, 카츠에 따르면 그 역시 대중문화와 일정한 거리를 견지하고 있었다.[48]

댄스홀의 장면은 그런 태도를 전형적으로 드러낸다. 크라카우어는 부르주아의 문화적 전통 속에서 교육받았고 그러한 환경 속에서 성장했지만, 새로운 변화에 상당히 민감했고 그것을 적극적으로 고찰하고 있다. 하지만 그 내면은 여전히 옛것과 새것 사이의 긴장 속에 진자의 추처럼 유동하고 있었다. 새로운 도시문화를 평가함에 있어 크라카우어의 입장에서 긍정과 부정으로 일도양단할 수 없는 여러 모순들이 드러나는 것도 우연이 아니다.

그럼에도 불구하고 그 역시 대중화와 통속화의 큰 흐름을 거스를 수는 없었던 것 같다. 그는 베를린 서부 지역의 한 백화점에서 열린 작가낭독회에 참석한 경험을 서술하면서 문학의 상품화를 직시하고 있다. 중산층 관료와 직장인들 그리고 이들의 자제들이 몰려나온 낭독회에서 하인리히 만이 자신의 신작소설을 낭독한다. 그는 자신의 책 속에서 K.O로 끝나는 복싱 장면을 읽고, 팔려나가는 책들에 일일이 사인을 한다.[49] 다른 한편 백화점 바깥에 행상들이 펼쳐놓고 있는 탁자 위의 고서들은 "매춘부와 남아프리카산 과일"[50]에 비교된다. 지식인 저술가의 자조적 의식이 나타나는 이러한 비교에서처럼, 크라카우어에게 사회문화적 변화는 눈을 돌리고 있기보다는 적극적으로 대응해야 할 어떤 과제였다.

벤야민도 이러한 변화를 『일방통행로』에서 '책'과 '매춘부'의 유비를 통해 유머러스하게 시사하고 있다.

> I. 책과 매춘부—책과 매춘부는 침대로 끌어들일 수 있다. (…)
>
> V. 책과 매춘부—양자에게는 저마다 이들을 갈취하고 괴롭히는 남자들이 붙어있다. 책에는 비평가들이. (…)
>
> IX. 책과 매춘부—책과 매춘부는 진열될 때 등을 보이는 것을 좋아한다. (…)
>
> XIII. 책과 매춘부—전자의 각주가 후자에게는 양말 속의 돈.
>
> (Benjamin, IV.1, pp. 109-110)

크라카우어와 벤야민이 직시하듯 성, 지식, 그리고 예술은 20세기 초 급속히 대중화되고 통속화된다. 또한 자본주의 도시문화 속에서 그것들은 상품으로 유통된다. 파리를 비롯한 유럽의 대도시에서 자유연애 풍조는 19세기부터 나타났지만 크라카우어 당대에 더욱 가속화되었고, 문학을 비롯한 저작들이 추구한 부르주아적 교양도 대중화의 물결 속에 겉치레로 전락한다. 샌드위치맨과 더불어 크라카우어와 벤야민의 도시문화에 대한 진단에서 자주 등장하는 매춘부는 당대에 나타나기 시작한 문화적, 사회적 경계의 지표이다. 이 경계는 지식인 산책자들의 자기의식에 대한 성찰을 요구하는 것이기도 했다. 벤야민에 따르면,

> 대도시에는 허무로 빠지는 경계 지점들이 무수히 많다. 그래서 매춘부들이란 허무의 숭배를 관장하는 수호신들이나 마찬가지이다. 그들은 임대 아파트 단지의 대문 안에, 부드러운 소리가 울리는 승강장 플랫폼의 아스팔트 위에 서 있곤 한다. (Benjamin, IV.1, p. 472)

그러한 경계의 존재와 만나는 것은 "자신이 속한 계급의 경계를 처음으로 넘어섰다는 감정"을 동반한다. 하지만 대개의 경우, "경계 위에 고집스럽게 음탕하게 머물러 있는 것은 아닌가?"[51]라는 벤야민의 날카로운 지적처럼, 새로운 문화적 변혁의 물결 앞에 부르주아 지식인들은 의식의 한계를 노출하고 있었다. 하지만 근대적 경계들의 부침이 반복되는 1920~30년대 대도시의 일상에서 대중화, 통속화, 그리고 상품화는 더 이상 거스를 수 없는 시대의 거대한 흐름을 형성하고 있었다.

포츠담 거리의 자동화 이미지

베를린의 번잡한 장소 가운데 하나인 포츠담 거리Potsdamer Straße에서 크라카우어는 신문판매원의 이야기를 소개하고 있다. 대도시 불르바르의 가십거리를 생산하던 신문은 20세기 초 대중사회의 대표적 매체로 자리 잡았다. 그 판매원은 저널리스트로 정기적으로 포츠담 거리에서 신문을 사곤 하던 크라카우어를 기억하고 놀이공원 '루나파크'에 갈 수 있는 공짜표를 주겠다며 친절을 베풀려 한다. 익명으로 흘러갔다가 흘러오는 사람들 사이에서 자신을 기억하는 신문판매원에게 크라카우어는 다소 특별하게 기억된다. 하지만 바로 그 신문판매원이 추운 날씨에 감기 때문인지 더 이상 나타나지 않는 포츠담 거리는 "텅 비어있는 것"[52]처럼 느껴졌다고 적는다. 많은 군중들이 존재함에도 텅 빈 것으로 느껴지는 이 장소는 곧 서로의 유대를 느끼지 못하는 사회적 공속성의 상실을 상징적으로 드러낸다.

이러한 대조는 베를린 서부 지역에 새로 연 카페를 방문한 일화에서도 나타난다. "직원들은 모든 손님들이 만족하시도록 최선을 다할 것입니다"[53]라는 카페 메뉴판 속의 문구에서 크라카우어는 사람들을 합리화하는 기업의 모습을 읽는다. 그에 따르면 "경제의 합리화는 분명 사람들까지 합리화할 수 있다는 생각을 생겨나게 했을 것이다."[54] 합리화는 유용성과 편리성을 넘어서 사람들 사이의 행위와 관계를 규정한다. 카페 메뉴판에 삽입된 그 문구는 크라카우어에 따르면, 사람들 사이의 자유의지에 따른 배려를 명령적 지침으로 바꾸고, 직원을 그에 따라야만 하는 기계적 존재로 만든다는 것이다.

이러한 기능화와 합리화는 극장의 무대가 열리기 전에 막의 번호를 달고 무대의 한쪽 끝에서 다른 쪽 끝까지 걸어가는 여성에게서도 나타난다. "그녀는 마치 주석註釋과도 같다"거나 "주변적인 것이 나중에 중심이 된다"[55]고 한 크라카우어의 논평처럼 숫자가 중심이 되고 연극이 주변이 되는 역설이 모든 사물과 사태들이 합리화하고 도구화하는 과정 속에서 나타난다. 흥미로운 점은 이러한 사회의 합리화와 대중화를 향한 변화들을 서술하면서 크라카우어가 주로 여성들을 소재로 들고 있다는 사실이다. 연극의 막을 알리는 '번호를 달고 지나가는 여성', '극장에 가는 여자 점원', 그리고 앞서 본 것처럼 대중적 스타들에게 현혹되는 '여성적 남성들'과 기계적이고 집체적인 춤을 추는 '틸러걸'이 그들이다.

그간의 연구사에서 크라카우어의 젠더 의식에 대한 비판은 제대로 이루어지지 않았다고 할 수 있다. 그는 합리화된 대중문화를 여성적인 것으로 코드화하면서 비판과 옹호 사이의 다소 모호한 입장을 견지한다. 그럼에도 불구하고 그는 비판적인 톤을 강하게 담은 일부 익명화, 대중화의 상징적 형상들을 여성으로 코드화하는 경향을 보인다. 이는 물론 당대 새로 생겨나던 단순 사무직과 서비스 직종에 가정에 있던 여성들이 대거 진출했던 데서 기인한다고 할 수도 있다. 전통적인 가부장 문화의 환경에서 그것은 다소 이채로운 현상이었던 것이다. 그러나 다른 한편으로는 크라카우어 자신이 부르주아 가부장 의식에서 완전히 자유롭지 못했던 한계를 지녔던 것으로 볼 여지도 있다. 근대화는 여성들도 거리와 직장으로 나올 수 있도록 했다. 하지만 이들이 거리와 공적 공간에 나오는 것에 대한 유럽 부르주아 지식인들의 우려는 그에 대한 모순적 입장으로 나타난다.[56]

그러나 대중화와 익명화의 흐름을 추동하는 주체는 사실상 남/녀 젠더로 코드화하기 어려운 것이며, 사물화된 그 주체는 더 이상 인격적인 인간으로 포착될 수 있는 것이 아니다. 가령 크라카우어는 신문 호외를 외치는 소리에서 마치 주체를 상실한 것과 같은 목소리를 듣는다. 신문사 이름과 호외의 내용을 줄여서 크게 외치는 이 소리는 목소리의 주체로부터 떨어져 나와 독립된 것처럼 울리며, 일종의 '소리형상' 또는 '소리이미지'Lautgebilde로 베를린 거리를 채운다.[57] 이와 같이 탈주체적으로 자동화된 이미지들은 도시를 마치 그 자체로 살아있는 것처럼 보이게 한다.

베를린의 교차로에는 빨간 등, 노란 등, 파란 신호등이 규칙적으로 켜지고 수많은 차들이 오간다. 그것은 파리의 샹젤리제 대로의 모습과 비슷하다. 파리에서는 "8차선 도로에 자동차들의 행렬이 돌진한다. 마치 흐르는 벨트처럼. 사람들은 교차로에서 기다리고 경찰은 하얀 작대기를 들고 눈짓한다." "부유한 미국인들의 산책"을 닮은 파리 샹젤리제 대로의 풍경은 일종의 "세계 도시의 혼잡"을 드러낸다.[58]

당시 베를린에는 신호등의 빨간 등과 파란 등 사이에 파리에는 없는 노란 경고등이 있었다. 크라카우어는 이 경고등도 사람들이 자율적으로 주의해야 하는 상황을 기계의 명령 신호로 대체하면서 타율화를 강화하는 사례로 지적한다. 그는 파리에서처럼 "우리에게도 노란 등이 꺼지고, 그것이 인간에게로 되돌아왔으면 하고 나는 희망했다"[59]고 쓰고 있다. 파리에서와 달리 베를린에서는 노란 등까지 집어넣어 개인의 자율적 행위에 좀 더 개입한다는 지적이다. 이와 같이 빈틈없이 짜인 컨베이어벨트와 같은 '도시의 기계적 구조'와 '도시대중들의 혼잡'은 대도시 베를린에서 기묘한 대조를 이룬다.

근현대 대도시는 문제적인 공간이다. 그리고 20세기 초 크라카우어가 목도했던 베를린은 그 한 사례를 보여준다. 그가 1920년대 독일의 대도시 베를린의 거리들을 소재로 하여 『베를린의 거리들 그리고 다른 어딘가』에서 천착했던 작업과 다음 장에서 살펴볼 『직장인』에서의 작업은 서로 연결되어 있다. '도시'와 '직장인'은 크라카우어에게 서로 분리될 수 없는 매개항이었던 것이다.

| 5장 |

크라카우어의 '직장인'

직장인은 크라카우어에게 '대도시 대중의 사회학적 핵심'인 동시에 '혁명적 에너지의 담지자'이다.[60] 이 직장인 대중은 당대의 대도시 베를린과 긴밀하게 관련되어 있었다. 또한 직장인 그룹은 당시 사회의 장대한 변화의 징표이기도 했다. 요컨대 아직 계층적으로 특정하기 애매한 직장인 계층은 부르주아적이면서 동시에 프롤레타리아적인 모순적 정체성을 가지고 있었다. 그리고 당대 부르주아 전통문화가 급격하게 대중문화로 재편되는 사회문화적 변이 과정에서 이런 모순은 불가피한 것이었다.

무엇보다 크라카우어가 그의 저서 『직장인』에서 초점을 둔 것은 막스 베버적인 일종의 '관리되는 사회'였지만, 그는 특정한 이론으로 사회를 총체적으로 틀 짓는 것을 원하지 않았고, 그만큼 개별 사례에 더욱 천착했다. 이러한 점은 그가 아도르노의 관리되는 사회의 총체성에 기초한 대중문화와 문화산업 비판과는 다소 다른 노선을 따르는 계기가 된다. 사실상 크라카우어가 그리고 있는 베를린 직장인 사회는 지그문트 바우만이 포착하고 있는 '무거운 근대'의 "포드주의적 공장"[61]과 유사하다.

"이곳에서 인간의 행동은 정신적 능력을 발휘하지 못하고 미리 정해진 절차에 따라 그저 묵묵히 기계적으로 따라 움직이는 것으로 격하되었으며, 자발성과 개인의 주도력은 금기시되었다."[62] 그리고 이 시스템은 "노동자를 붙박이로 만드는 시스템"[63]이다. 그러나 크라카우어는 동시에 그로부터 벗어나는 직장인의 문화적 유목을 『대중의 장식』의 다수의 에세이들을 통해서 제시한다. 여기서 이미 탈포드주의적인 '유동적 현대'로 이행하는 양상이 드러난다고 할 수 있다.

당시 형성되고 있던 유목적 대중도 이러한 직장인 대중이 보여주던 포섭과 저항의 길항 작용과 무관하지 않다. 직장인들의 사무실 노동과 그 바깥의 여가적 활동은 크라카우어에게 동전의 양면과도 같은 것이었다. 그것은 한편 지배를 강고하게 하는 완충지적 역할을 하면서, 다른 한편 그로부터 벗어나려는 현대인의 유목적 양상을 선취적으로 보여준다.

베를린과 직장인

당시 베를린에 급격히 늘어나기 시작하던 사회적 그룹으로서 직장인은 노동자도 기업가도 아니다. 이들을 노동자와 구분하는 것은 자칫 통치를 위한 일정한 책략으로 '분할의 정치'[64]에 이용될 위험성이 있다. 그렇다고 해서 이들을 하나의 계층범주로 다루기는 어렵다. 크라카우어는 '분할의 정치'를 지적하면서도 이들을 다소 문화적인 방식으로 구분하고 있는데, 그에 따르면 직장인은 "정신적으로 집이 없는"[65] 점에서 노동자와 다르다는 것이다.

프롤레타리아에게 계급의식과 목적 지향적 과제를 부여하던 당대 맥락을 생각한다면, 크라카우어는 직장인들에게 그러한 특정 목적과 계급적 과제를 부여하기 어려운 무정형적 현실에 주목한 것이라고 할 수 있다. 이는 그가 1920년대 독일 베를린의 직장인들에 대한 르포르타주를 작성하는 계기가 된다. 말하자면 직장인들은 그 자체로 훈육과 조직의 대상인 동시에 무정형적인 사회그룹이었던 것이다. 그가 『직장인』이라는 르포르타주를 「알려지지 않은 영역」Unbekanntes Gebiet이라는 제목의 장으로 시작하는 것도 우연한 일은 아니다.

크라카우어에 따르면 당시 베를린의 직장인은 급격히 증가하고 있었다. "전체 독일의 직장인 수는 350만 명에 달했는데, 그 가운데 여성이 120만이었다. 같은 기간 동안 노동자의 수는 아직 두 배가 되지 않았지만, 직장인의 수는 거의 다섯 배에 근접하고 있었다. 노동자 5인당 직장인 1인에 가까운 비율에 육박했고, 공무원도 아주 크게 증가했다."[66] 이러한 직장인 계층의 급격한 등장은 사회적 변동과도 직접적인 관련을 맺고 있다. 특히 그것은 종래에 비해 국가와 자본의 비대화를 반영하는 것이기도 했다.

크라카우어 역시 이러한 점을 지적하고 있다. 그는 우선 "경제구조의 변화"[67]가 직장인 증가의 원인이 되었다고 보고 있다. 이 변화의 요체는 현대적인 대기업들의 등장과 그에 따른 조직 형태의 변화에 있었다. 이 같은 양적 확장과 동시에 질적인 변화도 수반되었는데, '합리화'는 바로 그러한 질적 측면을 설명하는 모델이다. 그것은 자본주의 초창기부터 진행되어 왔으나, 크라카우어에 따르면 1925~29년 사이에 특히 중요한 국면을 형성한다. 합리화는 사무실에 "기계의 틈입과 테일러 시스템의 도입"[68]으로 보다 구체화되었다.

이러한 기제들은 사무실 노동의 합리화와 계량화를 통해 자본의 통치전략을 수행하는 도구가 되었고, 직장인 그룹은 사무실에서 노동자 아닌 노동자로서의 역할을 수행하는 일군의 새로운 사회적 집단적 그룹으로서 경제적, 사회적 중간계층으로 자리매김 되었다. 좀바르트W. Sombart에 따르면 당시 베를린은 이러한 "직장인과 관료들의 도시"Angestellten- und Beamtenstadt였다.[69]

선발과 훈육

직장인 그룹의 자의식 속에는 이미 노동자들과의 변별적인 의식이 존재하고 있었다. 크라카우어는 자동화된 의식의 메커니즘 속에서 그 관리 체계가 유지된다는 점을 지적하고 있다.

> 친위대는 죽어버렸지만, 명령에 반하는 의식이 생긴 것은 아니다.— 그렇게 체계는 우연에 대항하여 그 자체를 온전히 유지하는 것이다. (AG, p. 19)

이러한 체계 속에 직장인들은 서로 의존적이면서도 남과는 다른 존재가 되기를 기대한다. 이런 의식은 이들의 선발과 훈육에 직접적으로 개입하는 '국가'와 '자본'에 의해 더욱 강화된다. 여기서 지배는 이미 채용을 위한 선발 과정에서부터 시작된다. "적합한 사람을 적합한 자리에!"[70]는 당시 베를린 직장인 선발의 모토였다. 그러나 그들이 추구하는 개인의 고유성은 생산과 분배의 과정 안에서 부여되는 '자리'와 부합하는 개념이 아니다. 선발을 위한 적합성 평가부터가 '사람'보다는 "기업의 관심"[71]에 좌우되기 때문이다.

노동자가 상대적으로 '기능'이라는 단순 기준에 의해 평가를 받는다면, 직장인은 계산, 예약, 전화응대와 같은 실무와 직업심리학적 차원까지 다면적 평가가 필요한 직무로 인식된다. 그러나 큰 기업일수록 이런 평가 방식은 공백을 피할 수 없다. 최상급자가 하급자들의 업무 실태를 제대로 파악하기 어렵기 때문이다. 따라서 이들의 평가는 중간 간부들에게 좌우된다. 크라카우어는 두 명의 여직원에 대한 적성 테스트와 관련한 인터뷰에서, 외모가 중요한 요소로 작용함을 보여주고 있다. 그에 따르면 늘 아프로디테에게 유리한 것은 아니지만, 아테네에게만 유리한 것도 아니다. 또한 헤라와 같은 유형은 직장인에 존재하지 않는다.

따라서 외모, 필체, 예의, 심리 등 모든 것이 적성검사의 주 요소들이 되었다. 크라카우어가 드는 예들 가운데는 자격을 갖춘 인력을 뽑기 위해 심지어 필체감정사까지 부르는 경우도 있었는데, 그는 이 감정사를 "적국에 잠입한 당국의 스파이"[72]에 비유하고 있다. 말하자면 비밀정보 수집과 같은, 통치행위를 돕는 역할을 하고 있다는 것이다. 인간의 심성적 유형과 태도에 대한 직업심리학적 관찰이 직장인들의 관리를 위한 전문지식으로 동원되었는데, 이는 선발의 과정에 활용되었을 뿐만 아니라 훈육의 기제이며 통치의 방식이기도 했다.

인상학, 심리학 등이 20세기 초 직장인 선발과 운용에 주요하게 활용되었다는 점은 크라카우어의 르포르타주에서도 확인할 수 있다. 또 직장인의 외모와 태도에서는 '미국인'과 같은 친절성이 특별히 강조되곤 했다. 그 기준이 된 모토가 바로 "도덕적으로 붉은 피부색", 즉 도덕은 장밋빛으로 채색되어야 하고 장미는 도덕적으로 윤색되어야 한다는 것이었다. 내면성은 외면적으로 평가되고, 외면성은 내면성을 대변하는 것으로 이해되는 바, '외면적인 것'을 강조하는 사회적 강박이 여기서 노골적으로 작동하고 있다고 할 수 있다.

크라카우어는 이런 상황을 당시 유행하던 속류 다윈주의 용어를 동원해 일종의 "자연도태"[73]와 비교하고 있다. 직장인들은 "실존에 대한 염려"[74]에서 뷰티살롱을 찾고 날씬해 보이기 위해서 스포츠로 몸을 단련한다. 직장인의 개성은 그에 적합한 자리에 보내기 위해 고려되는 것이 아니라 기업의 이해에 따라 훈육된다. 이처럼 크라카우어는 선발과 훈육의 합리화 속에서 경쟁사회의 적자생존과 같은 기제가 작동하고 있음을 통찰하고 있다.

합리적 구조 속의 비합리적 관계

"노동과정에 대한 관리는 이미 세부까지 완전히 합리화되었다"[75]고 크라카우어의 르포르타주 속의 한 기업가는 자랑스럽게 말한다. 여직원들은 일률적으로 자리에 배치되고, 상급 관리자는 붉은색, 노란색, 초록색 표시등을 통해 일의 진행과정을 한 번에 통괄한다. 바깥에서는 전쟁과 같은 기계적 노동이 진행되는 가운데, 지휘부 사무실은 수도승의 방과 같은 적요 속에 자리하고, 그 방의 전등을 신호로 방문자들이 들어와야 하는지 기다려야 하는지 알 수 있다. 그의 사무실 방에는 칠판 같은 것에 구슬이 길게 늘어져 서로 다른 일의 과정을 표시하고 있는데, 매번 일의 진행에 따라 이 구슬의 위치가 바뀌고, 최고위층은 자리에서 일목요연하게 모든 진행과정을 통괄한다.[76]

오늘날의 전자 관리시스템을 상기시키는 이러한 작업장의 시스템과 달리, 최상층과 일반 직장인 사이의 소통과 연결은 더욱 어려워진 것으로 보인다. 중간 간부가 그 사이에서 매개 역할을 하지만 이것 역시 상당히 불투명한 관계에 불과하다. 카프카의 『소송』이나 『성』에서와 같이 전체를 통괄할 수 없는 미로와 같은 거대한 사회와 기업의 구조에서 하위직에 있는 직장인과 최상층 관리자와의 연계는 거의 불가능하다. 카프카가 묘사한 "최종 심급의 도달불가능성"[77]에서 합리화된 거대 조직이 가진 비합리성이 드러나는 것이다.

크라카우어는 이것과 관련해 해고당한 직장인의 사례 하나를 들고 있는데, 그가 법정에 제출한 진술서에 따르면 "감독하는 상급자 간부가 사실 그대로 보고를 받지 않았다"[78]는 것이다. 이 하급 직장인과 상급 간부 사이에는 중간 보스가 있는데, 고소인의 직속상관이 사실을 왜곡해서 보고했을 뿐만 아니라 끊임없이 그를 "모욕하고 트집 잡았다"[79]는 것이다. 이 직장인의 동료들도 그의 사정에 공감했지만 두려움으로 인해 침묵했다.

이 사례를 보면 중간 보스가 매개자 역할을 하고, 책임이 있는 최상층의 관리자는 존재하면서도 존재하지 않는 역설이 나타난다. 상급 관리자들조차 자신들을 직장인이라고 말하고, 그 위로는 기관의 감독 위원회나 대표들이 있지만, 크라카우어의 지적대로 이러한 구조적 "위계의 최상층은 금융자본의 어두운 하늘 속에서 사라지고 만다."[80] 말하자면 아무도 책임이 없는 구조 속에서 피해를 보는 직장인들은 호소할 길이 없는 것이다. 사실상 전문화된 기업구조 속에서는 "기구가 계획적으로 잘 조직될수록 서로 관계할 일이 없는"[81] 역설이 나타난다. 합리화의 역설이 바로 그것이다. 말하자면 업무영역들 사이의 관계가 '합리화'를 통해 '추상화'되어 가면서 사람들 사이의 공동체적 상호관계 자체가 망실되는 것이다.

이러한 기업의 추상화된 구조와 중간보스에 의해 지배되는 상하관계를 그는 '군대조직과 근사한 것'[82]으로 파악하고 있다. 또한 크라카우어는 '직장인 그룹의 특수화로 인한 시야의 협소화'[83]를 지적하기도 한다. 기업의 목적 지향적 구조에 맞추어 점차 변해가고 있는 젊은 직장인의 성격과 자질이 타자와의 관계성의 측면에서는 오히려 부정적 결과를 낳고 있는 것이다. 이러한 문제는 특히 당시 전후 어려운 독일의 경제적 상황 속에서 고용 불안과 더불어 심각한 사회문제로 부각되었다.

직장인의 불안과 자살충동

『직장인』의 「아 벌써」라는 장에서 크라카우어는 당시 베를린 직장인들의 상당히 불안정했던 고용 상황을 보여주고 있다. 그는 베를린 중심가의 '기억의 교회' 앞에서 실직하고 노동을 팔기 위해 몸의 앞뒤에 자신의 이력을 광고판처럼 써 붙인 20대 샌드위치맨을 예시한다.[84] '산책자가 샌드위치맨으로 진화'한다는 벤야민의 테제가 말해주듯이, 산업자본주의가 발전하면서 한때 그것을 거부하고 저항하던 전통적 산책자가 그 체계 속에 점차 포획되는 양상이 나타나기 시작한 것이다.

크라카우어와 벤야민의 이 지적은 물론 집시, 부랑아, 배회자 등 정주하지 못하는 산책자 일반의 보편적 존재방식을 드러내는 것이라기보다는 1차 세계대전 이후 심각한 인플레이션과 노동시장의 변동을 겪고 있던 당대 독일의 특수한 상황을 반영한다고 하겠다. 특히 크라카우어는 일할 능력이 있음에도 불구하고 실직하여 사회적으로 급속히 소모되는 노동력에 주목하고 있다. 그는 노동 연령의 경계가 "크게 하향 조정되고, 40세면 이미 경제적으로 죽은"[85] 당시 직장인 세계의 단면을 지적한다. 크라카우어가 소개하는, 1929년 독일의 '직업조합'에서 실직자를 대상으로 시행한 실시한 설문의 일부는 이렇다.

1. 이전에 400마르크 월급을 받던 경영 관리자. 가구와 모피를 팔아야 했고, 방을 세 줌. 40세, 기혼, 두 아이(아들 세살 반, 딸 6개월)의

아빠. 25년 4월 1일부터 실직.

2. 39세, 기혼, 세 아이(9, 13, 14세)를 둠. 3년간 수입 없음. 미래? 일, 정신병원 아니면 가스 틀기.
3. 군에 채용예정자가 임용되어 해고됨. 가구 처분. 전쟁 전에 여러 사업체를 소유했지만 전쟁과 징집으로 포기함. 집으로 돌아왔을 때 부인이 사망했음. 절약해서 모은 전 재산은 인플레이션으로 날아감. 현재 51세. 도처에서 이런 이야기를 들음. "그렇게 나이 많은 사람을 우리는 고용하지 않아요." 내게 남아있는 마지막 방법은 자살임. 독일은 우리의 살해자다.
4. 나는 정신적으로 이상증을 앓고 있고, 가끔 자살에 대한 생각에 몰두한다. 그밖에 나는 모든 사람들에 대한 신뢰를 상실했다. 38세, 이혼, 4자녀 둠.
5. 미래? 암담함. 아직 일할 능력이 있는 우리 나이 많은 사람들이 어떻게든 활동하도록 뭔가 시행되지 않는다면. 44세, 기혼.

(AG, pp. 49-50)

독일은 1차 세계대전 후 급격한 인플레이션을 겪었고 근대 경제체제에 진입하면서 재정상황이 궤멸되는 지경에 이른다. 바이마르 공화국은 이를 관리할 능력을 결여하고 있었고, 자유주의적 기업들은 고용 안정보다는 이윤 확보에 주력했다. 직장인들을 보호할 수 있는 제도적 장치는 아직 제대로 마련되어 있지 않았다. 이렇게 극적으로 변한 독일의 특수한 경제적 사정으로 인해 바이마르 공화국 시절 직장인 도시대중의 '프롤레타리아화'[86]가 급속히 진행되었다. 당시 노동자 연대 그룹들은 이러한 직장인을 노동자 계급운동에 포섭하고자 했고, 다른 한편 시민주의적 연대 그룹들은 교양문화와 국민국가의 통합적 이념으로 이러한 직장인 대중의 위기를 봉합하려고 시도했다. 직장인 대중이 사회주의적 측면에서는 '노동자'로, 시민주의적 측면에서는 '신중산층'으로 서로 달리 규정되었던 이유도 여기에 있다.[87] 실제로 직장인은 그 개인과 업종에 따라 다양성을 띠었다.

1920년대 독일 직장인의 절반 이상이 가입하고 있었던 '직장인 연대'AFA-Bund[88]는 이러한 다양한 직장인 그룹의 복합성을 대변하는데, 이들의 우선적 과제도 "프롤레타리아화에 대한 공포를 극복"[89]하는 것이었다. 여기서 프롤레타리아화는 계급적 문맥의 용어가 아니라 경제적 빈곤화를 지칭한다. 벤야민이 "최후의 산책자를 구현하는 것은" 일자리를 구하기 위해 광고판을 둘러쓴 "샌드위치맨"[90]이라고 적시한 것도 우연이 아니다.

실업은 바이마르 공화국에서 상당히 심각한 문제였다. 하지만 이것이 당시 베를린 직장인들의 전반적인 모습은 아니었다. 바이마르 공화국은 1차 세계대전의 배상금 지급과 인플레이션으로 후유증을 앓고 있었지만, 1924년에는 프랑스, 벨기에, 독일 사이의 루르지역 석탄 분쟁도 해결되었고, 미국의 차관을 대거 도입하여 독일경제 재건을 위한 숨통을 열어준 '도스 플랜'The Dawes Plan도 가동되었다.[91] 이런 조치들을 통해서 20년대 말에는 직장의 합리화와 기계화가 가속화되었으며, 직장인 수도 획기적으로 늘어나 심지어 중산층 직장인이 하나의 계층으로 등장했다고까지 진단될 정도로[92]

일시적인 경제 산업적 호황이 나타나기도 했다.

크라카우어의 『직장인』은 이처럼 독일의 경제적 변화와 부침이 빈번하던 20년대 현장의 기록이다. 여기서 직장인이 다소 모호한 그룹으로 인식되듯이, 실제로 당시 직장인이 사회계층으로 명확하게 자리 잡았는지에 대해서는 이견이 많다. 또한 직장인 그룹 내부에서도 상당한 정도로 경제적 계층화가 나타났다고 할 수 있다. 한편으로 '프롤레타리아화'로 표현되는 빈곤화가 심각한 사회 문제로 부상하면서 저소득층 직장인들을 타격하였다면, 다른 한편으로는 근대도시의 이질성과 뿌리 없음이 베를린의 직장인 도시대중 전반에 불안을 가중시키고 있었다. 이는 결코 경제적인 문제만은 아니었던 것이다.

루카치, 벤야민, 블로흐, 아도르노, 크라카우어 등의 지식인들이 '집 없는 자'라는 메타포를, 당대 직장인 대중의 경제적 빈곤과 정신적 공허를 동시에 지칭하는 다의적인 의미로 공유하고 있었던 것도 여기서 기인한다고 하겠다. 이들의 피난이 유목적 외유로 나타난 것이며, 그 피난처는 대중문화였다. 이 문화를 향유하기 위해서는 일정한 경제적 능력이 뒷받침되어야 했는데, 크라카우어의 르포르타주에서 확인할 수 있듯이 사무실 문화의 확장과 더불어 대중들의 문화적 소비도 동시에 증대되고 다변화되는 양상이 나타났던 것이다.

이와 같이 크라카우어에게서 '직장인'으로 명명된 도시대중들은 문화적 유목을 통해 사무실로 대변되는 합리적 체계의 강박으로부터 벗어나고자 하며, 대중문화를 통해 개체화와 원자화로 인해 실종된 도시 공동체의 유대를 회복하고자 한다. 그러나 그러한 복구와 회복은 크라카우어의 문화 관련 에세이 모음집 제목인 『대중의 장식』이 시사하듯 흔히 부르주아적 교양의 '깊이'가 아니라 대중문화의 '표면', 즉 외면성을 통해서 시도된다. 그런 역설적 의미에서 문화적 유목과 대중의 문화적 거처들은 소위 "집 없는 자들의 피난처"Asyl für Obdachlose[93]가 된다.

| 6장 |

집 없는 자들의 헤테로토피아

교회와 호텔

크라카우어는 합리화된 체계의 강박으로부터 벗어나기 위한 피난처로 영화관, 카지노, 호텔 등을 거론한다. 여기서 호텔은 크라카우어에게 근대적인 국제적 대도시의 장소성을 대변한다고 해도 과언이 아니다. 호텔 이용객들 사이의 익명의 관계, 불르바르를 닮은 복도들, 수영장과 댄스홀을 비롯한 각종 유흥시설, 방문자와 투숙객을 관리하는 입구의 카운터 등이 전형적인 "대도시의 축도"[94]인 것이다. 동시에 그것은 여행자의 처소로서 유목적인 근대의 전형적인 장소이기도 하다. 기능적으로도 그것은 당대 호텔들이 지향했던 대로 "여행하는 사람들을 위한, 집을 벗어난 집"[95]으로 선전되곤 했다. 당시 장대한 호텔을 짓는 것이 유행이었고, 파리, 베를린, 뉴욕 등 유럽과 미국의 대도시들에 많은 호텔이 경쟁적으로 지어졌다. 이러한 대도시 호텔은 크라카우어에게 현대성의 전면에 "등장하고 있는 글로벌 문화의 지역적 범례"[96]였다고도 할 수 있다.

호텔과 교회를 비교한 크라카우어의 또 다른 저서 『추리소설』*Der Detektiv Roman*, 1925에서 보듯이, 교회가 신앙의 공동체를 구성하고 있다면, 호텔은 익명의 사람들이 합리적인 계약관계 속에서 기계적으로 모여 있는 현대 사회의 추상화된 공동체를 상징적으로 드러내는 장소였다. 그런 점에서 "긴장이 없는 호텔 홀의 사람들은 전체 사회를 대변하는"[97] 존재들이기도 했다. 즉 호텔이 일종의 익명화와 합리화가 가속화된 사회의 축도였던 것이다. 크라카우어가 예시하듯이 〈호텔 속의 사람〉, 〈죽음이 호텔로 돌아온다〉 등과 같은 호텔을 소재로 한 영화와 소설들도 당시 여럿 등장했다. 교회와 같은 전통적 공동체와 달리 호텔은 "무관계성의 공간"[98]이며, 일종의 "부정적 교회"[99]였다.

그 관계성의 내부에는 균열과 무無가 있을 따름이다. 말하자면 그것은 마르크 오제Marc Augé의 표현을 빌리자면 일종의 '비장소'Non-Places[100]이다. 그럼에도 불구하고 호텔 로비가 직장인들을 끌어들이는 매력적인 공간으로서의 장소성을 확보하게 되는 것은 크라카우어가 지적하고 있듯이 '내실'內實 때문이 아니라 '광휘' 때문이다. 크라카우어는 당시 베를린의 대표적 호텔 중 하나인 '파터란트 호텔'Vaterland Hotel, 祖國호텔이 "전 지구를 포괄한다"[101]고 표현하고 있다.

사람들은 세계의 중심에 있고자 하고, 세계를 호흡하고자 한다. 포츠담 광장에 있었던 것으로 알려진 그 호텔은 카츠에 따르면 8천명을 수용할 수 있는 홀과 영화관을 가지고 있었는데, "한 지붕 아

그림 14. 20세기 초 베를린 중심가의 밤풍경을 그린 그림

래의 세계"[102]를 지향했다고 한다. 이곳에서는 고객들에게 "바바리안, 헝가리안 라운지, 재즈와 니그로 댄서들이 있는 와일드 웨스트 바"와 같이 이국적 지역성으로 코드화된 룸을 제공했다. 이러한 호텔 로비의 전 지구적 광휘는 직장의 단조로움에 대비된다. 크라카우어에 따르면 그러한 "화려한 세계는 곧 사무실 기계에 대한 반격이다."[103]

호텔과 레스토랑은 장식적이고 이국적인 외관으로 직장인들을 끌어들인다. 호텔 입구의 융단, '계층상승을 구현하는 원형계단', 동방의 '이슬람 규방의 격자'들이 환상을 불러일으키는데, 그 환상은 직장인들에게 '환상궁전'으로의 '사회적 여행'을 가능하게 한다.

"사람들은 여기 위에 머물러 있는 것이 아니라 여행하고 있는 것이다."[104] 즉 그것은 한 장소에 머무르면서 이루어지는 여행이라고 할 수 있다.

그 과정에서 양이 질로 바뀌듯 '의상'이 '육체'가 되고, '외적 광휘'는 직장인들의 내적 '열광'이 된다. 크라카우어가 포착하고 있는 이러한 내면과 외면의 자리바꿈은 문화적 환등상을 따라 이동하는 직장인의 의식적 유목, 요컨대 지리적인 현실적 공간이동보다는 의식적 환상의 여로를 따라 이동하는 유목이라고 할 수 있다.

이러한 정신적이고 문화적인 유목은 물리적 장소와 거의 무관하기까지 하다. 그도 그럴 것이 정주하는 장소의 공간이 이국적 광휘로 채워져 있곤 했기 때문이다. 이를테면 그것은 상징적 의미의 여행인데, 크라카우어는 『대중의 장식』에서 다소 아이러니한 논조로 이러한 여행을 "정신 부재의 지속적 상태를 유지하는 사회의 가능성"[105]이라고 말하고 있다. 직장인의 '정신'은 끊임없는 외적인 환등상으로 환치되면서 더 이상 자신의 정신으로 남아있지 못하고, '자기 자신'과의 동일성도 무한히 유예된다.

이러한 정신과 자아의 빈자리가 공허와 권태의 자리이다. 그리고 그 자리는 끊임없이 무엇인가 다른 것으로 채워질 것을 요구받는다. 교회가 형이상학적 진실에 대한 욕구를 해소하는 장소라면, 근대인들의 형이상학적 욕구는 세속적 외면성의 문화로 채워진다는 사실을 크라카우어는 일찌감치 간파하고 있었다. 그런 점에서 크라카우어가 말하는 외면적 '광휘'는 세속화된 형태의 형이상학적 위안에 다름 아니다. 그것은 근대인의 공허의 자리를 채우는 (포괄적인 의미의) '대중의 장식'이었던 것이다.

영화관

영화관은 직장인들의 이러한 헤테로토피아heterotopia로서 빠질 수 없는 근대적 공간에 속한다. 크라카우어는 평생 영화에 천착했다. 『칼리가리에서 히틀러까지』, 『영화의 이론』 등은 파리와 미국 망명 기간에 쓴 후기의 저작에 속한다. 그리고 20년대 및 30년대 초까지의 영화에 대한 다수의 단편들도 남겨놓고 있다. 영화는 그에게 무엇보다도 사실주의를 대변하는 장르였다. 그것은 그의 에세이들이 그렇듯이 보편적이고 추상적인 체계를 지향하지도 않고, 그렇다고 개별적인 세부적 사실에 통찰 없이 매몰되지도 않는 것이었다. 『직장인』의 서술 기법이 영화적인 면모를 띠는 것도 영화의 영향을 받은 그만의 독특한 문화사회학적 연구의 형식을 잘 보여준다.

당시 베를린에는 많은 영화관들이 들어섰던 것으로 알려져 있다. 크라카우어는 그것들을 '유희의 궁전'이라 부르는데, 그가 거론하는 대표적인 영화관은 동물원역의 '우파 관'Ufa-Paläste과 '글로리아 관'Gloria Paläste 등이다.[106] 영화사 '우파'Ufa, Universum Film AG와 직장인 연대 '아파'Afa, Allgemeiner freier Angestelltenbund는 여가와 노동을 위한 기관으로 쌍생아처럼 설립되었고, 실제 직장인들은 영화에 상당히 심취했다.

크라카우어에게 영화는 '시대의 혼돈'을 보여주는 사실주의적 장르였고, 말 그대로 '덩어리' 혹은 '군집'이라는 의미의 대중Masse의

그림 15. 1920년대 베를린 동물원역 근처의 UFA 영화관

여흥에 복무하는 것이었다. "오락은 그들의 문화가 되기에 이르렀다. 그것은 대중에게 통하는 것이다."[107] 이러한 대중문화를 본격 예술의 기준으로 비판하는 것은 적절하지 않다. 대중에 대비되는 당대 교양시민 계층은 "함께 즐기거나 잘난 체하며 거리를 취한다."[108] 그러나 크라카우어는 분명히 대중과 대중문화로서 영화의 부상을 인지하고 있었다. 영화는 시대의 '즉흥성'Improvisation과 세계의 '통제되지 않는 혼돈의 모사'Abbild des unbeherrschten Durcheinander로서 긍정되며, 그와 같은 영화에 더 이상 존재하지 않는 통일성 혹은 단일성을 강요하는 부르주아적 예술관에 대해서는 부정적 입장을 취한다.[109]

다른 한편 『프랑크푸르터 차이퉁』의 고정 문화비평가였던 크라카우어는 「점원 아가씨가 극장에 간다」라는 글을 비롯한 여러 에세이들을 통해 직장인 대중과 영화 사이의 이데올로기적 관계를 비판적으로 파악하고 있기도 하다. 그에 따르면 롤스로이스 소유자와 결혼하는 영화 속의 여자 이야기처럼 영화는 일종의 "사회의 백일몽"[110]이다. 또 채플린의 〈황금광〉조차 주인공이 백만장자가 되는 것으로 끝난다.[111] 벤야민이 "사물에 덧씌워진 잿빛 코팅"이라고 명명한 '키치적' 요소들이 그러하듯이, 크라카우어는 닳아빠진 구원과 성공의 통속적 영화 내러티브 속에서 일종의 유사 종교적인 가상을 읽어내고 있는 것이다.

이러한 이데올로기 비판에도 불구하고 크라카우어는 영화라는 양식을 폄하하던 당대의 비평가들이 사라지고 영화 관객이 모든 계층으로 확대되는 양상을 뚜렷이 인지하고 있었다. 특히 경제 구조의 합리화로 인해 그 수가 불어난 소시민 직장인들이 관객층의 대다수를 점했다.[112] 이러한 변화를 그는 시대의 변화로 포착하면서 영화의 잠재력에 주목한다. 그에게 부르주아 전통의 이상주의 문화는 일종의 "환영"Spuk[113]으로 변모해가고 있었다. 물론 그는 그와 동시에 도시대중이 경도되어 있는 영화의 이데올로기가 "현존하는 것을 미화하고 묵인하도록 함으로써 그들이 비판적 질문을 제기하기 않도록 하는" "탈정치화의 주요 기제"가 되는 양상을 간과하지 않는다.[114]

그럼에도 불구하고 2, 30년대의 크라카우어는 영화를 세계의 파편성과 즉흥성을 구현하는 장르로 인식하고 있으며, 영화관이 "바

닥없이 가라앉는"[115] 도시대중을 묶어주는 사회적 기능을 지닌다는 데 주목하고 있다. 말하자면 영화가 사회적 공동체 유지를 위한 문화적 기제가 되고 있다는 것이다.[116] 크라카우어는 당시 도시에서 나타난 사회 혹은 공동체의 위기를 목도하고 있었으며, 그것을 극복하는 기제로서 대중문화의 역할에 주목했던 것이다.

당시 베를린의 영화관들은 지극히 화려했고, 신화적인 외관을 갖추고 있었다. 그에 따르면 영화관들은 '바로크 극장'들과 유사하다. 이런 영화관들이 시대의 우상들을 등장시키며, 형이상학적 초월과 신성을 대체하기 시작한다. 도시대중을 묶어주는 것은 더 이상 신이나 이념이 아니라 스타, 영화, 레뷔Revue 등과 같은 대중문화의 계기들이다. 베를린의 밤거리를 산책하다가 크라카우어는 동물원역에 있는 기억의 교회를 중심으로 우파Ufa 극장과 광고판의 전등 불빛들이 어두움을 밝히고 있는 모습을 본다. 그는 이를 일면적으로 지배기제의 확장이나 소비적인 외면성의 문화로만 치부하지는 않는다. 오히려 "밤의 공포를 내쫓는" 그 불빛들은 "우리 현존의 어두움에 대항한 불타는 항변"이며, "생의 욕구의 항변"[117]이다.

여행과 춤

"진정한 방랑자에게는 방랑 자체가 목적이다"[118]라는 보들레르의 언급을 모티프로 삼고 있는 「여행과 춤」이라는 단편에서 크라카우어는 여행에 대한 당대인들의 특별한 관심을 포착하고 있다. 그리고 이들에게 중요한 것은 특정한 목적지가 아니라 여행 자체라는 사실을 지적하고 있다. 여행에 대한 이러한 독특한 욕구를 단순히 교통수단의 발달과 목적지에 대한 관심으로 환원하는 것은 그에게 피상적인 인식에 지나지 않는 것이었다. 그런 인식은 당시의 여행과 춤이 지녔던 의미나 형식에 대해 아무런 답변도 해주지 못하기 때문이다.

크라카우어가 말하는 현대 여행의 독특한 의미와 형식은 여행 자체가 목적이고 목적지는 새로운 곳이기만 하다면 어디든 상관없다는 점에 있다. 특히 공간의 확장으로서 여행이 보여주는 것은 사무실 공간과 같이 제한된 공간으로부터 벗어나고자 하는 욕구이며, 그러한 욕구가 무한성의 공간 속에서의 삶으로서 유한과 무한의 이중적 세계 속에 존재하는 도시대중의 실존적 모습을 드러낸다. '거리의 삶'을 '삶의 거리'[119]로 바꾼 당시 베를린 대중들의 유목적 순환은 여행을 통해서 더욱 확장된다. 베를린 안할트역 Anhalter Bahnhof에서 유럽의 철도 노선도를 바라보며 떠올리는 크라카우어의 상념은 여행지로서의 유럽 도시들의 심상지리를 잘 드러낸다.

> 베를린으로부터 멀리 나아가는 서로 다른 철도 구간들이 순차적으로 끊임없이 번쩍인다. 엷은 불빛의 선들이 고독하게 유리 같은 밤을 관통하여 나아가는 동안, 오른쪽으로 혹은 왼쪽으로 (…) 수도의 이름들이 행복의 약속처럼 빛난다. 바르셀로나, 니스, 콘스탄티노플. 파리까지는 여기서 16시간밖에 걸리지 않는다. (BN, p. 89)

그림 16. 1920년대 베를린 안할트역

이제 여행에서 관건이 되는 것은 장소가 아니라 '장소가 바뀐다는 사실'이다.[120] 이러한 여행의 자기목적적 구조에 대한 크라카우어의 지적은 현대 여가의 형식과 의미의 변화를 드러낸다. 의미보다는 의미 없음, 내용보다는 외면적 형식에 몰입하는 양상이 나타나는 것이다. 이런 특징은 포스트모던의 시대로 불리는 오늘날의 특징이기도 하다. 따라서 목적 지향적인 모던적 사회는 이미 그 자체에 포스트모던한 양상들을 내재적으로 형성해 가고 있었다고 해도 과언이 아닐 것이다. 요컨대 여행에서 목적은 무목적적이 되고 무목적적인 것이 목적이 됨으로써, 결국 여행 자체가 일종의 자기목적적인 양상을 띠게 되는 것이다.

여행이 도시대중의 이중적 삶을 공간적 차원에서 구현한다면, 춤은 시간적 측면에서 그러한 양상을 드러낸다. 크라카우어에 따르면 춤은 "시간에 대한 반격"[121]이다. 도시에서 새롭게 유행하기 시작한 춤은 여행이 그러하듯이 특정한 외부적 사태나 의미를 지시하지 않는 것이 특징이다. 이러한 현대의 춤은 운동 자체를 위한 운동, "리듬 자체를 위한 리듬의 표현"[122]으로, 특정한 지향성과 의도를 가진 시간에 대한 반격인 것이다. 이러한 현대 문화의 자기목적적 구조와 자기지시적 실체에 대한 인식은 현대 여가 문화의 양상을 지적하는 것을 넘어서 보다 본질적인 사회의 구조변화를 시사하고 있다.[123]

시공간적으로 유한성의 영역에 머무르는 현대인들은 그 유한하고 합목적적인 시공을 벗어나는 여행과 춤을 통해서 무한성에 참여한다. 여행과 춤은 그런 점에서 '신학적 의미'를 갖는다.[124] 대중은 유한한 세계와 무한한 세계에 동시에 귀속되는 '두 세계의 시민'이 되는데, 이 동시 귀속성은 현대인의 존재를 특징짓는 일종의 '긴장'을 이룬다.[125]

우리는 여기서 칸트적 의미의 경험과 초월이라는 이원적 세계가 크라카우어를 통해 일상적 직장과 문화의 영역으로 전이되고 있는 것을 확인할 수 있다. 직장인의 합목적적 세계와 그 세계를 벗어나려는 대중의 문화적 유목이 두 시공간적 세계를 대표하는 사례라고 하겠다. 여기서 문화적 유목은 전통적 초월성과 신성성을 지극히 세속적인 방식으로 대신하는 계기이다. 초월성의 시간적 국면인 '춤'과 공간적 국면인 '여행'에서 사람들이 기대하는 것은 크라카우어의 표현에 따르면 "중력으로부터 자유로워지는 것"[126]이다.

그림 17. 틸러걸

그리고 그 이상형은 상징적 의미에서 "방랑"vagabondage[127]이다.

베를린의 현실, 구체적으로 그 직장 시스템의 제약에서 벗어나는 것은 이러한 자유로운 유목을 의미한다. 크라카우어는 재즈에 관한 한 단편에서 춤에 대해 성찰하는데, 여기서 춤은 엄밀한 의미에서 "다리가 비로소 다시 다리인 것을 느끼게끔 하기 위한"[128] 것이다. 요컨대 춤은 인간의 다리가 기능적으로 도로를 따라가는 기계가 아니라 다시금 인간의 다리가 되게 하는 일종의 일탈이자 자기화의 과정인 것이다. 이런 일탈을 통한 자기 회복은 다른 한편 크라카우어가 주목한 틸러걸들의 집체적 춤[129]과는 다소 구분되는 것으로 보인다. 이런 시각은 여행에 대해서도 마찬가지다. 그는 여행을 지극히 대중적인 현상으로 이해하면서, 그것을 특정 휴일이 오면 불가피하게 나타나는 "대중의 소환"[130]이라고 지칭하고, 여행과

그림 18. 춤추는 채플린 — 영화 〈모던 타임스〉(1936)

군대 소집 사이의 유사점을 강조하기도 한다.[131]

산책과 여행 사이의 다소 어긋나는 의미상의 차이는 다음 장에서 좀 더 다룰 것이다. 다만 여기서 중요한 점은 여행과 춤의 의미가 크라카우어에게서는 부르주아의 사적인 여가와 다소 다른 방식의 도시대중의 집체적 활동과 연결된다는 것이다. 동시에 여행과 춤은 체계화된 길들을 벗어나 자기 방식의 길을 가는 산책을 원형으로 하고 있다. 크라카우어는 "아마도 거리가 그 춤꾼을 잉태했을 것이다"[132]라고 말한다. 당시 유행했던 채플린의 독특한 걸음걸이도 이와 같은 산책의 변주적 희화화라고 할 수 있을 것이다. 그것은 주어진 체계에 저항하듯이 주어진 길에 저항하는 자기 회복의 몸짓이었던 것이다.

베를린의 대중들은 거리에서 영화관과 댄스홀로 나아가고, 영화관과 댄스홀에서 다시금 거리로 나아간다. 그리하여 파노라마적 거리 산책은 영화와 춤의 모태가 된다. 그리고 다시금 거리의 산책자 대중들은 영화와 춤의 관객이 된다. 이와 같이 안과 밖이 교차하고, 표면과 내면이 자리를 바꾸며, 내용과 형식이 위계 없이 넘나드는 운동이 바로 보행이었으며, 당시 대중문화를 구축하던 힘이기도 했다.

놀이공원—뉴욕 키치와 국경을 넘는 회전목마

대중의 소망은 현실을 초월하는 것이다. 그런 점에서 대중은 종종 어린아이와 같으며, 아이들이 가진 소망 이미지를 보여준다. 뉴욕의 모습을 본뜬 한 놀이공원에서 공중부양기를 타고 있는 사람들을 지켜보며 크라카우어는 이렇게 말한다.

> 노동자, 소시민, 직장인들은 평일에 도시에 눌려 지내다가 이제 베를린을 초월한 뉴욕을 정복한다. 그들은 신비롭게 그려져 있는 궁전들을 발아래 둔 승리자들이다. (SB, p. 46)

그리고 공중부양기에서 이들이 외치는 소리에 대해서는 이렇게 덧붙인다.

> 그것은 뉴욕을 관통하는 행복의 외침이기도 하다. (…) 이들은 마치 그들 모두가 구원되었다고 믿고 소리치는 것 같다. 그것은 다름 아

닌 승리의 외침이다. 말하자면 우리는 거기에 존재하고, 행복의 한 가운데에서 부유한다. 그리고 더욱 더 멀리 미친 듯이 나아간다는 것이다. 이는 죽음을 의미할 수도 있고, 충족을 의미하기도 한다. (SB, p. 47)

세계도시 뉴욕에 대한 선망과 그것을 모방하고자 하는 욕구는 이미 1920년대 베를린의 도시대중들에게 폭넓게 자리하고 있었다. '아메리카'에 대한 동경은 이미 18세기부터 유럽에서 나타나기 시작한 현상이다. 괴테의 『빌헬름 마이스터의 수업시대』에도 미국으로 이주하고자 하는 인물들이 등장한다. 20세기 초 독일에서는 '미국에서 온 삼촌'Onkel aus Amerika이라는 관용구가 생길 정도로 미국의 이미지가 강력하고 긍정적으로 작동하고 있었다. 동시에 1910년대에 쓰인 카프카의 『아메리카』에서처럼 그러한 이미지의 기만과 허구성에 대한 비판도 본격적으로 제기되기 시작한다. 미국 특히 뉴욕은 크라카우어에게도 키치와 가상으로 존재한다. 가상을 통해 현실에서 벗어나고자 하는 도시대중의 열정은 자유의 극한인 죽음과도 통하는 것이다. 뉴욕은 제한된 현재의 장소를 벗어나는 무한한 자유의 영역에 자리하고 있었던 셈이다.

여기서 뉴욕은 물론 탈장소화된 뉴욕의 키치이다. 그 낯선 중심에 대한 동경과 그것의 자기화 과정이 장소성의 키치를 통해 재현된다. 키치는 흔히 예술의 실패로 간주되지만, 예술을 넘어 도시경관과 대중문화 일반에서 폭넓게 발견되는 형식이다. 이국적인 것, 글로벌한 도시가 가진 중심성의 환영이 키치로 일상에 편재한다.

이러한 도시경관의 페티시즘은 영화, 공원, 거리 등에서 키치적 모습으로 자리하는 것이다. 그것이 대중에게 만족감을 주는 까닭은 제한된 것, 로컬적인 것, 주변적인 것으로부터 벗어나는 환상을 제공하기 때문이다.

페더스톤에 따르면 '글로벌화'와 '근대화'는 나란히 전개되는 과정이다.[133] 근대적 사무실 문화가 확장되던 1920년대에 크라카우어가 당대 (탈)장소성의 역동적 메커니즘을 놀이공원의 '회전목마'에서 발견하고 있는 것은 주목할 만하다.

> 수많은 회전목마들이 사방으로 내달린다. 그것이 행복의 바퀴인 것처럼 원환을 그리고 도는 것은 시각적 기만이다. 어떤 비행기도 멀리 있는 것을 그처럼 먹어치우지 않고, 어떤 영화의 장면도 목마 앞으로 달려드는 자연처럼 야생적이지 않다. 아이들은 이미 기관차와 염소에 태워 다른 나라로 보내졌다. 그들은 더 이상 엄마 아빠를 보지 못한다. 마비되고 두려움에 빠져 그들은 멀어진다. 이후에 두려움의 모호한 빛 속에서 그들을 둘러싼 지역들이 솟아오른다. 그들은 언제 그곳을 여행했는지 알지 못한다. 어른들 가운데 누구도 아이들이 원래 머물던 곳이 어디인지 말할 수 없을 것이다. 하지만 목적지는 유혹적이어야만 한다. 왜냐하면 그들은 두려운 심정으로 살던 장소들을 떠나서, 모든 동원할 수 있는 교통수단에 의지해 목적지를 향해 가기 때문이다. 뚱뚱한 엄마돼지를 타거나 구형 세발자전거 페달을 저으면서. 그 옆에 여행수화물처럼 자동연주오르간이 있는데, 그 음향에 따라 기계로 된 수석무용수가 춤 스텝을 밟으며 그들을

따라가고 있다. (SB, pp. 135-136)

크라카우어의 회전목마 이미지가 공간적인 이동을 표현하고 있다면, 비슷한 시기에 쓰인 벤야민의 회전목마 이미지는 시간적인 이동을 담아내고 있다.

음악이 시작된다. 서서히 아이는 어머니로부터 멀어지기 시작한다. 비로소 아이는 어머니로부터 멀어지는 것이 두렵다. 하지만 이내 아이는 자신감을 갖는다. 그는 충실한 지배자로서 그에게 귀속된 세계 위에 군림하는 것이다. 원반과 접선을 이루며 나무와 원주민들이 도열한다. 거기 동양에서 어머니가 다시 모습을 보인다. 그 뒤 원시림에서 몇 천 년 전에 본 것 같기도 하고 바로 지금 처음으로 회전목마에서 본 것 같기도 한 나무 우듬지가 나타난다. 아이가 탄 동물은 아이를 좋아한다. 말없는 아리온처럼 아이는 말없는 물고기를 타고 달리고, 나무로 된 제우스 황소가 순결한 에우로파를 납치하듯이 아이를 실어 데려간다. 만물의 영겁회귀는 아주 오래전부터 모두의 지혜가 되었고, 삶은 태곳적부터의 그 한가운데 자동연주오르간이 웅장하게 울리는 지배에 대한 도취였다. 음악의 속도가 느려지면 그 공간은 떠듬거리고, 나무들은 정신을 회복하기 시작한다. 회전목마는 불안정한 땅이 된다. 그리고 어머니의 모습이 보인다. 회전목마에서 내리며 아이는 단단히 박아놓은 말뚝 주위에 시선의 닻을 던진다. (Benjamin, IV.1, p. 268)

회전목마에 대한 두 사람의 서술을 비교해보면 크라카우어의 경우는 공시적인 측면을 강조하고, 벤야민은 통시적이고 고고학적인 기원에 방점을 두고 있다. 크라카우어와 벤야민에게서 공통적으로 자주 등장하는 어린이 이미지는 미지의 새로운 것과 낯선 타자성을 경험하는 대중을 상징하는 메타포로 읽을 수 있다. 크라카우어에 따르면 "우리는 여행할 때 어린아이들이다. 새로운 속도, 해방된 일탈, 이전에는 불가능했던 지리적 복합성을 한꺼번에 조망하는 시선들로 우리는 즐거워진다."[134] 회전목마는 이동을 모티프로 그런 미지의 것에 대한 경험과 유년기적 소망의 이미지를 드러내고 있다. 이는 곧 탈영토화된 도시대중 일반의 소망과 그 충족에 대한 열망과 연관된다.

이러한 회전목마 이미지는 글로벌화의 알레고리로 볼 수 있다. 크라카우어는 글로벌화 속에 울리는 '세계의 소음'을 회피할 수 없는 것으로, 그리고 라디오와 같은 당시 초국적 매체들에 의해 개인의 실존이 사라지는 상황을 부정적으로 서술하기도 한다.

> 사람들이 그러한 안테나 운명을 겪는 동안 5개 대륙들은 점점 더 가까워진다. 그러나 사실상 우리가 그 대륙들로 탐닉해 들어가는 것은 아니다. 오히려 그 문화들이 경계 없는 제국주의 안에서 우리를 점유한다. 이는 마치 텅 빈 뱃속이 잉태하고 있는 꿈들의 하나를 사람들이 꿈꾸는 것과 같다. (OM, p. 323)

도시대중의 공허를 채우는 꿈들 중에는 또한 그들에게 휴식처를 제공하는 야자수 경관이 나 여타 지역들에 대한 페티시즘도 있다. 그것은 낯선 동경의 표현이면서 실재와는 다른 '사물의 먼지가 덧씌워진'(벤야민) 제2의 사물이고, 미지의 타지 장소들이 자기화된 형태로 도시의 이색적인 경관을 만든 것이다.

그림 19. 베를린 텔레비전 송신 타워

이와 같은 방식으로 대중은 자기 자신의 계급적, 직업적, 현실적 위치로부터 멀어지고자 한다. 물론 이러한 자유는 크라카우어가 의심하고 있듯이 개인에 대한 사회체계의 지배를 더욱 공고히 하는 자유의 가상일 수 있다.[135] 그러나 이러한 대중문화의 부정적 측면에 대한 크라카우어의 사상적 해법은 결론적으로 살펴볼 것인데, 그것은 자본주의의 지배에 대한 당대의 비판적 시각들과 일정한 유사성을 보이면서도 그와는 상이하게 문화적 유목을 더욱 강하게 촉진하는 경향을 보인다.

탈사회적 사회성

크라카우어는 유한한 것의 협소함을 너머 무한한 것으로 나아가고자 하는 대중의 열망과 일탈을 춤, 여행, 놀이공원 등의 사례를 통해 설명하고 있다. 무한한 것에의 동참은 전통적으로 자유의 영역이자 삶이라는 유한한 범주를 초월하는 죽음의 영역이기도 하다. 그런 점에서 그의 문화론은 유한한 삶과 무한한 자유(죽음)의 변증법으로 요약할 수 있을 것이다.

유한한 것(인식가능한 것)과 무한한 것(인식불가능한 것)이라는 칸트적 이원론을 흥미롭게도 사무실과 문화적 유목의 대립적 관계로 옮겨놓고 있는 크라카우어의 구도는, 사회학적 측면에서는 체계적으로 합리화된 자본주의와 비체계적이고 모험적인 자본주의의 유형으로 대비하여 이해할 수 있다. 이 두 가지 자본주의 유형은 막스 베버가 역사적 전근대 자본주의와 근대 자본주의의 특징으로 설명했던 것인데, 프리스비에 따르면 베버에게도 역시 그것은 시간적 선후관계가 아니라 반복해서 등장하는 유형들로 이해되고 있기도 하다.

이러한 측면에서 볼 때 일견 모험적 자본주의의 양상을 보이는 대중의 문화적 유목은 자본주의의 지배가 확장된 것으로 볼 여지가 없지 않다. 실제 크라카우어 글에서도 대중문화에 대한 이데올로기적 비판이 나타나기도 한다. 하지만 그 행간에는 대중의 문화적 활동을 자본주의적 지배체계의 확장으로만 일방적으로 설명할 수 없다는 점도 자주 읽힌다. 그의 이러한 양가적 입장은 도시 산책자와 직장인의 문화적 유목을 반드시 자본주의 체계의 확대가 아니라, 그에 대한 강한 일탈과 저항의 몸짓으로 파악할 수도 있다는 사실을 시사한다. 그것은 웨인의 아래 지적과 같이 변증법적이다.

> 프롤레타리아가 상품이자 동시에 잠재적 상품 사회의 파괴자인 것처럼, 대중문화는 상품 의식을 생산하고 동시에 상품화된 의식이 이 사물화를 응시하고 그에 대항하여 작동하는 장소이다.[136]

대중문화는 마치 '유행'이 그러하듯이 '전치'displacement를 통해서 구현된다. 이는 유행이 지난 상품(죽은 상품)이 새로운 구성을 위한 질료가 되는 것과도 유사하다.[137] 다시 말해서 대중문화는 상품화된 자본의 영역인 동시에 그것을 넘어서는 의식을 배태하는 자율적 역학이 펼쳐지는 장소이기도 하다. 이 과정은 위에서 살펴본 바와 같이 산책자의 보행처럼 끊임없는 전치의 과정이며, 놀이공원에서의 질주처럼 일종의 엑스터시로서의 죽음과 열락, 다시 말해서 자기파괴와 재탄생의 변증법을 내포하고 있다. 이와 같은 전치를 통해 변화를 도모하고, 죽음을 통해 유한한 신체와 지역의 제약을 벗어나 초월적이고 초지역적인 '충족'에 이르는 것이야말로 유목하는 대중이 일탈적 회복을 이루는 과정이다.

크라카우어에게서는 이 과정이 특히 글로벌화의 알레고리들을 통해 제시되고 있다는 점을 주목할 만하다. 19세기에 생시몽을 위시한 낭만적 사회주의자들이 추구했던 글로벌 사회에 대한 의식이

비로소 실질적으로 확산되고 있다고 할 수 있다. 이는 기존 사회에 대한 저항과 일탈을 내포하기도 한다. 그것은 근대의 합리적 체계의 강박에 대립한다는 점에서 사회 치유적이며, 동시에 그것을 대체할 새로운 사회를 지향한다는 점에서 사회 구성적이다. 크라카우어가 문화적 유목을 토대 없이 가라앉는 근현대 사회를 복구하는 계기로 이해하고 있는 것은 그런 점에서 의미심장하다.

특히 1차 세계대전 이후 유럽에서는 민족과 국가 공동체 자체에 대해 깊은 회의가 지배했고, 크라카우어가 자신의 소설 『긴스터』(1928)에서 말하듯 "영웅주의는 키치가 되고, 악은 평범해졌다."[138] 그가 사실상 이념적 지향성을 띠지 않은 일상과 생활 속의 대중에 관심을 두게 된 것도 우연한 일이 아닌 것이다. 그는 파리에서 혼잡하고 무질서한 거리의 시민들에 대해서 이렇게 논평한다.

> 이 민족은 교회의 민족이 아니고, 이들의 문화는 하늘을 향해 뭔가를 추구하지도 않는다. 우리의 낭만주의자들은 그들과 함께 국가를 이루기도 어려울 것이다. (SB, p. 131)

이들은 종교나 국가의 이데올로기적 틀을 덧씌워 규정할 수 없는 도시의 일상적 대중들이다. 1차 세계대전으로 인해 19세기와 20세기 초반을 지배했던 민족과 국가 공동체에 대한 회의가 나타나고, 일상과 소시민 '대중'으로 눈을 돌리게 되었던 것이다. 그리고 이들이 추구하는 새로운 사회의 형상에 대한 관심도 함께 일어나기 시작했다. 이와 같이 전통적인 사회 공동체의 유대가 사라진 자리에 새로운 형태의 공동체는 도시대중의 문화적 유목을 통해서 예비되고 있었다고 해도 과언이 아니다.

여기서 대중문화는 그 합리화를 통해 소거된 사람들 상호간의 유대를 복구하는 느슨한 거멀못으로 작용한다. 그것은 사회를 구성하는 강고한 틀이 아니라 대중들 상호간에 느슨하고 유목적인 유대를 형성하면서 전통적 공동체의 붕괴와 사회의 합리화가 불러온 위기에 대응한다. 대중들은 이러한 문화 속에서 '사무실'로 대변되는 합리화의 강고한 틀을 벗어나 '자유로운 사회' 혹은 그러한 합리화의 '강박이 없는 사회'를 지향했던 것이다. 직장인들의 '문화적 유목'은 이처럼 사회를 벗어남으로써 다른 형태의 사회를 구성하는, 탈사회적 사회성의 사례로 볼 수 있다.

| 7장 |

유동적 공동체의 형상

도시대중들은 어떤 필요에 따라 사회적 그룹을 형성한다. 이들이 형성하는 사회적 그룹은 대개 직장을 포함하여 정치, 사회적 목적들과 연계되어 있다. 그러나 이런 목적 지향적인 그룹화와는 다른 방향에서 대중들이 서로 매개되고 연결되는 양상이 불르바르를 중심으로 나타난다. 그렇다고 해서 이것을 전통적 의미의 '공동체'라고 말하기는 다소 어려운 점이 있는데, 그것은 이 그룹들이 우연적이고 일시적이며 느슨한 관계의 양상을 보이기 때문이다. 하지만 이와 같은 다양한 '함께 있음'의 형식들을 매개로 해서 우리는 사회와 사회성에 대해서 좀 더 근본적인 질문을 던져볼 수 있다.

특히 도시 공간의 재편과 더불어 나타나는 사람들의 공존 형식은 이전과는 상당히 다른 면모를 드러낸다. 벤야민이 '꿈의 집'이라고 일컬었던 도시 공간들에 대해 크라카우어가 관찰했던 것처럼, 대중의 유목에 따른 그룹화의 양상도 그러한 공존의 측면에서 조명해볼 수 있다. 다만 우리는 그러한 그룹화를 전통적인 시각에서의 '공동체'와 동일하게 간주할 수는 없다. 전통적으로 공동체는 일정한 지속성을 기반으로 하며, 그 내적인 관계도 혈연, 지역, 언어 등과 같이 불변하는 것으로 간주되는 상수들을 매개로 나타나기 때문이다.

해변에 모인 사람들을 우리는 공동체라고 하지는 않는다. 기차를 기다리는 사람들도 일시적으로 함께 있을 따름이다. 카페의 소규모 모임도 특정한 목적이나 유흥을 위한 것이다. 이와 같은 '함께 있음'은 우연적이다. 그러나 그것은 그룹화의 잠재적 양상이기도 하다. 짐멜의 '사회성'은 말 그대로 옮기면 '사회의 가능성' sociability[139]을 의미한다. 즉 그것은 사회적 그룹화의 잠재적 가능성을 지칭하는 개념으로, 사회적 '사실'과 '목적'에 집중하는 일부 사회학적 관심과는 달리 '사회성'의 보다 근원적인 구성 원리를 암시하고 있다. 목적 지향적인 사회공동체 때문에 우리가 흔히 놓치고 있는 사회의 근원적 구성 원리가 그 안에 내포되어 있는 것이다. 이런 측면에서 볼 때 '함께 있음'의 우연적 형태들 속에서 이루어지는 사람들 상호간의 교섭과 관계 양상도 사회구성의 잠재태로 숙고될 수 있다.

도시는 독특한 형식의 사회성을 내포하고 있는 장소이다. 어떤 의미에서 그곳은 국가, 민족, 지역공동체 등의 전통적 공동체와는 다른, 우연적이고 즉흥적이며 일시적인 공동체들을 역동적으로 생성하는 장소이다. 파사주, 기차역, 카페, 지하철, 영화관과 같은 공간들은 새로운 형식의 그룹화와 불가분의 관계이다. 벤야민은 이러한 공간들 속의 도시대중들에 주목했고, 크라카우어는 문화를 매개로 형성된 이들 대중의 새로운 사회 그룹에서 합리화된 사회의 상처를 치유하고 심연으로 추락하는 사회를 구원하는 가능성을 보고 있다.

그렇다면 벤야민과 크라카우어가 살았던 1920~30년대가 직면한 공동체적 문제는 무엇이었으며, 새로운 사회적 그룹화의 양상은 어떻게 전개되었는가? 벤야민의 용어로 말하자면 대중의 그룹은 일종의 '집합적 몸'이다. 사회구성체가 현존하는 방식은 이 몸을 통해 드러나는데, 그것은 당대에 이미 본격적으로 유동적인 양상을 보이고 있었다. 벤야민과 크라카우어는 이러한 대중의 역동적 그룹화를 선취적으로 포착했던 것이다. 우리는 한편으로는 바이마르 공화국의 역사 속에서, 다른 한편으로는 현대의 공동체 문제에 대한 이들의 비판 속에서 새로운 사회적 공동체의 형성을 위한 비전을 도출해볼 수 있다. 20세기 초 몸의 위기에 대한 이들의 진단은 바로 공동체 문제에서 비롯되기 때문이다.

1920~30년대 왜곡된 몸의 표상들

1920~30년대에 쓴 벤야민과 크라카우어의 여러 에세이들 속에는 당대 사회 공동체에 대한 위기의식이 뚜렷이 나타난다. 또한 그 글들 속에는 사회적 그룹 형성과 관련된 새로운 모델들도 명시적으로 혹은 암시적으로 제시되고 있다. 그러나 그에 대한 연구가 충분히 이루어진 것 같지는 않다. 그것은 아마도 두 사람의 구상이 엄밀한 이론적 틀이 아닌 문학적-비유적 개념의 형식을 띠고 있기

때문일 것이다. 하지만 이들의 많은 글은 다소간의 우회로를 거쳐서 근대 사회조직에 대한 비판과 탈근대적 형식의 사회적 그룹화의 모델에 대해 많은 시사점을 제공한다.

우선 사회적 그룹화에 관한 이들의 이론은 역사적으로 2, 30년대 바이마르 공화국의 사회문제와 연관되어 있다. 1차 세계대전 직후인 당시 독일에는 이른바 삶의 '한시성'에 대한 자각이 사회 전반에 퍼져 있었다. 한편으로는 전쟁에서 죽은 인구를 벌충해야 하는 사회의 합리적 필요성이 대두되었지만, 다른 한편으로는 가정의 안정적 기반이 전쟁으로 일시에 무너지는 트라우마로 인해 사랑과 열정의 정념이 더 이상 결혼과 가족이라는 전통적 가족 공동체를 지향하지 않는 경향도 두드러지게 나타나기 시작했다.

또한 빠르게 전개되던 대중화는 부르주아 개인주의의 원리에 의문을 갖게 하였고, 이데올로기적으로 윤색된 대중 집단에 대한 여러 사회적 구상들을 배태시켰다. 이러한 역사적 배경은 크라카우어와 벤야민의 에세이들에서 내재적으로 혹은 명시적으로 표현되고 있는 공동체에 대한 인류학적 성찰의 촉매가 되었을 것이다. 그리고 그 성찰은 새로운 사회성과 공동체에 대한 비전을 내장한 것이기도 했다.

특히 이 시기 에세이들에서 벤야민은 왜곡된 몸에 대한 표상들을 도처에서 드러내고 있다. 『독일 비극의 기원』(1927)에 등장하는 피조물적 동물로서 바로크 시대의 '군주', 「카프카」(1934)의 동물들, 그리고 「역사철학테제」(1940)에 등장하는 '꼽추난쟁이' 등 벤야민은 일관되게 피조물적 육체성, 특히 왜곡되고 뒤틀린 육체성에 대해 주목하고 있다. 1930년대 정치적 공동체를 형성한 독일의 좌파나 우파가 한결같이 건강하고 이상적인 신체상을 강조하던 것을 고려하면, 벤야민을 비롯한 당대 여러 작가와 사상가들이 왜곡된 몸을 표상하고 있었던 것은 아이러니해 보인다.

벤야민은 이러한 비인간적 인간의 형상을 「카프카」 에세이에서 "우리 몸의 망각된 타자"[140]로 파악하고 있다. 망각되었다고 사라지는 것은 아니다. 마치 카프카가 '기침'을 '동물'로 표현했듯이,[141] 벤야민에게서 인간의 육체성 속에 잠재되거나 억압된 선사적 육체성은 동물로, 일그러진 형상으로 다시 나타난다. 그리고 바로 그처럼 비틀린 형상을 통해서 이른바 공동체의 근간인 신성과 세속적 육체 사이의 괴리가 드러난다.

식사의 사회학

벤야민은 「카프카」 에세이에서 이러한 괴리를 한 랍비의 말을 통해 축약적으로 전달하고 있다.

> 왜 유대인은 금요일 저녁만찬을 마련하는가, 라는 질문에 대해 랍비는 탈무드의 전설로 대답한다. 그 전설은 고향사람들로부터 떠나 한 마을로 유형을 간 공주의 이야기를 들려준다. 그녀는 그 마을의 언어를 이해하지 못하고 여위어가고 있었다. 공주는 어느 날 그녀의 약혼자가 그녀를 잊지 않고 그녀를 향해 오고 있다는 편지를 받는다. 랍비가 말하기를 그 약혼자는 메시아이고, 공주는 영혼이며, 그

> 녀가 영어된 마을은 육체다. 그 마을에서는 공주의 말을 알지 못하므로 그녀는 식사를 마련하는 것 외에는 그녀의 기쁨을 표현할 수가 없다. —탈무드의 이 마을과 더불어 우리는 카프카의 세계 한가운데 있게 된다. 『성』에서 마을에 있는 K처럼 오늘날 인간은 그 육체 속에 있기 때문이다. 그 육체는 그를 비껴나가고, 그에게 적대적이다. (Benjamin, II.2, p. 424)

이 오래된 이야기는 인간의 육체가 공동체의 형이상학적 원리인 신성으로부터 분리되어버린 상황을 상징적으로 전달하고 있다. 공주의 우화에서 식사를 준비하는 것은 어떤 상실된 신성과 만난다는 기대감을 상징한다. 육체[142]가 좀 더 넓은 문맥에서 '영어된 마을'로 표현된다면, 영혼을 대변하는 공주는 성스러운 것과 속된 것이 분리된 상태 속에서 식사를 통해 어떤 신성과 만날 수 있다는 기대를 표현하고 있는 것이다. 또 음식을 마련하고 나누는 행위는 가톨릭의 성찬식을 비롯해서 많은 고전들에서 보듯 공동체와 깊이 관련되어 있다. 벤야민은 『일방통행로』에서 「아우게이아스 셀프서비스 식당」이라는 제목으로 이런 식사의 의미에 대해 다음과 같이 적고 있다.

> 이 식당은 독신으로 사는 것에 대해 가장 강력하게 이의를 제기하는 곳이다. (…) 음식은 더불어 먹어야 제격이다. 식사하는 것이 제대로 효과를 내기 위해서는 나누어 먹어야 한다. 누구와 나누어 먹는가는 중요하지 않다. 예전에는 식탁에 함께한 거지가 매 식사시간을 풍요

롭게 했다. 중요한 것은 나누고 주는 것이지 탁자에서 담소하는 것이 아니다. (…) 음식을 대접함으로써 사람들은 서로 평등해지고 연결된다. (…) 각자 혼자서 식사를 하고 자리를 일어서는 곳에서는 경쟁의식이 다툼과 함께 일어나기 마련이다. (Benjamin, IV.1, p. 134)

"음식을 대접함으로써 사람들이 서로 평등해지고 연결"되듯 음식과 몸 그리고 공동체는 긴밀한 연관성을 맺고 있다. "음식은 더불어 먹어야 제격"이라고 하는 것도 식사의 공동체적 의의를 시사한다. 짐멜 역시 「식사의 사회학」에서 음식을 먹는 행위를 원초적이면서 모든 이들에게 공통적인 것으로 인식했으며, 함께 먹는 행위가 갖는 사회적으로 심대한 의미에 주목한 바 있다.[143] 짐멜에 이어 벤야민이 인식한 식사의 사회적 의미는 언어보다도 더 근원적인 것이었다. 그는 위 글에서 "중요한 것은 나누고 주는 것이지 탁자에서 담소하는 것이 아니다"라고 지적한다. 그리고 앞에서 소개한 탈무드의 우화에서도 공주는 말을 하지 않고 다만 식사를 준비한다. 여기서 육체와 신성은 깊은 긴장 속에 있고, 공주의 식사준비에는 이 긴장을 해소할 수 있다는 기대가 내포되어 있다. 공주가 처한 상황을 일종의 공동체 문제로 이해할 수 있는 것은 바로 그 때문이다.

벤야민에게서 공주-영혼 대對 마을-육체의 긴장으로 상징적인 우회로를 거쳐 시사되고 있는 공동체 문제는 몸의 문제와 긴밀히 관련을 맺고 있다. '몸'으로 표현되는 공동체와 그 중심이라고 할 수 있는 '영혼' 사이의 긴장이 여기서 나타난다. 우리는 우선 몸의 사회학과 관련한 최근 논의들 속에서 그것을 해석하기 위한 몇 가지 단서를 확보해볼 수 있을 것이다.

몸을 잃은 공동체, 공동체를 잃은 몸

베버적 의미의 세속화 과정을 몸과 관련지어 본다면, 근대는 몸을 소외시켜온 역사로 볼 수 있을 것이다. 이 과정에서 프로테스탄트의 종교개혁은 몸의 육체성과 공동체의 모순이 심화되는 계기를 만들었다고 할 수 있다. 가령 가톨릭 성찬식은 '음식으로서의 신' God as Food을 공유하면서, 그리스도 안에서 개인들이 몸의 공동체를 이루는 제례를 수행한다. 이와 대비해서 프로테스탄트는 '신앙의 공동체'를 구성하는데, 여기서 이미 물적인 종교의식과 감각적 표상은 소거되고, 추상화되면서 계약적 합리화가 나타난다.[144]

멜로와 실링에 따르면, 이러한 변화는 퇴니에스가 구분하듯 게마인샤프트Gemeinschaft와 게젤샤프트Gesellschaft라는 상이한 공동체 형태들이 나타나는 토대가 되었다. 이는 역사적으로 '신성한 공동체적인 것'the sacred-communal에서 '세속의 결합체적인 것'the secular-associational으로의 이행으로 이해된다.[145] 이러한 이행을 포착한 퇴니에스의 이원적 개념은 그 평가에는 일정한 차이가 있지만, 베버와 뒤르켐 그리고 짐멜에게 전근대사회와 근대사회를 구분하는 지표로 수용되고 있다. 특히 짐멜에게서 '타자'는 근대적 형태의 사회관계에서 빠질 수 없는 요소로 등장한다. 그것은 합리적 계약관계의 한 요소이며, 어떤 전근대적 공동체 형상 너머의 경계의 표상이다.

바우만이 데이비드 리David Lee, 마이클 슐터Michael Schulter와 더불어 말하듯 "우리 모두 문 밖에서 타자이다."[146]

이와 같이 근대에 들어 나타난 '자기 자신의 타자화'라는 변화를 벤야민은 훨씬 거슬러서 진단하고 있다. 그가 서술한 바로크 비극을 둘러싼 정신사적 배경도 이러한 합리화와 탈마법화의 전개와 관련해서 생각해볼 수 있다. 종교개혁과 전쟁의 소용돌이 속에서 바로크 비극의 주인공들은 의심, 회의, 향수 등 고향을 잃은 근대인들이 가진 심리적, 사회적 증후들을 드러낸다. 특히 이것은 근본적으로는 신성과 분리된 육체성이 지닌 번뇌의 현상학이다. 벤야민에 따르면 "독일 바로크의 위대한 극작가들은 루터교도였다."[147]

> (그러나) 루터주의는 특별한 정신적인 기적을 선행과 떼어놓고, 영혼을 신앙의 은총에 연결시키며, 세속적이고 국가적인 영역을 종교적이고 단지 간접적으로만 시민적 도덕을 증명하기 위해 규정된 삶의 시금석이 되게 했다. 이로써 사실 민중들 사이에서 엄격한 의무에 대한 복종을 정착시켰지만 뛰어난 사람들에게는 수심을 심어 놓았다. 생애 마지막 20년 동안 갈수록 무거운 번민에 휩싸였던 루터 자신에게서 이미 선행 자체를 공격하는 역 기류가 나타나기도 했다. 물론 루터의 경우 여전히 '신앙'이 이를 극복하도록 해주었지만 삶이 활력을 잃는 것까지 신앙이 막지는 못했다. (Benjamin, I.1, p. 317)

일상에 이율배반적이었던 루터주의처럼 독일 비극의 '기원'은 결국 몸을 상실한 사회, 사회를 상실한 몸의 번뇌의 현상학인 것이다.

전근대사회에서 근대사회로의 이러한 이행은 공동체의 사회적 관계 속에서 몸의 점진적 소거를 의미하는 것이었다. 사람들을 묶는 신성은 더 이상 음식이나 감각, 사회 등에는 내재하지 않는 초험적인 것으로 인식되고, 이는 이신론적理神論的 계몽주의의 사유로 옮아간다. 익숙한 데카르트적 공식을 상기하자면, '생각이 곧 존재'가 된 것이다. 다른 말로 하면 '몸은 존재하지 않는 것Nicht-Sein'이다. 공동체와 몸의 분리는 전통적으로 생각할 수 없는 것이었지만, 계약적 공동체가 몸을 소외시키기 시작하면서 몸은 '근대적' 공동체의 그늘에만 존재하게 되었고, 사회적 공동체는 몸과 배리적 관계 속에 들어선다.

반근대적 전통을 대표하는 니체도 자주 비판하곤 했던 이러한 반육체적 근대성의 전통은 '몸과 공동체' 사이의 대립적 관계를 형성하면서 몸을 소외시키고 망각한다. 벤야민이 랍비의 이야기를 통해서 상기시켜주는 망각된 몸, 그리고 더 이상 들리지 않는 소리와 냄새나지 않는 흔적은 등 굽은 난쟁이, 카프카의 '동물' 등과 같은 그로테스크한 육체성에 대한 표상들을 통해서 드러나고 있다.

감각의 우열—이미지의 공간과 육체의 공간

몸의 소외는 곧 감각의 소외를 의미한다. 종교적 차원에서 '형상의 금지'와 더불어 나타나는 감각의 소외는 18세기 이신론적 계몽주의 사상가들이 잘 보여주듯이 청각, 촉각 등 타 감각에 대해 시각을 우위에 놓는 입장으로 이어진다. 여기서 시각은 감각이 아니다. 시각=정신이라는 인식 속에는 감각으로서의 시각에 대한 망각이 내포되어 있다. 이러한 감각의 배제는 시각을 합리적인 것으로, 감각을 비합리적인 것으로 위계화하는 양상으로 나타난다. 이미 18세기 독일의 계몽 사상가들에게 눈은 합리적 이성의 기관인 반면, 촉각을 비롯한 기타 감각은 비합리적 기관으로 인식된다. 이러한 경향은 무의식적으로 시각 위주의 인식을 중시하면서 그 밖의 감각들은 소외시키거나 폄훼하는 결과로 이어졌다.[148]

근현대의 시각 우위성에 대한 인식은 짐멜에게서도 볼 수 있는데, 그는 가령 청각 등과 같은 여타 감각에 비해 시각을 사회적 관계에서 상당히 결정적인 감각으로 규정한다. 이 감각은 타인을 보고 또 타인에게 보여짐으로써 서로를 인식하는 매체이기 때문이다. 이러한 시지각의 중요성은 몸 가운데에서 "상호 응시의 첫 대상"[149]으로서 얼굴의 중요성으로 이어진다. 시각과 얼굴이 근현대의 사회적 관계에서 결정적 역할을 하는 것은 그것을 매개로 사람들이 서로에 대해 인식하고 관계 맺기 때문이다. 그런 점에서 지각은 단순히 감각기관이 아니라 그 자체로 사회적 관계를 반영하는 것이며, 그중에서도 몸, 특히 얼굴은 그 관계에서 가장 중요한 입지를 차지하는 것이다. 이후 짐멜이 대도시에서 시지각의 문제에 좀 더 주목했던 것은 이와 같이 시각과 얼굴이 사회적 관계에서 결정적인 역할을 한다고 생각했기 때문이다.

벤야민은 짐멜의 경우와 같이 과도하게 시신경을 긴장하게 하는 근대도시의 삶을 「보들레르의 몇 가지 모티프들」(1938)에서 지적한 바 있다. 하지만 그는 기본적으로 짐멜에게서도 나타나는 바와 같이, 청각이나 후각보다 시각 중심의 문명사적 전개에 대해 비판적이다. 그는 장구한 역사철학적 문맥 속에서 이러한 편향을 포착하고 있는데, 그에 따르면 "천문학이 우주와의 시각적 연결만을 강조하게 된 것은 앞으로 다가올 일에 대한 하나의 징조였다. 하지만 고대 사람들이 우주와 관계 맺는 방식은 이와는 달랐다. 요컨대 그것은 도취 속에서 이루어졌다."[150] 말하자면 사회적 관계에서뿐만 아니라 학문사적으로도 시각 편향의 경향이 나타나는데, 이는 고대인과 근대인의 인식 사이의 깊은 간극으로 자리하고 있다.

사회 공동체와 관련해 도취를 그 근원적 요소로 사유하는 사회학적 성찰은 오늘날 찾아보기가 쉽지 않다. 하지만 우주, 자연, 신이 사회적 문맥에서는 공동체의 총체를 의미하며, 개개인과 그 전체와의 관계가 '도취'에 의해서 결정된다는 벤야민의 지적은 고대와 근대의 사회 공동체적 차이와 관련하여 의미심장하게 생각해볼 만하다. 시각 중심의 근대적 공동체에 대한 그의 비판적 지적에도 불구하고 근대 세계가 시각 위주의 관계를 형성해온 것은 분명한 만큼, 벤야민은 근대 문명의 시각적 기술매체들에도 깊이 천착하고 있다. 그것은 기술에 의존한 매체 환경이 역사적으로 돌이킬 수 없는 우리 몸의 확장된 일부가 되었기 때문이다. 기술을 매개로 확장된 인간의 몸은 육체성의 소외를 유발하지만, 벤야민에 따르면, 엄밀히 말해서 기술이란 자연을 지배하는 것이 아니라 "자연과 인간 사이의 관계를 지배하는"[151] 것이다. 따라서 "기술 안에서 인류에게는 어떤 하나의 신체Physis가 조직된다."[152] 그리고 이 기술이 인간과 자연 사이에 개입하는 한, 그것은 동시에 인간과 인간 사이의

'사회적 근접성'을 재생산하는 매개체이기도 하다. 그런 점에서 기술은 '몸'과 '공동체'의 문제를 현대적 차원에서 논의하기 위해서 불가결한 요소이다. 근래에도 '신체'와 '기술'은 서로 분리되지 않고 사회의 친교적 근접성을 만들어내는 핵심적 계기로 이해되기도 한다.[153]

기술매체는 몸을 확장한다. 그리고 소위 '사회적 관계'가 성립할 수 없는 거리에 있는 사람들 사이에도 소위 '가상적 근접성'을 만들어줌으로써 공동체 구성에 상당한 변화를 야기한다. 물론 사회적 '계약'이 그런 것처럼 사람들 사이의 기계적 매개는 유기적이기보다 소외로 귀결되곤 하며, 그렇게 형성된 상호 근접성에도 불가피한 한계가 있게 마련이다. 그럼에도 불구하고 기술을 통해 확장된 몸과 공동체의 변화에 대한 벤야민의 여러 인식들은 주목해볼 여지가 있다. 특히 1930년대 「초현실주의」 논문에서 그는 '신체 공간'과 '이미지 공간'에 대해 다음과 같이 말하고 있다.

> 집합적인 것도 육체적이다. 그리고 기술 속에서 집합적인 것으로 형성되는 퓌시스Physis는 전체적으로 그것의 정치적이고 구체적인 현실성에 따라 단지 세속적 계몽을 익숙하게 하는 저 이미지(형상) 공간 속에서만 생성될 수 있다. 그 안에서 육체와 형상 공간이 깊이 삼투하여 모든 혁명적 긴장이 육체적이고 집합적인 신경이 되고, 집합적인 것의 모든 육체적 신경들이 혁명적으로 폭발하면, 「공산당 선언」이 요구하는 바와 같이 현실은 그 자체를 넘어서게 될 것이다.
> (Benjamin, II.1, p. 310)

이미지 공간은 기술과 불가분의 관계에 놓인다. 그리고 벤야민의 매체미학의 인간학적 전향은 비역사적으로 자연적이고 개별적인 육체와 관계되는 것이 아니라 역사화된, 이미지들로 조직된 집합적 육체와 관계된다. 자연적 육체성을 의미하던 퓌시스도 역사적으로 이미지 공간 속에서 생성되는 것이다.

벤야민의 '이미지 공간'이라는 용어는 다소 생소하게 들릴 수 있다. 하지만 짐멜, 크라카우어, 벤야민 사이의 상호텍스트적 관계를 고려하면 의외로 이 개념은 쉽게 이해될 수 있다. 즉 크라카우어도 짐멜과 마찬가지로 멀고 가까운 사람들 사이의 '거리'를 사회적 관계의 요체로 파악했다. 그리고 그 거리에 결정적 영향을 주는 것을 '이미지'로 보고 있다. 요컨대 크라카우어에게 사람들 사이의 관계를 규정하는 '거리'는 공간적인 측면만이 아니라 매체적으로도 원본과 이미지의 자리바꿈을 통해서 좁혀진다는 것이다. 베를린도 그 수많은 기념품의 복제 이미지들을 통해서 베를린의 "육체의 육체"[154]를 산포시킨다. 그것들이 제공하는 이미지를 통해서 먼 것이 가까워지고, 그 이미지들은 다시 제2의 육체를 지닌 현실로 인식되는 것이다.

베를린을 본떠 만든 수많은 기념품들은 더 이상 베를린을 낯설지 않은 것으로 만든다. 그리고 멕시코, 티롤 등 크라카우어가 「린덴 파사주와의 작별」에서 든 예들과 같이 당시 유럽인들에게 상당히 먼 원거리의 지역과 사람들도 그 이미지들을 통해 근접한 것으로 다가오게 된다. 여기서 중요한 것은 그러한 이미지들이 실제와 얼마나 차이가 나는가의 문제가 아니라, 그러한 이미지들이 유목하는 대중들의 의식을 채운다는 사실이다. 실제의 육체성, 물질성은 이미지를 통해서 이들의 의식 속에서 재탄생하는 것이다. 육체와 이미지 공간의 이러한 삼투적 관계는 더 이상 기술과 이미지로부터 자유롭지 못한 육체의 역사성을 형성하며, 이것은 집합적인, 달리 말해 대중적인 몸을 구성한다. 따라서 그것은 사회적이다.

몸은 이와 같이 벤야민에게 '집합적 이미지'에 다름 아니다. 그리고 그 이미지로 구성된 몸의 신경들을 혁명적으로 방전함으로써 폐쇄적인 부르주아의 개체성을 극복하고 일종의 변혁을 이룰 수 있다는 것이다.[155] 이 과정에서 구성되는 공동체의 구성원리는 계약적 합리성이 아니라 '도취'이다. 벤야민에게서 도취는 물론 "도취의 마법적 원환Bannkreis des Rausches에서 벗어나게 하는"[156] 변증법적이고 계몽적인 계기이기도 하다. 이는 개인과 개인들 사이의 관계의 총체라고 할 수 있는 집합적 신체에서 관계를 규정하는 개념이다. 그리고 그가 설정하는 해방적 가능성은 집합적 '신체 공간' Leibraum 혹은 '이미지 공간'Bildraum 속에서 이루어지는데,[157] 이 이미지 공간이 바로 역사적으로 형성된 '집합적 신체'라고 할 수 있다.

마르크스주의 혁명론을 문화와 미디어의 영역으로 확장하여 독특하게 변형시킨 벤야민의 이 논의는, 부르주아 개인주의 의식과 문화의 종말을 선언하고 집합적 대중의 시대가 도래했음을 알리는 것이다. 이 논의를 통해 전통 형이상학의 실재와 이미지 사이의 위계가 전도되고, 이미지는 이제 개인과 개인을 연결하는 사회적인 계기로 파악된다. 프로테스탄트 윤리에서부터 이어지는 부르주아 자본주의의 개체성과 합리성의 원리는 이처럼 2, 30년대 유럽의 새로운 사회문화적 기획들 속에서 큰 저항에 부딪히고 있다. 여기서 벤야민의 기획은 도취를 매개로 선사적 과거로 회귀하려는 것이 아니라, 집합적 몸과 이미지의 교직을 통해 부르주아 사회의 폐쇄적 원리로부터 벗어나고자 하는 것이다. 이는 집합적 차원에서 배제된 몸과 감각을 이미지들의 매개를 통해 회복하고, 몸과 공동체 사이의 긴장을 혁명적으로 해소하고자 하는 지향성을 보인다.

잘 알려진 대로『기술복제시대의 예술작품』에서 읽을 수 있는 영화 관객에 대한 벤야민의 평가도 실상 이러한 비전을 담고 있는 것이다. 산책자 대중들이 가지는 '꿈'이나 '이미지'는 물론 부정적으로 오용될 여지가 없지 않지만, 벤야민에게는 사회적 관계와 사회 자체의 변화를 위한 주요한 계기들이다. 그것은 바로 이러한 이미지들이 결과적으로 사회적 관계를 구축하는 요체이기 때문이다.[158] 지역과 타자에 대한 이미지들을 통해서 먼 것은 가까워지고 가까운 것은 멀어지기도 한다. 따라서 벤야민의 이미지-신체는 근접성을 기반으로 하는 공동체 의식을 심대하게 변화시키는 요인이라고 할 수 있다. 꿈 이미지들의 주관적, 우연적, 순간적인 속성에도 불구하고 벤야민이 그와 같은 것들을 사회공동체 구성의 혁명적 변화의 계기로 인식한 이유가 여기에 있다.

현대적 만남의 여러 형식들
—'어소시에이션'과 '콘스텔레이션'

앞서 보았듯이 크라카우어 역시 1920~30년대 유럽 사회의 공동체의 위기를 뚜렷이 인식하고 있었다. 이 위기는 그가 볼 때 절대자와의 유대를 상실한 근대의 독특한 문제 상황에서 온 것이다. 신성과의 '연계성을 상실한 것'이 바로 사회 공동체의 문제로 이어진 것이다. 그것은 벤야민이 간파한 몸과 공동체, 육체와 신성이 분리되는 현상과도 동일한 맥락의 문제였다. 이런 형이상학적 준거를 상실한 근현대인이 유목하는 것은 필연적 귀결이다. 아울러 가속화되는 개체화 속에 근현대인은 서로간의 공속성을 상실하고 원자화되어간다.

흥미롭게도 크라카우어에게서 이 문제는 철학적, 정신사적 문제에서 출발하여 도시의 문제로 인식되며, 도시적 공간 속에서 구체적으로 포착된다. 이러한 사회 공동체 문제와 개체화의 문제는 분리될 수 없는 것으로서, 비단 벤야민과 크라카우어에게만 나타나는 것이 아니라 근대를 비판적으로 숙고하는 전통 속에서 오래도록 반복되어 온 것이다. 가령 니체는 디오니소스라는 신의 형상을 빌어 아폴론적 개체화의 문제를 극복하고자 했다. 그는 벤야민이나 크라카우어와 같은 비판이론가들과는 다소 멀어 보이지만 사실상 이들에게 하나의 선행적 사례를 보여주고 있다.

노베르트 볼츠에 따르면 벤야민은 「초현실주의」에 대한 글에서 "디오니소스적 파괴에 대한 니체의 이미지를 변증법적으로 변형"[159]하고 있다. 여기서 벤야민은 "도취를 통해서" 합리성에 침윤된 "개체의 극복"[160]을 시도한다. 이는 사회적 문맥에서는 전통 부르주아 개인주의뿐 아니라 근대의 합리화된 기계적 공동체 관계를 탈피하는 것을 의미한다. 근래에 사회학적 의미의 '열정 혹은 들끓음'

Efferveszenz[161]을 통해서도 사회성이 형성된다고 보는 포스트모던 사회의 논의들도 벤야민이 비판적 극복 대상으로 보았던 합리주의의 문제, 즉 몸과 공동체의 괴리에서 비롯되는 근대적 사회성의 문제를 반성하는 데서 시작된 것이다.

그 대표적인 사회학자 마페졸리에 따르면, "개인 및 세계 경제 속에서 부르주아적 개인주의에 우세한 가치를 부여하는 것에 반대하여 자아로부터 나가는 것은 세계와 타자에게 자신을 여는 하나의 방법이다. 이런 의미에서 볼 때 오늘날 기술, 문화, 음악, 감성 등에서 볼 수 있는 다양한 '도취'는 과거의 순환 욕구를 재확인하는 것이라고 할 수 있다. 재산의 순환, 말의 순환, 성의 순환 등은 모두 사회를 형성하고 있으며, 생성이라는 것을 통해 그 존재를 지속시키는 역할을 하고 있다."[162]

이러한 반사회적인 사회성의 복원이라는 문맥에서 벤야민이 『독일 비극의 기원』의 「인식비판 서문」에서 제시한 '콘스텔레이션' 개념을 대안적 공동체 형상의 한 모델로 읽어볼 수 있다. 물론 이 개념은 그 저작에서 기존의 인식론에 대한 대안적 구상으로 제시된 것이고, 저작의 전체 내용도 '사회'에 대한 것이라기보다는 '비극'에 대한 것이라고 생각하기 쉽다. 그러나 실상 그것은 '사회'에 대한 책이면서 동시에 '비극'에 대한 책이다. 짐멜은 사회를 구성할 수 있는 역능이라고 할 수 있는 '사회가능성'[163]을 "분리된 개인들의 단순한 총합을 사회로 만드는 어소시에이션의 형식들"[164]로 정의하면서 극예술 등과 비교하고 있다. 벤야민은 바로크 비극과 사회를, 현대적 비극과 사회를 파악하기 위한 해석학적 거울로 채택하고 있는 것이다. 따라서 그 책을 철학적 인식론과 문학의 장르 비평으로 읽는 것은 다소 협소한 접근이다.

개념적으로 '어소시에이션'association은 군집, 결합, 연상 등을 의미하고, 사회적으로는 조직체를 지칭한다. '콘스텔레이션'constellation도 마찬가지로 군집, 무리 등을 지칭하고, 동시에 형이나 배열의 함의를 지닌다. 짐멜이 1922년 출간한 『사회학』의 "사회그룹의 망"에 대한 장[165]을 '지각과 그룹 형성의 유비'[166]로 시작하듯이, '인식의 과정'과 '사회의 형성' 사이에는 어떤 공통의 구성적 원리가 내재한다. 벤야민의 『독일 비극의 기원』에 등장하는 '콘스텔레이션' 개념 역시 같은 의미에서 인식론과 관련되면서도 어떤 사회적 공동체의 구성 원리를 시사하는 용어로 볼 수 있다.

이 점은 벤야민이 2, 30년대에 쓴 여타의 텍스트들과 상호 비교해볼 때 더 잘 드러난다. 그가 '인식의 형상'으로 거론한 '별자리'는 『독일 비극의 기원』에만 등장하는 것이 아니다. 가령 도시를 모티프로 쓴 『일방통행로』(1928)에서도 벤야민은 자신의 꿈 하나를 기록하면서 "밤하늘처럼 총총하게 별들을 연결한 형상들이 실제처럼 떠있었다"[167]고 적고 있다. 그리고 「베를린 연대기」(1931)에서는 파리의 한 카페에서 떠올린 "내 삶의 그래픽 도식"을 그려보고자 하는 생각으로, 살아온 나날 동안 맺은 사람들과의 관계를 미로에 비유한다. 그리고 그 미로의 입구를 "근원적 친분관계"[168]라고 칭하고 있다.

내가 이야기하려고 하는 그날 오후 나는 생제르맹 데 프레 거리의

그림 20. 생제르맹 대로의 카페 되마고

카페 되마고 안에 누군가를 기다리며—누구인지는 잊어버렸지만— 앉아있었다. 그때 갑자기 내 삶의 그래픽 도식을 그려보자는 생각이 주체할 수 없는 힘으로 떠올랐다. (…) 나는 이를 미로라고 부르고 싶다. 이 미로의 수수께끼 같은 중심에 자리 잡고 있는 것이 나 자신인지 아니면 운명인지는 내 관심사가 아니다. 그러나 내부로 들어가는 많은 입구는 그렇지 않다. 나는 그 입구들을 근원적 친분관계Urbekanntschaft라고 칭한다. 각각의 입구는 다른 사람들을 통해서가 아니라 이웃관계, 친족관계, 동창관계, 착오, 여행 조합을—이런 상황들이 그리 많은 것은 아니지만—통해 만나게 된 사람과의 친분을 나타내는 그래픽 상징이다. 그러한 근원적 친분관계들만큼이나 미로로 들어가는 입구들도 다양했다. 그 대부분의 관계들 중 적어도 우리 기억에 남아있는 관계들에서는 다시 새로운 친분관계, 새로운 사람들과의 관계가 열리기 때문에, 한참 시간이 지나면 그 길에서 곁길이 파생된다. (…) 그러한 체계의 어느 한쪽에서 다른 쪽으로 이어지는 길이 마침내 생길지의 여부는 우리 삶의 행로가 어떻게 얽히는가에 달려 있다. (…) 다양한 나이에 우리를 그러한 친구, 배신자, 연인, 선생님에게 이끌어주는 길 말이다. 파리의 어느 날 오후 내 앞에 떠올랐던 내 삶의 스케치는 그렇게 그려졌고, 내 주위의 사람들이 도시를 배경으로 하나의 형상을 이룬다. (Benjamin, VI, pp. 491-492)

이 단편은 앞서 친분관계의 교차와 확장을 포착한 크라카우어의 「서베를린의 임대하우스」라는 단편과 유사한 아이디어를 담고 있다. 크라카우어는 또한 '현실'Wirklichkeit과 '꿈'Traum이 뒤섞이고, '쓰레기들'Abfälle과 '별자리들'Sternbilder이 조우하는 "파리 거리의 기억"[169]을 상기시킨 바 있다. 여기서 그도 기억과 상상 그리고 그와 연관된 사람들이 서로 교차하며 매개적 관계를 형성하는 상황을 다룬다.[170] 이러한 텍스트적 관련성을 고려할 때 『독일 비극의 기원』에서 인식론적 개념으로 사용되는 별자리 '콘스텔레이션'은 크라카우어의 경우와 마찬가지로 인식과 기억의 모델이자 사람들의 그룹화의 형상 혹은 사람들 사이 관계의 망을 특징짓는 개념으로도 이해할 수 있다. 그러나 짐멜, 벤야민, 크라카우어가 그 개념의 사회사적 의미나 활용을 위한 자세한 설명을 덧붙이고 있는 것은 아니다. 따라서 이들의 유동적 공동체 형상을 도시사회학적 문맥에서 심화하기 위해서는 대도시의 사회적 그룹화에 대한 현대의 이론적 성찰을 일부 참조할 필요가 있다.

가령 바우만은 『산책자, 유희자 그리고 여행자—탈근대적 삶의 형태들에 대한 에세이』에서 다양한 형태의 공존 형식들을 서술하고 있다. 그 형식들은 벤야민과 크라카우어가 대도시 거리에서 포착했던, 무질서해 보이면서도 일정한 연결의 망을 형성하던 그룹화와 일정한 유사성을 보인다. 예컨대 바우만은 단순한 '함께 있음' Zusammensein과 '표명적 함께 있음' Manifeste Zusammensein 그리고 '요청적 함께 있음' das postulierte Zusammensein을 각각 구분하고 있다. 그야말로 거리에서 혹은 전철의 승객으로 단순하게 공존하는 유형이 '함께 있음'의 최초 형식이라면, 축구게임이나 디스코텍에서의 함께 있음은 '표명적'이다. 그리고 국가, 인종, 계급, 성에 따른 공존은 '요청된' 함께 있음의 형식으로 분류된다.

여기에 덧붙여서 바우만은 '메타적 함께 있음' Meta-Zusammensein이라는 개념으로 카페, 댄스홀 등 일상에서 만남의 무대가 되는 장소에서의 조우를 지칭하고 있다.[171] 그것을 '메타적'이라고 부르는 이유는 그와 같은 만남의 장소들이 "시도와 오류의 무제한적인 실험의 영역"[172]이기 때문이다. 벤야민과 크라카우어의 도시에 대한 서술에서 주로 등장하는 사람들의 마주침 형식은 '단순한 공존' 그리고 '실험적 공존'이 다수를 이룬다. 그것은 이러한 형식이 전통적 공동체와는 다른 형태의 도시적 공존의 상황을 특징짓기 때문일 것이다. 「서베를린의 카페」라는 단편에서 크라카우어는 그 역동적인 만남의 장을 이렇게 묘사하고 있다.

> 두 사람이 한 탁자에 앉으면 곧 그들은 제3의 사람과 인사하고, 그 사람은 또 다른 아는 이들을 끌어들이는데, 그들은 자석의 힘에 의한 것처럼 이끌려온다. 사람들이 그렇게 한 무리를 이루어 가까이에 비어 있거나 자리가 있는 의자들을 끌어당겨 차지하고, 마침내 그 개개인들을 구분할 수 없을 정도의 밀착된 그룹을 형성한다. (…) 이 그룹은 다시금 갑자기 이유 없이 흩어지고, 담배꽁초와 무질서하게 그 공간 안에 이리저리 옮겨 다닌 텅 빈 많은 의자들만 남는다. (SB, p. 230f)

크라카우어가 묘사하는 베를린의 한 카페에서의 이러한 만남은 단편적이고 에피소드적이라고 할 수 있다. 그런 점에서 지속성이나 어떤 결과를 결여하고 있는 것도 사실이며, 그만큼 이런 임의적인 그룹에 전통적 의미의 책임이나 윤리 혹은 근대적 의미의 목적을 부여하기도 어렵다. 그러나 새롭게 형성된 도시공간에서 이런 경험은 크라카우어에게 독특하고 인상적이었을 것이며, 거기에는 과거와는 다른 어떤 새로운 차원의 만남이 이루어질 가능성도 내재되어 있다. 오늘날 이러한 형태는 도시와 미디어 공간이 확대되면서 보편화되고 있다고 해도 과언이 아닐 것이다. 그리고 이와 같은 만남과 그룹화의 양상들을 바우만의 개념으로 다시금 분류하자면 '나란히 있음'Nebensein, '더불어 있음'Mitsein, '대하여 있음'Fürsein으로 정리할 수 있을 것이다.

이 가운데 단순히 나란히 있음은 에피소드적 만남으로서 '지속성 결여'Ausbleiben von Konsequenz 또는 '결과 없음'Folgenlosigkeit을 특징으로 한다.[173] 그리고 이 만남은 좀 더 깊은 유대의 '함께 있음'으로 변화한다. 나아가 이보다 더 지속적인 관계를 표현하는 '서로에 대하여 있음'은 "분리로부터 통일로의 도약Sprung aus Isolation zur Einheit을 의미한다."[174] 이것은 '함께 있음'에서 발전적으로 나타나는 것이 아니라 질적으로 다른 단계로 이행하는 형태라고 할 수 있으며, 이 만남은 더 이상 합리적 선택과 판단의 문제가 아니다.

그런 점에서 '~에 대하여 있음'을 바우만은 "이성의 스캔들"Skandalon der Vernunft[175]이라고 말한다. 그리고 타자와의 설명할 수 없는 연계의 형성, 관심의 폭발, 열림 등을 그는 감정, 느낌, 정감 그리고 격정이라고 표현한다. 소위 정념이라고 통칭할 수 있는 이와 같은 정서적 유대가 '~에 대하여 있음'의 내적인 의미를 구성하는 것이다. 그러나 바우만은 '~에 대하여 있음'을 신비주의 전통에서 말하는 개별적 정체성의 소멸이나 타자성과의 분리할 수 없는 융합과는 구분하고 있다.[176] 그런 점에서 바우만적 의미의 '~에 대하여 있음'의 단계는 니체, 벤야민, 크라카우어, 마페졸리 등의 경우와 같이 그것을 사회공동체의 근원에 자리하는 도취적 융합으로 이해하는 입장들과는 차이를 드러낸다. 마페졸리는 "충족된 삶은 개별적 자아를 대가로 지불할 때만 이룰 수 있다"는 헤르만 헤세의 소설 『황야의 이리』의 한 경구를 인용하면서 개체성을 극복하는 도취의 사회적 의미를 강력하게 시사한 바 있다.[177]

이와 달리 바우만의 관심은 대도시의 탈근대적 만남의 양상 속에서 지속가능한 도덕적 책임을 설정하는 데에 있다. 그가 도취 개념을 존재론적인 것으로 보기보다는 '표명적 함께 있음'이라는 특정한 그룹화의 형식에만 제한하는 것도 여기에 기인하는 것으로 보인다. 그가 일목요연하게 정리한 만남과 그룹화의 양상들은 벤야민과 크라카우어가 비개념적으로 포착했던 현상들을 파악하는 데 유용하다. 다만 근대주의적 합리주의의 경향을 보이는 바우만과 달리 이들은 탈근대적 공동체의 유목적 양상을 도덕적 편향 없이 담아내고 있다. 이들이 주목하는 대도시에서의 만남과 그룹화는 비교적 에피소드적이고 단편적이지만, 어떤 별자리를 이루는 별들의 콘스텔레이션으로 도약할 가능성을 내포한다. 이런 의미에서 콘스텔레이션은 사회학적으로 '발생'Emergenz의 한 형식으로도 볼 수 있다.

도시에서의 만남과 그룹화의 독특한 양상들에 대한 벤야민과 크라카우어의 관심은 도시가 만들어내는 새로운 형태의 사회성에 대한 관심에 다름 아니다. 그것은 결합과 분리를 반복하는 것이다. 짐멜이 대도시에서 불가피하게 마주치는 타자들의 시선에 주목했듯이, 신문이나 여행용 책자들처럼 불가피하게 근접한 타자의 시선의 불편함을 감내하기 위한 수단들도 대도시 사회성의 산물이라고 해도 과언이 아니다. 대도시에서는 이와 같이 새로운 만남의 양식들과 마찬가지로 회피의 양식들도 만들어진다. 더욱이 짐멜에 따르면 사람들의 그룹화 양상은 인과적인 관계로만 설명되지 않는 상당히 복합적인 양상을 띠기도 한다. 그도 그럴 것이 심지어 "무관한 것도 함께 병존함으로써 어떤 사물의 인식에 영향을 끼치기"[178] 때문이다.

그러한 측면에서 볼 때 혈연, 지역, 언어, 기억 등 공동체의 필연적 구성물로 간주되어온 전통적 범주들은, 도시에서 형성과 해체를 거듭하는 사회적 그룹화의 양상들을 포착하지 못할 뿐만 아니라 상대적으로 지속적이고 강고한 결합만을 공동체적 그룹화의 요인으로 파악하게 함으로써, 결국 대도시의 일시적 그룹화를 우연적이고 임의적인 것으로 평가절하하게 한다. 이와 같은 근대의 공동체 개념을 중심에 놓고 보면, 근현대 대도시의 탈근대적 그룹화는 과거 "공동체 감정을 만들어내기 위한 혹은 팔기 위한 보충공동체를 생성시키는 것"[179]으로 생각하기 쉽다. 이런 관점을 보여주고 있는 바우만과 맥캐널은 결국 공동체적 유대의 도덕적 책임과 그 연속성에 대한 근대적 강박 속에 붙들려, 그와는 다른 형태의 그룹화를 한낱 '보충적인 것'으로 격하한다. 바우만과 함께 바우만을 넘어가는 길을 벤야민과 크라카우어는 이미 우리에게 예시하고 있는 것이다.

만남의 우주—사회의 영혼 회복하기

크라카우어가 주목한 유목적 공동체에서의 유대는 비록 우연적이고 단편적이지만, 보충적이기보다는 주류를 이룬다고 할 정도로 당대 대도시에서부터 오늘날에 이르기까지 상당히 일반화된 사회적 관계를 만들어 가고 있다. 그리고 이러한 양상을 개념적으로 포착하고 있는 벤야민의 '콘스텔레이션'은[180] 전통적인 공동체 구성의 요소들로는 파악할 수 없는 우연성과 필연성의 교차, 이미지와 육체가 서로 얽히는 관계의 기하학을 보여주면서 새로운 공동체적 형상의 이념을 제시하고 있다. 요컨대 이 개념은 이념과 사물의 관계를 별자리와 별의 관계로 설명하는 모델인데, 사회학적 차원에서는 대도시 공동체와 개인, 개인과 개인 사이의 관계 모형으로 볼 수 있는 것이다. 특히 그것은 혈연, 지연 등의 자연화된 전통적 공동체 유대의 형식들과 변별적일 뿐만 아니라 대도시에서의 사회적 목적합리성에 구속되지 않는 역동적인 사회 구성의 모델을 시사하고 있다고 할 수 있다.

벤야민이 "의도의 죽음"[181]이라고 표현한 진리의 현현 방식, 즉 순간적으로 별들의 무리로 그려지는 별자리로서의 콘스텔레이션은 개체와 공동체의 관계성의 측면에서 부르주아적 소유와 목적합리적 강박으로부터 벗어나 있는 것이다. 그러한 점에서 콘스텔레이션은 '소유'로서의 근대적 인식론을 극복하는 개념이며, 근대 자본주의적 개인주의와 그 개인주의를 계약적으로 묶는 합리적 사회성의 원리에 대립하는 것이기도 하다. 그것은 그 자체로 어떤 목적론적 지향성을 갖고 있지는 않지만, 기계적 합리화를 통한 공동체 구성과 달리 정념에 기초한 사회 구성의 형태로 근대의 훼손된 공동체의 관계성을 회복시킨다는 점에서 문제해결적인 역할을 한다.

크라카우어가 바라본 '직장인'은 그러한 합리주의의 목적합리적 사회성을 전형적으로 드러낸다. 그리고 그로부터 벗어나려는 이들의 다양한 일탈적 그룹화와 활동은 비록 벤야민의 '콘스텔레이션'과 같은 개념으로 체계적으로 제시되지는 않지만, 당대 사회공동체의 문제를 벗어나려는 대중의 유목적 경향으로서 포착되고 있다. 웨인이 지적하듯 방법론적 차원에서 벤야민의 '모나드적 접근법'과 크라카우어의 '유물론적 현상학'은 상당히 유사하다.[182] 여기서 특히 벤야민의 콘스텔레이션 개념은 일종의 탈근대적 사회의 발생론 혹은 존재론으로도 해석할 수 있다. 그것은 '사회성'과 '사회의 영혼'이라 불리는 근본적 의미의 '종교'(뒤르켐)의 '신성'에 접목되기 때문이다. 이는 개별 '현상'과 '이념'의 관계에 관한 벤야민의 모델에서 도출할 수 있는 바, 여기서 '개체화된 현상들의 구원'을 가능하게 하는 것이 바로 콘스텔레이션의 형상이다.

> 아이들이 어머니가 가까이 있다고 느끼면서 그녀를 에워싸고 있을 때 비로소 어머니가 온 힘을 다해 삶을 시작하는 것과 마찬가지로 이념들은 (개체성의—필자) 극단들이 그 이념들 주위에 모여들 때 살아 움직이기 시작하는 것이다. (Benjamin, I.1, p. 215)

벤야민에게 경험Empirie과 이념Idee의 관계 모델인 이 파우스트적 모태로서의 콘스텔레이션을 통해 우리는 사회적 공동체와 개인의 관계 속에서 나타나는 몸의 소외라는 근대적 문제를 회복하는 새로운 공동체적 유대의 모델을 찾아볼 수 있다.[183] 특히 '어머니' 모티프는 전통적인 종교 공동체들에서 다양한 이름으로 반복되어온 "생성가능성"Fruchtbarkeit[184]과도 무관하지 않다. 이는 크라카우어에게서도 문제적으로 인식되던 근현대 도시 공동체에서 "절대자와의 연계성의 상실"Beziehungslosigkeit zum Absoluten과 "개체화"Vereinzelung[185]의 문제를 풀 수 있는 실마리로 읽을 수 있다. 그런 의미에서 대도시와 직장의 합리화의 문제를 일탈적 그룹화를 통해 극복하는 대중의 유목적 외유와 그룹화는 근대적 공동체의 상처를 치유하면서, 유연하고 새로운 도시공동체를 재구성하는 역동적 움직임이라고 할 수 있다.[186]

1920~30년대 바이마르 공화국에서는 가족적 유대가 극단적 '개인주의'와 목적 지향적인 '집단주의'에 의해 와해되는 양상이 나타난다. 또 부르주아 가족은 벤야민이 비판하듯, "가장 너절한 본능이 똬리를 틀고 있는 칸막이들과 구석들로 이루어진 부패하고 어두운 건물"[187]이다. 이러한 문맥에서 공동체적 관계의 모델로서 콘스텔레이션은 바로 가속화된 근대적 합리화가 유발한 당대의 독일 그리고 유럽 사회의 가족 및 사회공동체 위기에 대한 응답으로 제시되고 있다고 하겠다. 물론 그것은 전통적 가족유대로 회귀하는 것은 아니며, 다만 근대적 사회구성체가 결여하고 있는 것을 '도취'를 통해서 회복하면서 새로운 형태의 사회구성체를 형성하고자 하는 것으로 이해할 수 있다.

> 도취야말로 우리가 가장 가까이 있는 것, 그리고 가장 멀리 있는 것을 스스로에게 확신시킬 수 있는 경험이다. 그리고 가장 가까이에 있는 것과 가장 멀리 있는 것은 항상 함께 확인된다. 그 중 하나가 없다면 다른 하나는 결코 확인되지 않는다. 이 말은 취함의 상태에서 우주와 소통하는 일은 반드시 공동체 안에서만 가능하다는 것을 의미한다. (Benjamin, VI.1, p. 146f)

여기서 멀리 있는 것이 우주라면 가까이 있는 것은 사회 공동체이다. 그리고 우주와의 소통이 개체가 아닌 공동체 안에서만 가능하다는 것은 사회적 그룹화와 자연의 교감이 동근원적인 것임을 시사한다.[188] 마페졸리 역시 코스모스the cosmos와 사회적인 것the social의 공속성共屬性을 강조한 바 있고, 그 관계를 '도취'로 규정한 바 있다.[189]

그러한 인식을 토대로 당대 공동체 문제를 대한 벤야민의 해법은 2, 30년대 그의 표현을 빌리면 "습한 권태"[190]가 지배하는 전후 유럽의 사회문제를 극복하기 위한 것이었다. 그는 『독일 비극의 기원』에서 당대 공동체 문제들을 바로크 시대로 투사하여 프로테스탄트 종교개혁과 더불어 육체성의 소거에 따른 불안, 의심, 노스탤지어, 멜랑콜리 등 부정적 정념의 지배 현상을 검토하였다. 벤야민이 이처럼 당대 문제를 역사적 과거를 거슬러 우회적으로 다루었다면, 크라카우어는 그러한 부정적 정념들이 과거의 것이 아니라 근현대 도시공간에서 나타나는 것임을 대도시 공간에서 느끼는 권태와 공포의 감정들에 대한 서술들을 통해 좀 더 직접적으로 드러내고 있다.

이와 같은 사회의 부정적 정조에 대한 대안적 모델로 제시되는 콘스텔레이션이 성립되는 순간의 에피파니epiphany는 벤야민에게 진리의 현현이고, 망각과 억압으로부터의 해방이며, 동시에 추방된 공주의 혼례의 순간으로, 일종의 열광적 오르기즘orgiasmus을 내포한다.[191] 그것은 규율화된 근대적 공동체들과 달리 일시적이고 역동적이며 혼종적인 반anti- 혹은 후기post- 모던의 새로운 대중의 연대에 대한 벤야민의 전망이자, "호랑이의 도약"(「역사철학테제」 14번)을 이루는 어떤 역사적 생성의 모델이다.

—

1920~30년대 도시와 공동체에 대한 크라카우어와 벤야민의 인식과 전망은 많은 부분에서 오늘날의 도시와 공동체의 현상들을 선취하고 있다. 더 이상 파사주가 없는 파사주의 시대라고 불릴 수 있는 현상들이 도처에 나타났고, 지역과 인종과 직장 등을 중심으로 형성된 근대의 공동체 윤리도 지극히 일면적이라는 사실이 드러나고 있었다. 이는 새로운 '함께 있음'의 형식들을 불가피하게 했다.

벤야민과 크라카우어는 도시를 중심으로 이러한 공동체 문제에 일찍이 천착했다. 물론 2, 30년대 도시와 대중에 대한 이들의 작업이 학문적 개념의 틀에 토대를 둔 체계적 서술은 아니다. 따라서 그 이론적 폭과 깊이를 정확히 가늠하고, 현재적으로 풍부하고 만드는 일은 쉽지 않다. 하지만 대도시 일상을 포착하는 이들의 이론가적 혹은 산책자적 응시는 오늘날 거시적이고 체계적인 사회이론과 역사학들이 흔히 놓치는 미시적인 측면들과 감정적 정념의 현상들까지 포착하고 있다. 이를 일상사나 일상사회학 속에서 적극적으로 수용하는 일은 지구촌 인구의 절반 이상이 도시에 거주하고, 그 도시들이 가속화되는 글로벌화의 거점을 이루는 오늘날 특히 중요해 보인다.

직장인들의 유목화 현상에서 보듯이 근현대 합리화된 도시를 중심으로 하는 사회의 구조는 공동체의 연대의식을 파괴했다. 그 상처를 치유하기 위하여 대중은 유목하고, 이합집산을 통해 새로운 공동체 형상들을 창출한다. 그런 의미에서 '유목'은 단순히 이동과 수송 수단의 발달과 같은 기술적 요인에 의해서만 결정되는 것이 아닌, 어떤 정신적인 경향성과 흐름을 대변하는 사회적 사태이다. 이와 같이 정주에서 유목으로 전환되는 삶의 역동적 변화 과정 속에서 당대 공동체 형상과 도시대중의 이합집산 현상을 성찰했던 벤야민과 크라카우어의 사유가 남긴 궤적은 오늘날에도 여전히 풍요로운 지표들로 남아있다.

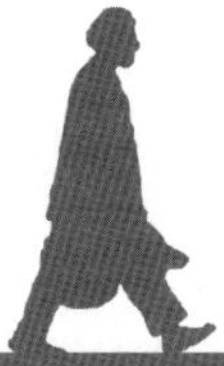

III부

국경을 넘는 도시 산책자

8장 제국의 메트로폴리스와 로컬도시

9장 1930년대 경성의 공간과 자아

10장 글로벌 도시의 외국인 산책자

맘마 로마(Mamma Roma)의 안나 마그나니
그녀는 아들의 죽음을 알리는 통지를 받았다
그리고 그의 방 창문을 통해서 본다
아직 그의 물건들이 놓여있는
도시 변두리에 새로 지은 집 그리고 그 뒤로
영원한 도시의 무자비한 반구
제한된 세계에서 튀어나와 고통의 우주로

페터 한트케, 「산책의 종말」 13연

§

19세기의 산책이 20세기 들어와 유목적인 삶의 존재 양태로 확장되었다면, 공간적으로도 그것은 국경을 초월하는 양상을 보인다. 대중의 유목은 더 이상 국경 안에 머물지 않는다. 당시에 이미 대중들 사이에는 초국경적 상상력과 이미지가 폭넓게 산포되어 있었고, 산책자들의 월경적 상상력을 자극했다. 아울러 교통과 통신의 발달로 대중의 이동 능력이 전격적으로 확대됨에 따라 로컬 산책자가 트랜스내셔널 산책자 혹은 여행자로 변모하는 것이 현실화되었다.

그러나 제국도시와 로컬도시 사이의 위계와 차이들로 인해 20세기 초 산책의 양상은 정치사회적인 면에서 매우 복합적인 함의를 띤다. 근대의 역사적 과정 속에는 상당히 오랜 기간 동안 다양한 초국적 이동이 존재해왔고, 20세기 초의 정치적, 사회적 국면에서 이는 더욱 특수한 상황을 형성하고 있었기 때문이다. 당대 유럽 도시들의 유목화에 대한 벤야민과 크라카우어의 시각도 이미 살펴본 바와 같이 국가와 도시 내적인 관점을 이미 벗어나 있다. 말하자면 이들은 이미 도시의 트랜스내셔널한 경계 확장을 인식하고 있었고, 그 과정에서 서로 상이한 문화권들 사이의 교섭적 흐름도 포착하고 있다.

실제로 19세기 말과 20세기 초 정치적 제국주의의 흐름 속에서 유럽인들은 유럽의 변방들을 페티시즘 그리고 키치적 왜곡 등을 통해 체험하고 있었다. 도시 산책에 대한 벤야민과 크라카우어의 인식도 이미 지역적 국면을 넘어 초국적인 지평으로 이어지고 있었다. 물론 유럽의 제국주의적 확장에 대해서는 이들도 강한 비판적 인식을 드러내고 있다. 또한 초현실주의 그룹을 비롯한 당시 유럽의 지식인들 역시 서양의 문명화에 대해 자기비판적 역할을 수행하고 제국주의적 지배와 타자화에 대해 제동을 걸고자 했다. 유럽 불르바르의 초국적 접면에서 상당히 복합적인 반응들이 교차했던 것이다. 이는 곧 외부와 내부가 접촉할 때 일어나곤 하는 긴장의 국면들이라 할 수 있는데, 특히 국경을 넘는 산책이 일상화되기 시작하면서 더욱 본격화된다.

여기서는 유럽 외부의 사례로 동아시아의 동경과 경성을 중심으로 이루어졌던 도시 산책을 살펴본다. 흔히 '긴부라'銀ぶら, 긴자 산책와 '혼부라'本ぶら, 혼마치 곧 명동거리 산책로 불리던 20세기 초 일본과 한반도 대도시들에서의 대중의 행동양식은, 식민주의적 자본주의의 틈입으로 근대적인 거리, 백화점, 영화관, 카페 등이 생기면서 시작된 것으로 알려져 있다. 그리고 국내 문학 영역에서는 경성을 중심으로 이들 산책자를 주제로 다룬 다수의 연구가 나오기도 했

다. 이 책에서는 근현대 동경과 경성의 산책자들을 통해 국경을 넘는 산책의 양상에 좀 더 주목한다. 이 때 관건이 되는 것은 탈근대적 유목화의 과정 속에서 타문화와 지역들 사이의 상호문화적인 교섭과 그에 대한 정치적, 도덕적 태도이다. 국가의 경계를 넘어선 산책자의 응시는 당대의 거시적인 정치경제 체계들로 설명되지 않는 역사 사회적 진실을 드러내는 가장 첨예한 일상의 계기라고 할 것이다.

여기서 다룰 국경을 넘는 산책자들의 기록들은 도시체계에 대한 기존의 논의를 보완하기 위해서도 필수적이다. 사실 19세기 유럽 메트로폴리스의 성장은 제국도시들을 형성했고, 동아시아에는 그것들을 모방한 식민도시들이 구축된다. 킹의 지적대로 오늘날 다국적 도시들의 기반이 된 것이 바로 식민도시였다.[1] 도시들의 이러한 체계를 드러내는 정치경제적 관계들도 물론 중요하지만, 그 관계 속에서 흔히 도시 내부를 유목하는 도시대중의 일상과 산책자들의 '다른' 응시는 자주 간과되곤 한다. 도시 연구에서 '체계'와 '일상'의 간극이 산책자들의 응시 속에서 극적으로 나타나는 것은 우연이 아니다.

이 책에서 계속 시도하듯이 그 간극의 틈새를 유목하는 대중과 그들의 일상적 산책을 통해 검토하고, 그 안에 들어있는 체계 횡단적인 사유의 단초들을 트랜스내셔널 산책자들의 의식 속에서 발굴하는 의의는 여기에 있다고 할 수 있다. 정치 및 경제 체계가 만든 제국도시와 로컬도시 사이의 심상지리적 간극들 속에서 국경을 넘곤 했던 도시 산책자들의 선망과 환멸은 거시적으로는 볼 수 없는 보다 복합적인 정치문화적 긴장을 드러낸다. 그리고 이들의 응시는 거시적 '체계'가 말해주지 않는 작은 이야기들을, 그러나 결코 작지만은 않은 역사 사회적 진실들을 시사하고 있다.

| 8장 |

제국의 메트로폴리스와 로컬도시

20세기 초 제국의 메트로폴리스들과 로컬도시들 사이에는 상당한 격차가 존재한다. 식민주의적 근대 의식은 이러한 격차를 대개 문명의 위계로 인식한다. 그러나 당대에도 이러한 위상의 차이를 문화적으로 단지 '다르다'는 의미의 '차이'로 인식한 경우가 적지 않다. 1907년 일본을 방문했던 독일인 켈러만Bernhard Kellermann, 1879~1951의 의식 속에서도 바로 그런 면모를 들여다 볼 수 있다. 그는 당시 여행기 저술가로, 카시러 출판사의 의뢰를 받아 일본을 방문하였다.[2] 그의 인식은 다소 예외적이라고 할 수 있을지는 모르나, 오히려 당대 유럽의 식민주의 담론의 다층적 성격을 드러내는 사례로 고려할 필요가 있다. 괴벨이 버먼(1998)과 권터(1988)의 연구[3]를 예로 들며 논하듯이, 후발 제국이었던 독일의 식민 정책은 영국, 프랑스 등의 대표적 제국들과 적지 않은 차이가 있었다. 그뿐만 아니라 유럽 자체에서도 1차 세계대전 이후 근대성에 대한 회의가 강하게 대두되었고, 상당수의 지식인과 예술가들이 그 대안을 찾아 아

시아 지역으로 떠났다.[4]

이러한 정황은 아시아인 타자들에 대한 켈러만의 서술에서도 잘 확인되는 것으로, 위계적인 지배를 목표로 하던 제국의 정치 및 군사적 구상들과는 큰 차이가 있다. 아울러 국경을 넘는 산책자들의 타자 인식에서는 그들의 국적과 상관없이 초국적인 차원의 "유연성, 관용, 호기심"[5]등을 엿볼 수 있다. 거기에다 켈러만의 경우는 유럽의 정신사적 문맥에서 본격적으로 대두되기 시작한 문명화에 대한 자기비판 의식까지 강하게 나타난다.

흔히 유럽중심주의 비판은 그 중심 안에 존재하는, 중심과는 다른 주변부 의식을 간과하는 경향이 있다. 마찬가지로 로컬도시라는 주변부가 가진 중심성에 대한 열망도 잘 고려되지 않는다. 중심을 흔든 것은 그 중심 속의 주변부 의식이었고, 중심을 더욱 강고하게 한 것은 그것을 열망하고 모방한 주변부이기도 했다. 이러한 '중심의 주변성'과 '주변의 중심성'을 고려할 때 유럽과 로컬 사이에 문화적 위계 의식과 차이 의식이 모순적으로 공존했고, 유럽인 산책자와 로컬도시 대중 사이의 관계도 좀 더 역동적 양상으로 전개되었음을 확인할 수 있을 것이다.

물론 제국의 통치 전략과 문명의 위계가 일부 경우를 제외하고 20세기 초에 지배적으로 작동하고 있었다는 사실은 부인하기 어렵다. 하지만 그 예외들 속에서 유럽인 산책자의 반근대 의식과 로컬 거주민의 근대 의식이 역설적으로 충돌하며 빚어내는 장면들은, 유럽중심주의와 식민주의가 일상의 영역에서는 보다 복합적인 양상을 띠고 전개되었음을 말해준다. 여기에 국경을 넘는 산책자의

'일상'에서 나타나는 미시적 응시의 간과할 수 없는 의의가 있다.

산책자 vs. 여행자

켈러만이 자신의 책 제목을 『일본에서의 산책』*Ein Spaziergang in Japan*으로 붙인 데서도 알 수 있듯이, 그는 '산책'이라는 용어로 유럽과 그 외부를 특별히 구분하지 않는다. 이미 당대에는 지역 간 인적, 물적 교류가 증대되면서 선교나 공무와 같은 특정 목적이 아니더라도 여행과 기타 목적을 위해 국외에 체류하거나 여행하는 외국인들이 급격히 증가하고 있었다.

이러한 방문객들을 모두 국경을 넘는 도시 산책자라고 할 수는 없을 것이다. 하지만 유럽 도시 내에서의 산책이 세계 다른 지역의 로컬도시로 확장되는 현상은 20세기 초 두드러진다. 켈러만의 일본 방문도 이를 보여주는 사례들 가운데 하나이다. 그는 1907년 일본을 방문하는데, 그의 여정은 요코하마, 동경, 교토, 미야즈, 오사카, 나라 등지로 이어진다. 그는 수 주 동안 동서 해안 주요도시들과 내륙의 지역들까지 찾아다녔던 것이다.

그의 방문은 일반 여행자들과 큰 차이가 없어 보이지만, 산책자로서의 자의식을 뚜렷이 드러낸다는 점에서 관광 목적의 여행과는 다소 차이가 있다. 요코하마의 한 호텔에 머물면서 그는 다른 여행자들과는 달리 지역의 현장을 찾아 나서고, 유명하고 독특한 곳만을 찾아 몰려드는 여타의 여행자들과 자신을 구분하고 있다.

> 손에 든 책에 푹 빠진 열병환자가 한쪽 문에서 다른 쪽 문으로 내달리듯이, 기차에서부터 박물관과 사원들로 몰려다니는 여행자들이 있다. 나는 이런 유는 아니다. (KM, p. 24)

실제로 그는 로컬의 술집과 찻집들을 다니고 극장과 거리를 오가면서 현지인들의 삶을 몸으로 느끼고자 애쓴다. 초국적 자본이 흘러가는 경로를 따라 이국적인 외지 문화를 탐닉하는 '관광'과 로컬의 현장에 관심과 배려를 가지고 방문하는 켈러만의 '산책' 사이에는 사실상 상당한 차이가 있다.

벤야민도 『파사주 작품』에서 "군대식 암구호로 로컬의 정령genius loci에 접근할 수 있다고 믿는 여행자"와 "조용히 무심히 다가가기만 해도 장소가 생기가 돌고 눈짓과 암시들을" 받는 산책자를 구분하고 있다.[6] 이것은 Ⅱ부에서 보았듯이, 크라카우어가 여행을 군대 소집에 비교한 것과 유사하다.[7] 향유를 위해 자본의 흐름에 따라 외지를 돌아다니는 관광객을 군사적 메타포를 사용하여 묘사함으로써 문화식민주의에 대해 비판적 암시를 하고 있다. 그와 달리 지역의 추억과 역사를 기억하는 내지인 산책자는 관심과 배려를 가지고 자신의 지역을 거니는 것으로 특징지어진다. 켈러만은 이러한 산책자의 아비투스를 국경을 넘는 자신의 산책에까지 확대하면서 의식적으로 외지 여행자들의 행동양식과 자신의 태도를 구분하고 있다. 그가 자신의 책에 '산책'이라는 용어를 쓴 것도 이러한 정황에서 비롯되는 것으로 볼 수 있다.

물론 여행자와 산책자의 차이는 상당히 미묘한 것이고, 개별 '산책자'와 '여행자'에 따라 상이한 양상을 보일 수도 있으므로, 둘을 객관적으로 구분하기는 용이하지 않다. 설사 그렇게 한다고 하더라도 그 양자의 의미는 자주 중첩된다. 켈러만도 이러한 양면적 모습을 드러내곤 한다.

> 나는 총알처럼 박물관을 사냥하듯 달려 들어갔다가 다른 방향으로 나온다. (KM, pp. 24-25)

그러나 산책자와 관광객의 이중성이 켈러만에게 중첩되고 있다 해도, 그는 여전히 산책자적 태도를 견지한다. 그리고 그에게서는 도시 산책의 의미가 초국적 여행이나 관광처럼 트랜스내셔널한 차원으로 확대되는 것을 확인할 수 있다.

더 나아가서 도시 산책자로서 그의 독특한 의식은 그가 식민지 시기 동아시아 정치 시스템의 구조적 틀을 벗어나서 일본을 바라보는 것을 가능하게 한 요인이기도 하다. 말하자면 그의 눈에 두드러지게 보인 것은 유럽의 제국도시와 동아시아 로컬도시 사이의 격차와 위계가 아니라 동아시아 로컬도시의 차이와 독특함이며, 그의 태도는 그러한 타자의 수용과 존중으로 나타난다.

번역과 소통가능성

물론 켈러만 역시 문명의 위계적 인식으로부터 완전히 자유로웠다고 말하기는 어렵다. 호객 행위를 하는 인력거꾼을 종종 발이 여러 개 달린 곤충으로 묘사하거나, 짚으로 만든 우비를 걸친 일본인을 고슴도치처럼 보인다고 말하기도 한다. 주지하다시피 에드워드 사이드는 식민자가 원주민을 동물학적 용어로 표현해왔다고 비판적으로 지적한 바 있고,[8] 이는 전형적인 오리엔탈리즘적 의식이라고 할 수 있다.

낯선 것을 호명하거나 자기 언어로 번역하는 방식에는 언제나 호명하는 자의 의식이 드러나게 마련이다. 자신의 글을 여행기로 생각했던 그의 기술 방식이 대중의 흥미를 유도하거나 위에서 바라보는 듯한 조망적 시각을 채택하는 것은 어떻게 보면 당대 일반적인 유럽인의 의식에 부응하려는 것일 수 있다. 그러나 이와 함께 그는 이들 아시아의 타자들에 대해 일관되게 호감과 존중을 드러내고 있기도 하고, 자신의 위계적 의식을 전도시키면서 유럽인 혹은 독일인으로서의 스스로의 정체성을 근본적으로 되묻기도 한다. 여행지 가운데 교토 인근의 마이즈루舞鶴에서 만난 한 젊은이로부터 자신의 이름과 국적, 나이 등을 일본어로 쓴 종이를 건네받고는 경탄하며 그는 이렇게 말한다.

> 내 이름이 일본어로 이렇게 보이는군. 특이한 기호의 줄들과 소용돌이. 독일은 온갖 동물 나부랭이들이 있는 격자 울타리, 새장이었다. (KM, p. 116)

유럽 속에 갇혀있던 의식이 완전히 낯설게 번역된 자신의 이름을 마주하는 순간 그 제한적 정체성과 경계의식에 반전을 일으키는 것이다. 켈러만은 여기서 독일인들에 대해서도 동물 비유를 사용한다. 이러한 반전이 일어나는 것은 타자에 대한 호명과 자기에 대한 낯선 응시가 트랜스내셔널 산책을 통해 교차하며 전도되기 때문이다.

특히 이러한 문명적 위계 관계의 전도와 쌍방향적 소통가능성은 그가 유럽적 근대성에 대한 비판적 시각을 가지고 다른 지역에서 대안적 모델을 구하고 있기 때문에 가능한 것이기도 했다. 이런 시선은 유럽인 여행자들을 통해서 일방향적인 '제국의 시선'만을 재확인하려는 일부 탈식민주의 담론[9]과는 배치되는 사례이다. 나는 이러한 양상을 기존 담론들과 구분하기 위해서 '트랜스식민주의' Transcolonialism라는 용어를 사용한다.

물론 언어의 문제로 인해 켈러만이 일본 현지 산책을 통해서 이들을 이해하거나 이들과 교류할 수 있는 가능성은 상당히 제한적이었다.

> 은행 직원, 세관원, 호텔 사무원들은 모두 뭔가 영어로 말한다. 하지만 그들은 영어를 마치 꿈꾸고 있는 듯이 희미하게 중얼거린다. (KM, p. 6)

이러한 사정은 러일 전쟁 당시 조선을 방문했던 기자 잭 런던이 허술한 통역을 타인의 생각과 사물에 대한 '술래잡기'[10]에 비유한 사정과 크게 다르지 않다. 외국인의 아시아 여행기들에서 20세기 초 동서 교류의 국면에 벌어졌던 오인의 사례들이 곧잘 등장하는 것은 우연이 아니다.

일본에 대한 켈러만의 인식과 관찰도, '앎'과 '무지' 사이의 해석학적 소통가능성[11]이 처한 역사적 한계에서 자유롭지는 않았다. 그러나 그의 태도는 흔히 당대 유럽인 여행자들의 특징이기도 한, 선지식을 앞세우고 자신들의 무지를 인정하지 않는[12] 일방적 태도와는 배치된다. 서툴지만 친절한 통역자들의 도움으로 현지의 면면을 자세히 상술하고도 그는 여행의 말미에 "나는 일본에 대해 아는 것이 없다"고 고백한다.

이러한 켈러만의 태도는 타자적인 것에 대해 수용적이며, 타자에 대한 응시가 자기 응시의 형식으로 되돌아오는 쌍방향적 성찰의 양상을 특징적으로 보여준다. 이러한 성찰적 상황에서는 타자에 대해 많이 아는 것보다는 그 타자들을 통해 얼마나 강도 높게 자기 성찰을 수행할 수 있는가가 관건이다. 켈러만은 상호문화적인 이 성찰의 순환회로 속에서 의미보다는 감각에, 맥락보다는 상황에 더 많이 의존하면서 일본의 여러 도시와 지방들을 산책한다. 여기서 나타나는 그의 해석학적 지향성은 제국과 문명의 위상에 근거한 타자에 대한 위계적 응시를 거스르며 결국 자기 자신에게로 돌아오는 산책자 모드를 대표한다고 할 수 있다.

메트로폴리스와 로컬—전통과 현대의 혼종화

켈러만이 목격했던 1900년대 초 일본은 근대적 메트로폴리스와 변방의 로컬이 모순적으로 혼종화된 모습을 보여주고 있었다. 한편에서 사람들은 오두막처럼 작은 집에 살면서 유리거울 같은 논에 발을 담그고 일을 한다. 다른 한편 동경과 같은 대도시에서는 "전신주의 텔레그래프 망" 아래에 사람들이 살고 있고, 끝을 알 수 없는 불르바르가 있으며, 그 양편에는 수많은 찻집들이 자리 잡고 있다. 그리고 그가 "집들의 바다"라고 부르고 있듯이, 이미 상당히 밀집한 도시가 형성되어 있었던 것으로 보인다.

> 동경에는 단층의 오두막들이 서 있는데, 잿빛에 장식이 없다. (…) 넓고 끝없는 불르바르가 가로수를 끼고 멋진 찻집들 사이로 뻗어있다. (KM, p. 71)

당시 일본에는 켈러만이 "옛 신성의 도시"[13]라고 부르는 교토가 전통적 도시로 남아 있었다면, 동경은 근대도시로 급격히 변모하고 있었다. 교토와 동경을 연결하는 옛 "동쪽 해안길 도카이도Tokaido, 東海道"에 과거에는 찻집, 상인, 순례자, 다이묘들이 북적거렸는데, "이제 북남 급행철도가 지나간다."[14]

이미 19세기 후반에 동경은 제국의 메트로폴리스와 비슷한 형상을 갖춰 나가고 있었다. 하지만 동경 내에도 여전히 굽은 길과 낮은 집들, 낮은 다다미 마루와 같은 옛 일본의 모습을 보여주는 주거양식이 자리하고 있었다. 도시와 시골의 모습이 교차적으로 공존하는 가운데 당시 동경에서는 상당히 적극적으로 근대도시 프로젝트들이 수행된 것으로 알려져 있다.

동시에 소비와 유흥의 문화도 상당히 확산된 것으로 보인다. 켈러만은 찻집의 가이샤에 대해 기술하고 있는데, 이 기록은 당시 양상을 극적으로 보여준다.[15] 찻집들은 다도 의식이 이루어지고 음악과 춤이 시연되는 등 유럽식 카페와는 상당히 다른 모습이다. 이러한 찻집들이 불르바르에 상당수 자리 잡고 있는데, 이는 한편 전통적인 의례를 행하면서도 동시에 유목하는 대중의 휴식처이자 정거장과 같은 역할을 수행한다.

특이한 점은 이 찻집들이 단순히 유흥의 장소도 아니고 그렇다고 전적으로 동양의 차도를 즐기는 호젓한 의례의 장소이기만 한 것도 아니라는 사실이다. 그곳은 전통과 현대, 메트로폴리스와 로컬도시의 장소성이 혼종화된 양상을 드러내는 곳들이었다. 켈러만이 특히 자세히 기술하고 있는 미야즈의 호텔과 기타 지역의 호텔, 여관들도 마찬가지다. 그것들은 호텔이라고 불리면서도 동시에 가족들에 의해 운영되고, 가족들이 함께 생활하는 곳이다. 그리고 거기에 찾아온 군인, 상인, 게이샤 등 다양한 직업과 계층의 사람들도 익명으로 교차하는 데 그치지 않고 서로 친교를 나누곤 한다. 이러한 근대와 전근대의 문화가 교차된 양상을 그는 상당히 의식적으로 적확하게 서술하고 있다.

> 이 사람들은 아직 돈을 받는다는 이유만으로 정확하게 기능하는 인간 자동기계는 되지 않은 것이다. (KM, p. 158)

특히 그는 수백의 신들을 신주에 담아 옮기는 축제의 모습 속에서 일본 전통신화의 신들과, 땅, 물 등 향토적으로 의인화된 지역 신들의 축제를 관심 있게 지켜본다. 그러나 켈러만이 일본에서 전통과 더불어 확인하고 있는 것은 서양 근대문명의 확산이다.

러일전쟁이 끝난 후 얼마 지나지 않은 시점이었기에 일본에서는 외부 경계도 강화되고 있었다. 해안선에서 일본 군인이 그를 감시하며 따라붙기도 한다. 그리고 그가 호텔에서 만난 한 일본인 장교는 "독일에서 근대식 무기를 배웠고", "우리는 독일을 사랑합니다"라고 말한다. 그리고 "우리는 평화를 사랑합니다. 이를 백인 민족들에게 알려주세요"라고도 덧붙인다. 그에 대해 켈러만은 자못 존중받는 느낌을 가지면서 "그렇게 하겠노라"고 답한다. 하지만 장교의 요청을 추인하는 켈러만의 "백인 민족들에게 모두 알려주겠다고 (…) 약속할게요"라는 말 속에는 괴벨이 지적하듯이 다소 아이러니한 반감이 숨어있다. 그리고 그는 머리를 뒤로 젖히고 눈을 감은 채 일본 국가를 부르면서, "오오이에오"o-o-ieo라고 하는 장교의 노랫소리를 고양이 소리처럼 "우습게 들린다"고 적고 있다.[16]

한편 그에 대한 답가로 자신이 부른 프랑스-프로이센 전쟁과 1차 세계대전 관련 노래인 〈라인강의 파수꾼〉Die Wacht am Rhein이 일본 음악의 리듬에 비해 '야만적'으로 느껴지기도 했다고 기록하고 있다. 낯선 장소에서 국가주의적 경향의 타자와 만나면서 오히려 자신들과 유사한 면모를 발견하고, 이와 더불어 문명의 야만성에 대해 변증법적 성찰이 이루어지는 것이다. 이는 고도古都 나라에서 그가 흑인 형상의 부처상을 보고 "야만적 미"[17]를 발견하는 것과 동전의 양면을 이룬다.

'문명의 야만성', '야만적 미'는 물론 낯선 것을 유럽적 사고틀과 문맥 속에서 번역한 코드이지만, 이를 통해 문명적 위계를 전도시키고 문화적 위상을 전치시키는 태도는 켈러만의 책 전편에 걸쳐 반복된다. 그것은 당대 유럽과 아시아의 식민자뿐 아니라 피식민자들의 의식 속에서도 마찬가지로 정형화되어 있던 인식 틀을 뒤집는 것이다. 이는 제국과 로컬도시 사이의 관계 속에서도 제국주의의 이데올로기를 벗어나 상호문화적 접촉지대에서 자기 문화에 대한 반성적 성찰이 나타난 사례로 이해될 수 있다.

귀향을 위해 당시 조차지가 있었던 요코하마 항구로 돌아온 그는 "다리를 뻗고" 쉬면서 "여기서 유럽이 시작된다"[18]라고 적고 있다. 여전히 유럽적인 것 그리고 미국적인 것은 그에게 편안한 관성으로 작동한다. 그러나 저녁에 한 극장에서 옛 일본 무사들 사이의 갈등과 끝부분에 눈이 와서 모든 것을 덮는 한 연극을 보고나서 그는 이렇게 평가한다.

> 내게 그 작품은 상징처럼 보였다. 요컨대 그것은 옛 일본이다. 그리고 그것을 덮는 것은 서구에서 온 이념들이다. 개개 눈발들은 명증하고, 차갑고, 깨인 유럽의 이념들이다. (KM, p. 272)

사라져가는 옛 일본을 상징적 축도로 보여주는 곳은 파편과 잔해가 남은 신상들이 모셔졌던 교토의 한 장소에 대한 기록에서도 확인된다. 아울러 그는 일본의 현대 연극들을 폄하하면서 옛 일본의 신들과 사람들의 이야기를 담은 연극들에 특히 주목한다. 하지만 그가 확인한 것은 그러한 전통이 점점 사라져간다는 사실이다.

켈러만이 바라본 일본은 20세기 초 전통과 근대, 서구와 비서구, 중심과 주변이 뒤섞이기 시작한 혼종의 공간이었다. 그는 그 공간 위로 휘몰아치며 과거의 전통을 뒤덮어버리는 유럽적 근대성의 '눈발'을 안타깝게 바라본다. 계몽적 합리성이 사회 전반에 확대되면서 활기를 잃고 오히려 권태와 무기력이 지배하기 시작한 유럽의 근대로부터 벗어나기 위해 아시아를 비롯한 비유럽 지역을 찾았던 여행자들에게 이는 필경 기대에 반하는 상황이었을 것이다.

켈러만의 경우는 당대 제국주의적이고 국가주의적인 정치질서 속에서 다소 예외적으로 보이는 사례일 것이다. 괴벨은 버먼과 더불어 켈러만의 보고를 프랑스와 영국과 같은 강력한 선발 제국들과는 다른 후발주자 독일의 대외관계가 보여주는 특수한 양상[19]으로 설명하려 한다. 하지만 유럽에서 반제국주의 전통은 독일뿐 아니라 다른 국가에서도 꾸준히 이어져왔다. 칸트를 비롯한 18세기 말 유럽 지식인들의 제국주의 비판의 전통[20]에 이어 1920~30년대 초현실주의 문학운동을 대표하던 아라공 등의 프랑스 지식인들도 그에 대해 적극적으로 저항했다.[21] 이는 제국주의 시기의 트랜스내셔널한 동서 교섭의 일상사적 재고를 위해서 복구되어야 할 이른바 중심의 주변부적 목소리로서, 중요한 사상사적 국면이 아닐 수 없다.

아울러 유럽 제국의 주변부였지만, 또한 동아시아의 제국으로 등장한 일본을 괴벨의 분석에서처럼 "식민성의 한 사례"[22]로 보는 것은 일면적이다. 왜냐하면 주지하다시피 일본은 제국의 주변부로서 서구의 모방자이자 동아시아에서 또 하나의 제국으로 자리했기 때문이다. 다음 장에서 경성의 사례를 통해 확인할 수 있듯이, 이러한 이중성으로 인해 동경을 중심으로 아시아 내에서도 다시 제국도시와 식민도시 사이의 위계가 재생산된다. 그에 대한 기대와 열정, 회의와 환멸은 식민도시 경성의 산책자들에게서 더욱 첨예하게 나타난다.

| 9장 |

1930년대 경성의 공간과 자아

동아시아 식민지 도시들의 근대성과 식민성이 서로 뗄 수 없는 양면을 이루고 있었다는 사실은 새삼 강조할 필요가 없을 것 같다. 1930년대 경성은 '근대도시'이자 '식민도시'로 형성되고 있었다. 여기서 중요한 것은 유럽의 메트로폴리스와 로컬도시들 사이의 초국가적인 관계의 맥락을 구성하는 일이다. 흔히 화폐, 금융과 같은 자본의 흐름이나 기타 정치경제적 지표들을 통해서 그러한 관계가 규정되지만, 여기서는 산책자들의 보행과 응시를 통해서 그것을 살펴보려 한다. 도시공간은 물적 지표들로만 규정되는 정태적인 것이 아니라, 그 안에서 활동하는 사람들에 의해서 역동적으로 구성되고 이들에게 고유한 의미망을 형성하는 곳이기 때문이다.

도시대중들은 자주 다니는 지하철역들을 통해서 자신의 일상을 구성하고 자기만의 공간을 형성한다. 백화점, 상점, 도서관, 영화관, 거리 등등 대중의 삶의 공간들은 주어진 것이 아니라 방문자에 의해 만들어지고, 그의 고유한 삶의 공간지도를 형성한다. 이는 온전히 주관적이지도 객관적이지도 않은 주객의 어떤 관계적 구성의 양상으로 나타난다. 이러한 산책자들이 그려내는 고유한 공간지도가 산책자적 공간인 것이다.

이러한 공간의식은 경성의 도시 산책자 이상의 시편과 에세이들, 그리고 박태원의 소설에서 잘 드러난다. 이상은 그동안 국내에서 진행된 경성의 산책자에 관한 논의에서 박태원의 『소설가 구보씨의 일일』을 비롯한 여러 작품들과 함께 주로 거론되는 대상이었다. 다만 '산책자'에 대한 국내의 기존 논의들은 다소 미학적 모더니즘과 리얼리즘의 쟁점들에 붙들려 있어서,[23] 산책과 산책자라는 주제의 사회사적 함의보다는 작품이 모더니즘적인가 혹은 리얼리즘적인가 하는 데에 오히려 강조점을 두는 경향이 있었다.[24]

대도시의 형성과 미학적 모더니즘-리얼리즘의 관계는 상당히 밀접하다. 하지만 미학적 측면에 집중한 연구들은 박태원 혹은 이상과 같은 작가 개인의 창작에 주목하면서, 유목적인 근현대 사회현상의 일부로서 '도시 산책자'들의 출현 그리고 삶의 존재 양태로의 '산책'의 해체적 확장이라는 역사적 사회사적 문맥은 흔히 간과한다. 그리하여 산책자 주제가 예술가적 댄디 혹은 지식인 산책자의 주제로 제한되고, 그들의 미학적 모더니즘 혹은 리얼리즘의 문제로 협소해지는 것이다. 이는 산책자 주제를 사회사적 문맥에서 폭넓게 바라보는 데에 장애가 되고 있다.

도시 산책자는 '정주'에서 '유목'으로 나아가는 포괄적인 사회문화적 변화와 연계되어 있다. 특히 독특하고 별종적인 존재로서 도시 산책자 개개인보다 그 모태와 같은 도시의 변화와 도시대중과의 긴밀한 연관성 속에서 검토할 필요가 있다. 물론 유령적인 도시대중은 계급이나 민족 혹은 그 밖의 학문적 개념으로 특정할 수 없는, "주체의 대표성과 전형성을 확보하기 어려운 난점"[25]이 있다. 하지만 바로 그러한 문제 때문에 도시대중을 충분히 담을 수도 없고 특징지을 수도 없는 기존 사회과학의 범주들을 또다시 반복해서 사용해야 하는 것은 아니다. 오히려 대상의 무정형적 모호성이 그것을 다룰 수 있는 방안을 궁구해야 할 도전적 과제를 던지고 있다고 하겠다.

산책자는 그러한 탈주체적 주체의 대표적 형상이다. 여러 산책자들의 보행이 그려내는 역동적 공간지도와 이들의 다양한 응시를 교차 비교하는 방식으로 이 유동적인 주체에 다가가 볼 수 있을 것이다. 벤야민이 주목했던 것도 천재적 개인 보들레르가 아니라 그의 시편들에 무의식적으로 내재하는 대중의 형상이었다. 이상과 박태원은 작가이기 이전에 유목하는 도시대중 속의 개인이었으며, 그들을 둘러싼 대중의 형상도 명시적이거나 묵시적으로 작품 속에 자리하고 있다. 특히 이들의 산책에서는 제국도시의 산책자들과 다르면서도, 그것을 모방하고, 전유하며, 동시에 저항하는 식민도시 산책자들의 독특한 역동성이 드러난다.

이상과 박태원은 경성의 산책자인 동시에 경성-동경-성천成川을 오가며 당대 제국의 메트로폴리스, 식민도시, 시골과 같은 서로 다른 위상의 지역들에 대한 국내 지식인과 대중들의 심상지리를 반영하고 있다. 그런 점에서 이들도 동아시아의 트랜스내셔널 산책자이며, 이들의 시선 역시 외국인 산책자들의 그것과 비교할 여지를 갖는다. 동경과 경성에 대한 이들의 정서적 반응과 제국도시와 로컬도시들 사이의 관계망이 이들에게 내면화되는 양상은 물론 극화된 작품들의 형태로 표명되고 있다. 하지만 이들의 작품은 또한 식민도시 산책자의 자아의식이 유목화되어가는 현실의 접면들 위에서 형성된 지적, 정서적 유랑의 궤적이라고 할 수 있다.

근대적 공간의 형성과 「오감도 시제1호」

조선의 수도 한양은 1910년 한일병합 이후 제국 일본의 식민화 정책에 따라 근대도시 경성으로 변모해간다. 일제는 식민도시의 통치와 경영을 위하여 근대적인 도시계획을 경성에 도입한다. 이 책 I부에서 상세히 다룬 오스만식 도시개조가 이 계획의 주요 모델이 되었다. 오스만의 파리 재정비사업(1852~1869)은 근대적인 도시계획의 전형적인 예로 유럽의 여타 도시들과 미국의 도시들에 도시개조의 모델로 채택된 바 있다. 그것은 또한 아시아에도 도입되었는데, 1882년 동경 개조사업을 제안했던 당시 동경지사 요시카와 아키마사芳川顯正가 프랑스 제2제정기 오스만 남작의 도시개조를 모델로 하는 안을 제시했던 것으로 알려져 있다.[26] 그 내용은 도로, 교량, 하천을 근대적으로 정비하고 건축물의 근대화도 달성한다는 것이었다.

1910년 8월 조선 총독부는 식민지가 된 한반도에 동경에서 수행되던 시구개정사업의 수법을 그대로 들여온다. 따라서 오스만식 도시개조의 유형은 동경을 거쳐 경성에도 그대로 답습되었다

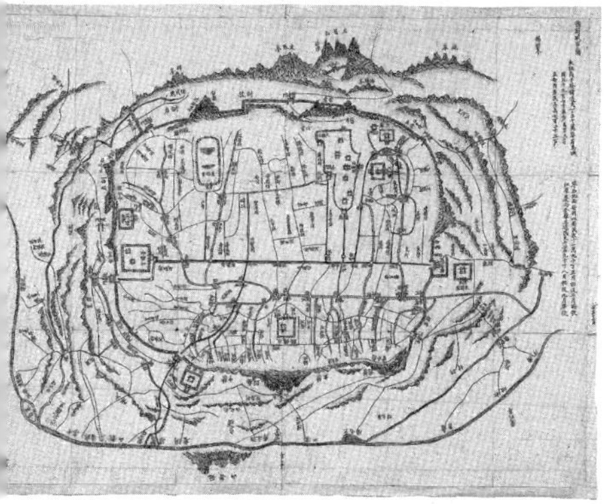

그림 21. 옛 한양지도—천하산도

그림 22. 1920년대 말의 경성시가도

고 해도 과언이 아니다. '경성시구개수사업'은 1913년에 시작하여 1929년까지 17년간에 걸쳐 실시되었는데, 21,325미터의 도로와 225미터의 광장이 조성되었다. 도로가 확장되고 직선화되었고, 교통량이 빈번한 도로는 아스팔트 또는 마카담 공법으로 포장되었다. 이런 포장 공사는 주로 일본인들이 거주하던 간선도로를 중심으로 이루어졌다.[27] 이것이 일제 치하에서 이루어진 경성 도심에 대한 시가지 개수사업의 처음이자 마지막이었다.

이후 일본은 유럽의 도시계획을 시찰하고 온 혼마 다카요시本間孝義라는 건축기사를 통해 구체적인 시가지 계획령을 수립하였다. 1926년 1차안, 28년에 2차안을 작성하였다. 비현실적이었던 1차안과 달리 2차안에서는 좀 더 현실적인 안에 제안되었는데, 광화문, 남대문, 서대문, 종로 등에 주요 도로망이 계획되었다. 이러한 도시 재정비의 이유는 다음과 같다.

> 이상의 구역은 경성도시의 지리적으로는 중구이며 산업지역을 이루고 있음에도 불구하고 또한 간선도로로서 사통팔달하기 좋은 위치를 점하고 있음에도 불구하고 가획이 부정형하며 그 도로의 연곡, 장단, 횡협이 불규칙하여 막다른 골목 등이 많다는 것이 정비의 주요 이유였다.[28]

경성에 근대적 건축물들이 가장 많이 세워진 시기는 1920년대와 30년대 전반기로 알려져 있다. 이 시기를 거치며 태평로, 남대문로 등의 모습은 완전히 새로워졌다.[29] 이때 세워진 대표적인 근대적 건물들로는 조선총독부 청사, 경성역사, 미쓰코시 백화점, 미나카이 백화점, 총독부 체신분관, 그밖에 신문사, 은행, 대학 등이 있다.[30] 이 건물들은 오스만적인 양식과 유사한 신고전적 양식을 띤 유럽풍의 건물들이었고, 정비된 도로가를 장식하고 있었다. 비교적 짧은 시간 안에 과거 왕조의 수도는 급격히 탈바꿈하였고, 이러한 급격한 변화는 근대를 갑작스럽게 체험하는 식민지인 대중들에게 아노미적 현상을 유발했다.

이상은 한 시편에서 "도시의 붕락崩落은 아— 풍설風說보다 빠르다"[31]는 말로 경성의 변화를 요약하고 있다. 그의 유명한 시 「오감도」도 이러한 급변하는 공간에 대한 의식을 토대로 읽어볼 수 있다.

> 오감도 시제1호
>
> 십삼인의 아해가 도로로 질주하오.

(길은 막다른 골목이 적당하오.)

제 1의 아해가 무섭다고 그리오.
제 2의 아해도 무섭다고 그리오.
제 3의 아해도 무섭다고 그리오.
제 4의 아해도 무섭다고 그리오.
제 5의 아해도 무섭다고 그리오.
제 6의 아해도 무섭다고 그리오.
제 7의 아해도 무섭다고 그리오.
제 8의 아해도 무섭다고 그리오.
제 9의 아해도 무섭다고 그리오.
제 10의 아해도 무섭다고 그리오.

제 11의 아해도 무섭다고 그리오.
제 12의 아해도 무섭다고 그리오.
제 13의 아해도 무섭다고 그리오.
십삼인의 아해는 무서운 아해와 무서워하는 아해와 그렇게 뿐이 모였소.
(다른 사정은 없는 것이 차라리 나았소.)

그중에 일인의 아해가 무서운 아해라도 좋소.
그중에 이인의 아해가 무서운 아해라도 좋소.
그중에 이인의 아해가 무서워하는 아해라도 좋소.

그중에 일인의 아해가 무서워하는 아해라도 좋소.

(길은 뚫린 골목이라도 적당하오.)
십삼인의 아해가 도로로 질주하지 아니하여도 좋소.

(「오감도 시제1호」, 箱 1, 40-41쪽)[32]

이상은 2, 30년대 전통적인 시풍의 시인들과는 달리 아방가르드적 모더니즘 계열의 시인으로 통한다. 이 작품도 풍부한 감성을 시적 대상물을 통해서 표현하는 방식보다는 사태를 투시하여 일종의 축도를 만드는 작업방식을 보여주고 있다. 위 작품에는 '아해'라는 일반명사로 지칭되는 이들이 등장한다. 그리고 그 아이들은 제1의 아해, 제2의 아해와 같이 번호로 호칭된다. 크라카우어가 익명화된 도시의 상징으로 연극의 막이 열리면 번호를 달고 지나가는 여성을 들어 대도시의 합리화와 익명화를 지적하듯,[33] 번호로 지칭되는 이 익명의 아이들도 시의 무대 위를 순차적으로 질주한다. 이들의 움직임은 '도로'라는 무대를 중심으로 이루어지며, 서술하는 화자는 조감도적 위치에서 이를 관찰하고 있다. 아이들이 불특정 다수로 상징화되고 있다는 사실과, 시 제목을 비롯하여 건축적 메타포가 사용되고 있음을 주목할 필요가 있다.

작품에서는 새 '조鳥'의 자리에 들어선 까마귀 '오烏'가 조감도의 전체 시점을 구성하는데, 여러 해설들이 이것을 건축 투시도와 유사한 것으로 설명하지만, 실상 이 시점은 이상이 『조선과 건축』 권두언에서 몇 회에 걸쳐 언급한 바 있는 바우하우스 교수 출신 예술가 모홀리 나기László Moholy-Nagy의 관점을 채택하고 있다고 보는 것이 타당할 것이다.[34] 경성고등공업학교 건축과에서 공부했던 이상은 모홀리 나기의 영향을 많이 받았던 것으로 알려져 있다.

모홀리 나기가 시도한 시각적 실험은 새로운 원근법적 시야와 관련되어 있다. 무엇보다 그는 아카데믹한 원근법, 즉 수평선 위에 설정된 소실점에 기초를 두고 이 소실점이 언제나 눈높이에 자리를 잡는 전통적 원근법을 부정한다. 그는 그것과 다른 의미의 시각을 제시하고 있는데, 이 시각은 '벌레와 새'의 시점에서 보는 각도로서, 지각의 기계적 작용을 넘어 의식의 새로운 지평을 열고자 하는 시도들 가운데 하나였다.[35]

모홀리 나기의 이러한 방법을 시詩의 시점으로 채택한 것은 이상이 근대적 공간에 대해 의식적, 무의식적으로 비판적 태도를 가지고 있었다는 사실을 보여준다. 유럽의 근대적 도시계획에서 국가 중심적 체제와 통제를 위한 도로망의 구성은 이미 문제적으로 지적되어 왔다. 도로는 단순히 수송을 위한 것이 아니라 보행자의 방향을 지시하며, 도로를 둘러싼 건축물들은 통치 체계의 영원성을 홍보하는 이데올로기적 특성을 갖는다. 경성에서 이루어진 도시 재구조화의 경우도 사정은 크게 다르지 않았다. 왕궁 앞을 가로막는 총독부 건물을 비롯하여 식민통치의 주요 건물들이 새로 조성된 도로망을 중심으로 자리 잡고 있었던 것이다. 이상은 이와 같이 근대적으로 변모하는 도시화 과정에 대한 체험을 시적으로 구현하고 있다. 「오감도」 역시 그러한 작품으로 볼 수 있는데, 특히 '공포'

가 작품 속 아이들이 공통적으로 표명하는 감정적 지표로 나타난다는 사실은 주목할 만하다.

광장 공포

이상에게서 공포라는 감정의 중요성[36]에도 불구하고 「오감도」에 국한해서 볼 때 공포에 대한 단서는 그리 많지 않다. 다만 우리는 그 공포를 우선 도시의 재구조화 과정을 거치며 제도적으로 도입된 공간에서 비롯되는 것으로 유추해볼 수 있으며, 또한 서양에서 나타난 동일한 공포의 사례 즉 '아고라포비아'agoraphobia, 광장공포와 비교해볼 수 있다. 아고라포비아라는 용어는 베를린 대학 교수였던 칼 프리드리히 오토 베스트팔Carl Friedrich Otto Westphal, 1822~1891이 처음으로 사용했던 것으로 알려져 있다.[37]

'아고라포비아'란 거대 광장과 도로에서 순간적으로 지각의 균형을 상실하는 공포증을 의미하는 것으로, 19세기 유럽에서 근대도시가 발전하면서 보고되기 시작한 병적 증후이다. 밀런에 따르면 "거대한 빈 광장, 사각화된 자연, 거리가 만드는 투시도적인 보행자의 방향설정"[38]이 광장공포증을 불러일으키는 환경의 전형적인 예이다. "19세기에 이러한 도시환경은 적대적인 환경을 조성했고, 공포증 환자들은 집이나 침대, 그리고 작은 공간으로 숨어드는 경향을 보였다. 최근에는 거대 쇼핑몰이나 도시의 프리웨이에서 이러한 증세를 드러내는 경우가 나타난다."[39]

19세기와 20세기에 유럽에서 보고되기 시작한 이러한 증세가 곧

바로 「오감도 시제1호」에 나타나는 '아해들'의 공포를 해명하는 것은 아니다. 사실 아고라포비아도 병인지 증후인지 모호한 점이 있다. 다만 밀런은 아고라포비아를 들뢰즈와 가타리가 구별한 두 가지 공간의 형식 즉 '홈이 파인 공간'과 '매끈한 공간' 사이의 변증법적 전환과 접목시키고 있다. 이상이 「오감도 시제1호」에서 보여주는 공포도 이 두 가지 상이한 공간의식의 접경에서 발생하는 긴장으로 설명할 수 있다.

'홈이 파인 공간'은 직선적이고 안정적이며, 하나의 중심점을 둘러싸고 사회적 세계를 구성하는 격자형 네트워크를 설정한다. 이러한 공간의 양상은 고착된 주체, 더 나아가서 근대국가로 축도화되는 국가의 형성과 관련된다. 당시 경성에서는 식민지 총독부가 들어섰고 제국이 주도하는 도시계획이 수행되었다는 점에서, 유럽 내부와는 달리 정치적으로 다소 복합적인 관계 속에서 홈이 파인 공간이 나타났다고 할 수 있다.

다른 한편 매끄러운 공간은 대양과 같이 매끈하고 유동적인 것으로 특징지어지는데, 유목적인 주체의 형성과 관련이 된다. 근대적 공간은 홈이 파인 공간이 지배적이므로 매끄러운 공간은 홈이 파인 공간에 의해 잠식된다. 그럼에도 불구하고 이러한 매끄러운 공간 의식은 늘 잠재적인 양태로 홈이 파인 공간의 형식을 동반하고 있다. 일제의 식민화 과정에서 형성된 도시 공간은 직선적인 홈이 파인 공간을 형성하고, 그로부터 벗어나고자 하는 의식은 매끈한 공간을 환기시키면서 의식에 혼동을 야기한다.

이 두 가지 '공간'과 '자아' 사이의 변증법적 상호작용을 밀런은 아고라포비아의 증세에 연관시키고 있다. 말하자면 아고라포비아의 증세는 홈이 팬 공간이 일정한 강도에 이르러 매끄러운 공간으로 미끄러지듯 이행하는 현상과 연계될 수 있다는 것이다.[40] 이러한 '미끄러짐'slippage을 들뢰즈와 가타리는 수학자 르네 톰René Thom의 공식을 빌려 "회귀적으로 매끈하게 하기"lissage rétroactif[41]로 정의한다. 이는 단일한 선형적 공간의 합리적 질서가 그 강도에 있어서 일정한 한계에 도달하면 더 이상 그 원리가 작동하지 않고, 새로운 공간에 대한 의식이 나타나게 되는 것을 의미한다. 밀런은 그 개념을 다음과 같이 아고라포비아와 관련짓고 있다.

> 아고라포비아의 환자는 단일한 공간을 처음에 건축학적으로 의도되었던 유클리드적 기하학의 장대한 확장으로 마주하게 된다. 그러고는 갑자기 기하학적인 투시적 방향성이 더 이상 작동하지 않고 공간은 혼란스럽게 불안정해지고, 시각적 신호는 통행인의 관통을 돕는 감각의 권위의 보다 촉각적인 형식을 위하여 포기된다.[42]

잘 정비된 도로, 건축물, 광장 등이 미로로 지각되는 것은 바로 그러한 두 가지 공간 의식의 접경에서 나타나는 현상이며, 여기서 자아가 느끼는 공포는 바로 그 접경에 대한 감성적 지표로 볼 수 있다.

1930년대 경성에서는 홈이 파인 공간이 확장되고 있었고,[43] 그러한 공간적 기획에 대해 이상이 건축기사로서 상당히 민감하게 반응했다는 것을 알 수 있다. 이상은 그런 반응을 시적인 차원에서 명시적으로 표현했던 것이다. 들뢰즈와 가타리의 매끈한 공간에 대한 구상이 비유클리드적인 리만의 수학과 카오스 이론에 의존하고 있듯이, 이상의 경우도 "원을 살해하는 직선"[44]이라는 관념으로 반유클리적 의식을 직접적으로 드러내고 있다. 이런 의식은 모든 것을 하나의 소실점으로 수렴시키는 근대적 원근법이 "인문의 뇌수를 마른 풀처럼 소각"[45]한다는 표현에서도 뚜렷이 드러나고 있다.

이러한 이상의 기하학과 공간에 대한 의식은 절망과 탄생의 변주로 나타난다. 그것은 두 가지 공간 의식의 변주적 양태로 볼 수 있으며 그 과정에서 절망은 '공포'로 표면화된다. 이상은 자아정체성 상실에 대한 공포를 죽음의 체험과 동일하게 경험하면서도 동시에 그러한 새로운 정체성을 탄생시키려는 의지를 보여주고 있다.

(입체에의한절망에의한탄생)
(운동에의한절망에의한탄생)

(「선에 대한 각서 1」, 箱 2, 45쪽)

실제 경성의 시가지계획령에 따라 생겨난 중심 도로는 근대의 직선적 세계관과 맞닿아 있는 것이었다. 20세기 초 르 코르뷔지에는 과거 성채 도시에서 흔히 볼 수 있는 미로형 도로와, 빈둥거리며 감정적인 본능적 걸음으로 길을 가는 당나귀의 길 같은 과거의 도로망을 이러한 기하학적 형태를 통해 극복할 수 있다고 생각했다. 그는 이성적 판단에 의해 과거 도시의 미로적 형태에 대한 대대적인 수술이 필요하다고 주장했다.

경성에 도입된 도시 구조도 이러한 합리적 근대 도시계획의 이념으로부터 멀지 않았다. 열십자의 메인 스트리트를 중심으로 자본의 수송에 편리한 도로와 전찻길이 생기면서 경성의 중심 도로는 기하학적 형태를 갖게 되었고, 그 교차점과 가장자리에는 근대 자본주의와 권력을 상징하는 건물들이 위치했다. 그러나 도시가 이와 같은 근대적 외양으로 정비되고 있었음에도, 이상에게 경성의 풍경은 '재해지'로 인식된다.

> 백지위에한줄기철로가깔려있다… 나의생활은이런재해지災害地를닮은거리에점점낯익어갔다. (「거리-여인이 출분한 경우」, 箱 2, 143쪽)

또 대로가 나타내는 직선의 이미지는 이상의 작품 속에 "군용장화"[46]의 이미지와 같은 군사학의 이미지, 식민통치 국가의 이미지와 밀접하게 관계를 맺고 있다. 이상 자신의 꿈을 더럽히는 것으로 등장하는 군용장화는 군사 퍼레이드를 연상시킨다. 이는 거대광장에서 이루어지는 식민국가의 상징적 페스티벌이다.[47]

산책자의 걸음걸이는 그러한 군사퍼레이드를 벌이는 군인들의 걸음과도 다르고, 회사를 향해 달려가는 직장인의 걸음과도 다르다. 산책자 이상은 그러한 국가와 자본의 필요에 따른 홈이 팬 공간을 '폐허'로 인식한다. "이 수도의 폐허에 왜 체신遞信이 있나."[48] 그 위의 일상은 생존 투쟁의 전장에 다름 아니다.

> 어디로 피해야 저 어른 구두와 어른 구두가 맞부딪는 꼴을 안볼 수

있으랴. 한창 급한 시각이면 가가호호들이 한데 어우러져서 멀리 포성과 시반屍斑이 제법 은은하다. (「가외가전」, 箱 2, 112쪽)

거리의 뒤엉킨 소음은 멀리서 포성처럼 들리기도 해서 그에게 대도시 거리가 곧 전장인데, 「보통기념」이나 「파첩」과 같은 시편에서 "시가전"이라는 말로 그러한 분위기를 표현하고 있다.

군인이 군복을 벗고 광장을 지날 때는 광장공포증을 겪을 수 있지만 군복을 입으면 그 증세가 사라지는 사례처럼, 일상에서 생활인으로서의 시민적 정체성은 아노미적 상황의 공포를 중화시키는 사회적 정체성이 될 수 있다. 이는 홈이 팬 공간이 구축하는 정체성이다. 이상은 산책자로서 이러한 정체성과 불화한다. '재해지', '전장', '시가전'과 같은 용어들이 이를 드러내는데, 이는 홈이 팬 공간과 매끄러운 공간 의식이 긴장하는 양상으로 읽을 수 있다. 그 두 공간의 변증법적 상호작용이 이상의 의식 속에 아고라포비아와 같은 공포를 동반하며 극화되어 나타나는 것이다.

이중도시 경성?

여기서 1930년대 경성의 공간에 대한 설명 모델로 채택한 '홈이 파인 공간'과 '매끈한 공간'은 이중도시와 같은 경계 현상을 표현하기도 하지만, 그 유형들은 특정한 지역, 예컨대 북촌과 남촌과 같은 뚜렷한 인종적-민족적 공간 구획과 상응하는 것은 아니다. 오히려 그 양자가 변증법적으로 혼재하고 상호교섭하고 이행하는 양상을 설명하는 모델이라고 할 수 있다.

주지하듯이 당시 경성은 대체로 조선인이 주로 거주하는 북촌과 일본인들이 거주하던 남촌으로 나뉘는 이중의 도시로 설명되곤 한다. 민족적 분할이 지역적 분할로 이어졌다는 것이다. 실제 1880년대 경성에 들어오기 시작한 일본 상인들은 남산과 진고개 일대를 중심으로 상가와 거류지를 형성해갔다. 이러한 현상은 이후 점점 더 가속화되어 식민통치기를 거치는 동안 북촌의 개발이 지체된 반면, 남촌은 상대적으로 개발이 진척되었다. 한일병합과 함께 일본인 거류민의 수도 급격히 늘어나, 1914년 경성부의 전체 인구 약 24만 8,000명의 23.8퍼센트에 해당하는 약 6만 명에 육박했다.[49] 이들 가운데 다수는 경성에서도 땅이 질고 토질이 나빠서 '진고개'로 불리던 경성 남부, 지금의 퇴계로 부근을 중심으로 상가 및 거류지역을 형성하기 시작했으며, 오늘의 남대문로에서 태평로, 충무로, 을지로, 명동 등에 이르는 '남촌'에 살고 있었다.

권은에 따르면 "'작은 도쿄'로 불렸던 '남촌'은 당대 조선 사람들에게 일종의 '외국'과도 같은 공간이었다."[50] 북촌과 남촌은 이처럼 식민지 대중의 의식 속에 심상지리적 위계를 만들고 있었던 것이다. 하지만 경성이 실제로 이중도시였는지의 여부는 김종근의 연구에서처럼 다시 생각해볼 여지가 있다. 그에 따르면 이중도시론은 한편 제국이 식민지 도시에 강박하던 차별을 나타내고, 다른 한편 식민지인들이 그러한 차별을 비판하기 위해 상정한 '심상지리'였지 '실제지리'는 아니었다는 것이다.

'이중도시론'은 주로 피식민지 지식인들이 제기하였지만, 그 기원은 식민주의의 차별화 정책에서 비롯된다. 일제 식민정부는 1914년 경성에 새로운 주소를 부여했는데, 이때 일본식 명칭인 '마치'町 혹은 '도리'通가 조선식 명칭 '동'洞 혹은 '로'路와 혼용되었다. 그런데 상대적으로 일본 거류민들이 많았던 지역에 일본식 명칭이 부여되었지만, 실제로는 그렇지 않은 지역에까지 그 명칭이 부여되면서 명칭 사용빈도는 일본식/조선식이 반반에 육박하게 되었다는 것이다.[51] 즉 이 명칭들은 실제로 주거지 분리를 반영한 결과가 아님에도 두 개의 지역이 선명하게 대별되는 듯한 의식을 대중들에게 각인시켰다. 거기에 문명과 야만, 위생과 비위생 등의 인식론적이고 문화적 위계로 구성된 "일본 제국주의의 타자 구성"이 궁극적으로는 "이중도시론의 기원"[52]이 되었다는 것이다.

다른 한편 그러한 차별을 비판하기 위해서 식민지 지식인들은 민족의 지리적 구별을 내용으로 하는 이중도시론을 그대로 받아들이고, 남촌을 주로 개발하고 북촌을 방치하는 식민정부의 차별을 비판하였다. 하지만 이런 비판들은 결과적으로 마치 두 개의 분리된 집단이 하나의 도시 안에 뚜렷한 경계를 지니고 살았던 것 같은 상상을 만들어낸다. 이와 같은 심상지리는 오늘날에도 경성을 연구하는 대다수의 학자들 사이에서 실제 지리로 거의 의심 없이 받아들여지고 있다.

> 식민지 도시가 대개 그러하지만, 일제 강점기의 서울은 극단적으로 분단된 도시였다. 서울의 조선인과 일본인들은 거주지역에서, 상권에서, 그리고 도시개발 면에서 서로 다른 도시에 살고 있었다. 그 분

단된 양측의 중심에는 각각 종로와 본정이 있었다.[53]

여기서 종로와 본정本町, 혼마치은 이중도시 내의 두 개의 민족적 중심으로 이해되고 있고, 주거와 상권도 이를 중심으로 확연히 구분되는 것으로 파악되고 있다. 하지만 실제로는 일본인과 조선인이 뒤섞인 잡거雜居의 형태가 많았다. 물론 1920~30년을 기준으로 하면 경성부 전체에는 한-일 잡거지보다 한/일 독거지 비율이 높지만, 경성의 중심가의 잡거 비율은 거의 절반에 달했다.[54] 그리고 일상의 이동과 직업적 활동은 특별한 민족적 구분이 없이 혼종적 양상을 띠었다. 경성 전체에서 이러한 조선인과 일본인의 혼종적 잡거 대 독거의 비중은 1920년대 26퍼센트 대 74퍼센트였다가, 1936년에는 45퍼센트 대 55퍼센트로 급격히 늘어난다.[55]

이는 물론 제국주의 역사학에서 과장되게 주장되는 '동화작용'의 결과라기보다는, '일제 치하의 삶의 전략'에서 비롯된 것으로 볼 수 있다.[56] 말하자면 잡거는 강자와 공존하기 위한 조선인의 생존 전략이었던 것이다. 이러한 일상의 측면들은 제국과 식민지의 경계와 격차만을 정치적 문맥에서 강조하면서 민족적 대립을 극화하는 민족주의 담론들 속에서 자주 가려져왔다. 이러한 담론들은 오늘날에도 반복적으로 나타나는데, 그 유래는 차별적인 식민정책에서 비롯된 이중도시론을 피지배자의 입장에서 강화했던 1920, 30년대 민족주의 미디어들의 기사들로 거슬러 올라간다.

1920년대 개발, 위생 등의 문제에서 남촌과 북촌의 차별을 강도 높게 지적하는 다수의 기사들이 신문과 잡지 등 여러 미디어들에

新春을 迎하는 京城

푸지고 번화한 남촌경황

쓸々코 적々한 북촌일대

그림 23. 1922.1.1. 동아일보: '신춘을 영하는 경성'－푸지고 번화한 남촌경황, 쓸쓸코 적적한 북촌일대.

北村朝鮮人非難의的인 汚物處置의 不公平

사람만코설비부족한조선인촌에는힘쓰지안코 사람적고설비완전한일본인촌에만전력한다는

京城府衛生係의差別的行事

來年부터北部에全力

加藤衛生係長談

仁川米工 全部復業

그림 24. 1923.12.7. 동아일보: '오물처치의 불공평'－사람 많고 설비 부족한 조선인촌에는 힘쓰지 않고, 사람 적고 설비 완전한 일본인촌에만 전력한다는.

실린다. "'남북촌' 혹은 '남촌' '북촌'이란 키워드들은 식민정부의 차별적인 정책을 공간적으로 상징하는 단어들이었고, 민족계열 미디어를 통해 확산되고 있었다."[57] 이처럼 민족적 차별을 수행한 식민주의 정책의 내적 논리가 그것을 비판하는 민족주의 담론에 의해서 역방향으로 반복되면서 이중도시론을 강화하는 역설적 양상이 나타난다. 경성에 대한 이분법적 인식은 당대 매스미디어뿐만 아니라 오늘날의 학술연구와 대중매체의 서사들에도 반복되고 있다. 가령 '종로'의 김두한과 '혼마치'의 하야시의 대결은 한일 민족 간 대결로 왜곡되고, 김두한의 무용담은 민족주의적으로 포장되어 오늘날 대중소설과 방송드라마로까지 재현되고 있는 것이다.[58]

2, 30년대를 시발점으로 형성되기 시작하여 오늘날까지 다양한 방식으로 재현되며 확고하게 자리를 굳혀온 이중도시론이 재고되어야 하는 이유는 여러 가지가 있다. 우선 식민정부의 민족 간 차

별정책이 곧 경성이 이중도시라는 사실을 입증하는 것은 아니다. 당시 경성 개발에 지역편차가 있었다고 해도 그것이 곧 경성은 이중도시라고 말할 수 있는 근거로는 충분치 않다. 또한 이중도시론은 경성이라는 공간을 인식하는 데 있어서 실제보다는 민족주의적 심상에 의존한다.

김종근은 일본인 거주지와 조선인 거주지의 단순 비교를 지양하고, 통계를 좀 더 심층적으로 해석하는 방식으로 식민지 시대 경성의 다면적이고 혼종적인 도시적 일상을 복구하려고 한다. 이 시도는 실증적 차원에서 이중도시론의 기원과 허상을 잘 드러내고 있다. 그러나 이중도시론이 심상지리에 불과하다는 사실을 논증하는 것만으로 그것에 대한 충분한 비판이 이루어졌다고 보기는 어렵다. 왜냐하면 문학과 문화적 표상에서는 심상지리 역시 실재에 못지않게 중요하기 때문이다. 따라서 여기서 추가로 지적하고자 하는 점은 그 심상지리의 문제가 탈식민주의 담론의 한 가지 주요한 맹점과 이어진다는 사실이다.

요컨대 식민주의적 차별화 정책의 내적 논리가 그 방향은 정반대이지만 식민주의 비판 담론에서도 반복된다는 사실이다. 식민주의를 비판하는 일부 민족주의적 탈식민주의 담론들이 오히려 식민주의가 만들어온 경계와 차이의 의식을 더욱 강화하는 역설이 나타나는 것도 여기에 기인한다. 소위 '모방적 방어'[59]를 통해서 원래의 부정성이 더욱 강화되는 것이다. 그 담론들은 당대의 식민주의에 대한 저항담론으로서는 의미가 있었지만, 경계들이 재편되고 경계의 의미도 변화하는 오늘날에도 동일하게 견지하기에는 난점들이 많다. 오늘날 국민국가와 인종의 배타적 경계를 강화하는 민족주의적 탈식민주의 담론들은 트랜스식민주의의 시각에서 재고될 필요가 있는 것이다.

탈식민주의적 저항담론에 뿌리를 둔 이중도시론은 물론 식민정부의 차별화 정책을 비판하는 이론적 계기가 되기는 하지만, 인종들 상호간에 벌어진 복합적이고 역동적인 식민지 시기의 일상 국면들을 조명하는 데에도 적합해 보이지 않는다. 아울러 이 담론은 식민지 시기 정치적인 영웅적 저항과는 다른 일상의 대중의 미시적이고 창발적인 활동을 쉽게 간과한다. 지배와 피지배의 정치시스템과 그에 대한 도덕적 입론에만 근거한 사회분석이 사회적 일상을 추상적으로만 인식하게 하는 한계를 보이는 것이다. 이중도시론이 식민정부의 차별화 정책만을 근거로 사회의 미시적 일상에 대한 분석이 없이 쉽게 '이중사회론'으로 비약하는 것도 우연이 아니다. 이러한 국민국가 체제의 지배와 피지배 관계를 중심으로 형성된 식민지 사회에 대한 단순화된 심상지리적 얼개는 좀 더 복합적인 문맥의 트랜스내셔널한 식민도시의 일상성으로 복구될 필요가 있다.

이상의 경우, 대타적 민족 문제보다는 식민지 자본주의 공간 속에서 벌어지는 자아와 현실 사이의 불화를 주로 드러낸다. 박태원의 경우에도 이중도시의 경계의식이 『소설가 구보씨의 일일』에서 두드러지게 나타나지는 않는다. 구보는 일본인과 조선인을 따로 구별하여 언급하지 않으며, 그의 산책 경로가 주로 북촌에 머물고는 있지만, 북촌과 남촌을 의식적으로 구분해서 그런 것도 아니다.

그럼에도 불구하고 이러한 침묵과 공백마저 이중도시론에 근거해서 재해석되는 경우가 많다.

가령 윤대석은 바로 남촌 일본인 지역에 대한 작가들의 이러한 '괄호침'[60] 속에 식민지 공간분할이 무의식적으로 관철되고 있다고 주장한다. 권은 역시 북촌에 제한된 구보의 산책에서 산책자 텍스트로서의 한계를 지적한다. 그러면서도 박태원의 『청춘송』은 남촌을 산책의 대상으로 포괄하는, 경계 너머 적진을 탐색하는 "트로이의 목마 텍스트"[61]라고 주장한다. 암묵적으로 그는 이중도시의 경계지에 트로이의 성벽 같은 경계를 전제하고 있는 것이다. 황호덕 역시 식민지 시기 작가들이 그러한 경계를 "의식적으로 간과했다"고 지적하면서 작가들의 침묵의 여백에 "내적 국경"[62]을 재기입하려 한다.

이와 같이 경성의 공간과 작가의 의식 속에 재기입된 이중도시 인식모델은 연구자들 사이에 일반적으로 수용되면서, 박태원뿐 아니라 식민지 시기 작가들 일반에게 다소 과도하게 투사되는 경향을 보인다. 물론 앞서 논한 바와 같이 이중도시가 실재가 아니라 심상지리라고 하더라도 작가의 정신세계와 의식을 다루는 문학연구에서는 소홀히 다룰 수 없다. 또한 박태원에게 제국과 식민지 사이의 사회문화적 위계와 경계에 대한 의식이 없었다고 말할 수도 없다.

다만 이중도시론자들과 내적 국경론자들은 식민지 근대 도시문화를 다룰 때 '정주적 요인' 즉 인종과 거주지의 결합을 중시하는 시각에 여전히 머무름으로써 '유목적인 요인' 즉 인종간 혼종과 일상적 이동(산책)을 통해 공간이 역동적으로 구성되는 양상을 적절히 포착하지 못한다.[63] 공간은 거주자(또는 소유자)에 의해 정태적으로 구획되는 것이 아니라, 산책자에 의해 역동적으로 구성된다. 이러한 복합공간 경성에서 구보의 유목적 상상력은 현해탄을 넘어 동경도 지근거리에 불러들인다.

> 역시 좁은 서울이었다. 동경이면, 이러한 때 구보는 우선 은좌로라도 갈 게다. (박태원, 『소설가 구보씨의 일일』, 135-136쪽)

이와 같이 그가 과거에 머물렀던 곳으로서 메트로폴리스에 대한 향수적 동경을 드러내는 대목에서 제국도시와 식민도시 사이의 위계와 차이에 따른 긴장은 어떤 민족적 저항이나 일본인에 대한 대타적 의식으로 표현되지 않는다. 오히려 근대적 공간의 관계 양상은 일상인의 생활감각, 선호와 불호의 감각으로 표현되고 있으며,[64] 인용의 '갈 게다'가 시사하듯 그는 '정주'하지 않고 언제든 '이동'할 것이다.

실제로 1920년대 이후 혼마치를 배회하는 일을 일컫는 말 '혼부라'는 민족과 인종을 가르는 것이 아니었고, 장소도 거기에만 국한되지 않았다. "조선인이 본정 상가의 구매자로 자리 잡았고,"[65] "백화점의 상품들이 조선인들에게 폭발적인 인기를 누렸다."[66] 당시 종로와 본정의 상가와 남촌 일대에서 일본인, 한인, 중국인 등 인종 간의 일상적 교섭이 상당히 폭넓게 이루어졌던 것이다. 이러한 사실에 기초하여 20년대 이후 경성에서 이중도시의 질적 전환이 일어났다고 하는, 다시 말해 기존의 도시경계가 대규모 일본 자본의 투입에 따라 '민족경계'에서 '자본의 경계'로 이행했다고 지적하는 경우도 있다. 이른바 '차별적 균질화'라고 하는 현상으로, 민족 간 차별이 존재하는 가운데 자본주의 경험을 공유했다는 것이다.[67]

하지만 이러한 설명도 여전히 누가 상점, 극장, 백화점 소유주였나 하는 문제에 주로 초점을 맞추어 20년대 이후 경성의 이중도시론을 절충적으로 견지하고 있다. 이러한 입장에서는 경성의 공간들에서 활동하거나 상가들의 실제 소비자들이 누구였나 하는 문제는 괄호를 치거나, 설사 그 점을 거론하더라도 중요하게 간주하지 않는 경향이 있다. 이들의 일상적 교섭과 생활의 실천을 고려할 때 경성의 공간구성은 자본 지배와 소유 구조의 양상만으로 설명될 수 없다. '혼부라'는 바로 대중의 그러한 일상적 실천의 일부였으며, 경성을 중심으로 폭넓게 퍼져 있었기 때문이다.[68]

산책자들의 실천을 반드시 저항적이라든지 순응적이라고 말할 수는 없다. 그럼에도 이들의 일상의 실천을 정치경제적 체계 중심의 사유로만 보면 그 활동은 다만 체계의 그림자에 불과한 것이 되고 만다. 거기에는 분명 체계 중심의 모델로는 설명될 수 없는 일상의 삶을 위한 대응전략과, 체계로만 규정할 수 없는 일상의 실천적 양상들이 존재했다. 그리고 이를 창발적으로 만들어내는 개별 단자들의 역동적 활동이 자리하고 있었다.[69]

군중과 여성 산책자

흔히 산책자는 대중의 안과 밖에 존재하는 것으로 표상된다. 하지만 사실 그 안과 밖도 대중 속에 있는 개인들 사이의 심리적, 정신적 거리를 표시하는 것일 뿐이다. 두드러진 작가, 독특한 개인에 집중하는 문학연구의 특성상 산책자와 도시대중을 변별적으로 다루려 하는 경향들이 있는 것은 당연해 보인다. 또한 『고독한 산책자의 몽상』을 저술한 루소를 비롯한 18세기 산책자를 고려할 때, 산책자는 그 기원에 있어서는 특별한 사상가나 문학가였다고 할 수 있다. 하지만 그러한 개인들과 산책이 소멸되고 재탄생되는 20세기형 대중사회의 도시 산책자는 대중과 좀 더 밀접하게 얽힌 의미망을 구성하는 존재다. 이상과 박태원도 근대와 더불어 나타나는 유목적 대중의 개별적 모습을 드러내며, 그들의 공간적 의식도 그러한 유목적 대중의 의식과 긴밀하게 연동되어 있다.

대중의 출현은 유럽에서 18세기에 시작되어 19세기에 확립된 근대적 대도시의 새로운 현상인 바, 대도시에서 사람들이 익명의 상태로 대량으로 무리 짓는 것을 일컫는다. 대도시 군중은 유럽의 런던이나 파리에서 나타난 농촌 인구의 이농과 도시경제의 전환과 관련이 있다. 농촌으로부터 진입한 이들과 해당 지역민들, 그리고 신분적, 인격적 관계를 배제하는 새로운 도시경제에 기반을 두었던 신흥 부르주아지들이 이러한 군중을 이루었다.

1920, 30년대 경성의 인구도 증가한 것으로 알려져 있는데, 그것은 일본인과 외국인의 유입 때문만은 아니었다. 하지만 일본인의

비율이 상당히 높았고, 중국인을 비롯한 기타 외국인도 일정 부분을 차지하고 있었다. 국내 전체인구 대비 일본인의 숫자는 '2.86퍼센트'에 그쳤지만 "1915~1935년까지 경성의 총인구에서 일본인이 차지하는 비율은 내내 26~27퍼센트"[70]를 유지하고 있었다. 그리고 중국인과 기타 외국인들도 실제 숫자는 미미했지만 경성 내의 중심가에 다수 체류하여, 그 존재감은 실제 수치로 평가할 수 없는 정도였다.

이러한 혼종적 양상을 띤 경성의 도심은 전통 도시와는 다른 이색적인 모습으로 식민지 현지인들에게 다가왔을 것이다. 이 다양한 부류의 무리들이 도시의 경관을 구성하면서 독특한 군중의 의미론을 구축한다. 한 수필에서 이상은 특징적으로 복수화된 자아를 군중에 비유한다. 그리고 군중을 죽음에 비유하기도 한다.[71] 군중과 자아의 이러한 배리적 관계는 「오감도 시제1호」의 '무서운' 아해와 '무서워하는' 아해들을 군중을 구성하는 개개인들로 보고, 이들이 표현하는 두려움을 그 군중의 안과 밖에서 개인이 갖는 심리의 표현으로 볼 수 있는 단초를 제공한다. 즉 이들의 두려움은 군중에 대한 개인의 두려움이며, "군중 속에서 안정적인 자아의 테두리를 잃어버릴 것"[72]에 대한 두려움이 이 공포의 근원이라고 가정할 수 있다.

그러나 이런 공포의 다른 한편에는 군중 속에 섞여드는 일에 대한 만족과 욕구도 존재한다. 가령 박태원의 대표적인 산책자 주제의 작품 『소설가 구보씨의 일일』에는 다음과 같은 대목이 등장한다.

> 구보는 고독을 느끼고, 사람들 있는 곳으로 약동하는 무리들의 있는 곳으로, 가고 싶다 생각한다. 그는 눈앞에 경성역을 본다. (…) 그러나 오히려 고독은 그곳에 있었다. 인간 본래의 온정을 찾을 수 없었다. (박태원, 『소설가 구보씨의 일일』, 114쪽)

산책자와 군중의 관계는 이처럼 양가적이다. 그것은 산책자가 곧 군중의 일부이면서 동시에 개별적 자아로서 다수의 익명적 자아와 대면하기 때문이다. 이상의 '아해들'이 상호간에 갖는 감정적 지표도 이와 유사한 양상을 보이는데, 이들이 서로에 대해 갖는 공포감은 그들을 서로 마주치게 하는 도시구조가 주는 공포와 상동적 관계에 있다. 광장과 대로는 이들이 조우하는 공간이며, 그 안에서 군중은 서로에게 익명인 존재로 마주하게 된다. 19세기 도시 공간의 텅 빈 광장은 낯선 것과의 조우 속에서 형성되는 개인의 정체성과도 관련이 있다고 지적되고 있다.[73]

그밖에도 백화점, 카페, 교회, 역사, 유곽 등 당대 군중들이 마주치는 근대적 장소와 공간 속에서 군중들과의 마주침은 이른바 '알려지지 않은 것'the Unknown과의 마주침이며, 20세기 초 식민지 조선에서는 이러한 낯섦의 체험은 아노미 현상을 야기할 정도로 강력하였다. 기존의 자아는 와해되고 새로운 자아가 생성되는 일련의 과정이 그런 공간들 속에서 전개되었던 것이다. 이 과정 속에 심리적으로 '죽음'과 '트라우마'의 체험이 잠재하고 있다는 사실은 유럽의 사례들을 통해서도 지적된 바 있다.[74] 밀려오는 근대의 충격을 겪게 된 경성의 공간들에서 타자(알려지지 않은 자)로서의 군중과의 마주침은 일상이 되어가고 있었다.

(빌딩을) 나오면 남대문통 십오간十五間 대로 GO STOP의 인파.

(「실화」, 箱 1, 378쪽)

이상이 이처럼 간략하게 포착하고 있는 경성의 군중은 1930년대 야시장, 박람회, 백화점, 카페 등을 채우고 있었다. 특히 백화점을 중심으로 근대적인 소비문화가 도입됨으로써 식민지 대중들은 근대적 소비자로 변모하고 있었다. 그 전형적인 예가 당대 새로운 유행으로 경성의 거리를 장식하던 '모던걸'과 '모던보이'이다. 이들은 직업적으로 백화점 종업원, 관공서 사무원, 학생, 주부, 기생 등 다양한 부류에 속해 있었다. 직업적으로 신문화의 도입과 함께 만들어진 직종에 종사하던 이들과 더불어 경제적으로 부유하면서 신문화를 적극적으로 수용하던 모던보이와 모던걸들은 경성의 소비문화를 주도했다.

이들 모던걸과 모던보이의 패션은 때때로 전근대적인 관습과 규범을 넘어서는 것이었다. 군인이 군복으로 자신의 안정적 정체성을 확보하듯, 여성은 패션으로 자신의 정체성을 드러낸다. 남성 중심적 문화를 이어온 조선에서 모던걸이 주도하는 이색적인 패션은 문화적 충격이기도 했다. 이러한 현상은 당대의 많은 이들로부터 비판과 눈총을 받으며, 소위 '현대식', '20세기식'이라는 새로운 시대 현상으로 자리 잡아갔다. 이에 대해 당대 논객들은 "유행은 사회를 화석으로부터 구원하는 것"이라고 긍정하는가 하면 도덕적 비난을 퍼붓는 경우도 있었다.

이상과 박태원도 이러한 모던적 대중의 대오에 함께 있었나. 소설 「동해」에서 이상은 "나는 형상 없는 모던 뽀이다"[75]라고 적고 있다. 그런 의미에서 거리의 모던보이, 모던걸은 이상에게 거울에 비친 복수화된 자기 자신이기도 하다. 그러나 그는 어떤 정체성의 상실과 새로운 정체성이 형성되지 않은 혼동과 괴리를 많은 시편들을 통해서 드러내기도 한다.

그가 즐겨 사용하는 거울 메타포에 따르면 '거울 없는 실내'는 거리이고 '거울 있는 실내'는 방이라고 할 수 있는데, 방에서 이상이 자기 자신과 대면한다면, 거리에서는 자신과 동일한 유행의 기표를 지니고 있지만 그와 동화되지 못하는 대중들과 마주친다. 여기서 '알려지지 않은 존재'the Unknown로서의 대중은 타자이면서 동시에 자기 자신이기도 하다. 거울 속에 복수화되어 나타나는 자아를 이상은 "내악수를받을줄모르는—악수를모르는왼손잡이"[76]라고 지칭하며, 그와 현실의 자아 사이의 괴리를 극적으로 표현한 바 있다. 이는 군중에 대해, 그 군중의 일원으로서의 자아가 느끼는 정신적 불균형이라고 할 수 있다.

이러한 자아와 대중의 불균형한 관계는 여성들에게서 더욱 첨예하게 나타나고 있다. 여성과 대중이 상응하는 특성을 가진다는 사실은 이미 유럽에서 많은 이론가들이 지적한 바 있다. "대중에 대한 공포는 늘 여성, 성정체성 상실에 대한 공포였고, 대중들 속에서 안정적인 자아의 테두리의 상실에 대한 공포였다."[77] 휘센은 이러한 공포를 부르주아의 정체성을 지탱하는 질서의 상실에 대한 공포와 연계시킨다. 당시 경성에서도 여성의 성도덕은 모던걸의 등장과 함께 조금씩 새로워지면서 사회적으로 상당한 변화를 수반하였다. 여성의 사회적 정체성은 변화했고, 자유연애가 도입되기도 했다.

"여자는 이제 이미 오백나한의 불쌍한 홀아비들에게는 없을래야 없을 수 없는 유일한 아내인 것이다"[78]라는 이상의 언급은 그러한 문화적 변모의 일면을 드러내고 있다. 실제 19세기 유럽에서 여성과 군중은 공포의 대상이었다. 여성의 섹슈얼리티와 군중의 혁명성은 통제되어야 할 대상이기도 했다. 이들은 정치체제를 유지하고 사회적 도덕을 견지하려는 부르주아들에게 불안의 요인들이었기 때문이다. 벅 모스가 벤야민의 『파사주 작품』에 등장하는 한 인용을 통해 지적하듯 실제 1848년 7월 혁명 중에 "몇몇 여자들이 사로잡힌 많은 기동 경비병들의 성기를 절단했다."[79]

이는 혁명의 와중에 일어난 예외적인 사건이지만, 상징적으로 읽히기도 한다. 서구에서 여성이 이처럼 통제 불가능한 군중과 유사한 존재로 간주되는 현상은 대중과 여성이 불러온 문화가 소위 전통의 팔루스phalus, 남근를 대체하는, 일종의 상징적 거세 역할을 했던 것과 관련된다. 과거 문화와 결별하면서 도덕적, 문화적 거세를 수행하는 여성의 부상은 그러나 쇼윈도의 상품이나 패션, 화장품 등과 같은 자본주의 소비문화와 더불어 나타난다. 어떤 면에서 이것은 여성의 해방보다는 "거세하는 여성을 유리 안에 가두는"[80] 측면도 없지 않았다고 하겠다. 이러한 양가적 측면을 가진 모던걸이 이상에게 매혹과 더불어 공허감을 불러일으킨 것은 우연이 아니다.

비오는 백화점에 적寂! 사람이 없고 백화百貨가 내 그림자나 조용히 보존하고 있는 거리에 여인은 희붉은 종아리를 선어 추커 연분홍 스커트 밑에 야트막이 묵직히 흔들리는 곡선! (「산책의 가을」, 箱 2, 343쪽)

여성 산책자에 대한 이상의 이 같은 시선에서도 나타나듯이, 당시 여성 산책자들이 확산되면서 그에 대한 사회적 관심도 높아지고 있었다. 자본주의 "상품 페티시즘이 지배적인 곳에서는 여성의 성적 호소력이 다소간 상품의 호소력으로 물들어있는"[81] 것처럼, 위 시구에서도 여성이 보여주는 매혹은 백화점의 상품이 주는 매혹과 크게 다르지 않다. 이 작품에서 이상은 여성보다는 소비문화를 추동하는 대중의 탈개인적 특성을 간파하고 있다.

유니폼에 벌거벗은 팔목 피부는 포장지보다 정한 포장지고 그리고 유니폼은 피부보다 정한 피부다. (「산책의 가을」, 箱 2, 344쪽)

일부 모더니즘 작가들이 쇼윈도를 내적으로 투영하는 시선을 보여주듯, 백화점과 거리의 모던걸, 모던보이는 어느새 스스로 쇼윈도 혹은 상품이 되어버린다. 그는 자신의 패션을 향한 행인들의 시선을 즐기기도 하겠지만 결국은 '모(던)보(이)라는 쇼윈도'이고, 마네킹이 되고 마는 것이다. 이러한 대중이 주도하는 유행의 물결 속에 개인과 인간의 흔적이 소거되는 현상은 이상에게서 자아와 군중 사이의 첨예한 긴장으로 나타나고 있다.

도시 산책의 매혹이 갖는 깊은 부분을 투시하는 이상의 인식은 물론 여성의 거리 산책을 전통적 성역할에 근거해서 도덕적으로 비난하는 당대의 여성 산책자에 대한 부정적 인식과는 상당히 거리가 있다. 하지만 이상은 자본주의 소비문화와 거리의 여성을 중첩시키면서 한걸음 더 나아간 수준의 비판을 가한다. 박태원 역시 "거리로 몰려나온 여자들"에 대해 부정적인 응시를 보여준다. 그것은 『구보』에서 돈 많은 친구를 따라온 여자에 대해 갖는 상상에서도 잘 나타난다. 구보는 돈만 많고 마땅치 않은 녀석에게 훼손된 혹은 훼손될 순결에 대한 불안을 드러내고 있다.[82]

또한 박태원이 여성 산책자들에 대해서 언급하는 "서투르고, 부자연한 걸음걸이" 그리고 더 나아가 "위태로운 것"[83]은 이제 갓 공적 공간에 틈입하기 시작한 여성들의 사회적 위치를 정확히 확인시켜준다. 아울러 그는 이 여성들을 바라보는 남성 산책자들의 '불안'도 환기시킨다. 그것은 단순한 염려도 아니고, 여성에 대한 위계적 만용도 아니다. 다만 남성 산책자들도 이 새로운 상황이 낯설고 우려스러운 것이다. 서지영에 따르면 "구보의 눈에 파악되는 '노는 계집의 무리들'이 발현하는 '위태로움'은 스스로를 도시의 각종 위험에 노출시키거나 남성들의 욕망을 자극하는 교란의 기호"[84]이다. 그러나 욕망을 자극하는 데서 한 걸음 더 나아가 익명의 대중이 여성과 동일한 코드로 남성 산책자들에게 위험의 신호로 인식되었던 정황도 간과할 수 없다.

한국 모더니스트들의 보수적 두려움과 불안에도 불구하고 이미 많은 여성들이 거리로 나왔고, 그것은 식민지 시기에도 일상이 되이기고 있었다. 당대 여성 산책자는 지식인 여성에서 직장인, 화류계 여성에 이르기까지 폭이 넓다. 특히 여성 교육의 확산과 함께 여학생들이 늘어나고 여성 직장인들이 늘어나면서, 비교적 모던하고 자유로운 여성 문화가 싹트기 시작한다. 여성 산책자의 발생은 '구경'에 적합한 도시 공간의 형성과 함께 여성 문화와 관련한 이러한 여건의 변화와 깊은 관계가 있다. 그러나 당대 사회는 이들에게 곱지 않은 시선을 보내고 있었다.[85]

이러한 근현대 도시의 열린 공간들에서 벌어지는 무의식적 현상은 앞서 거론했던 아고라포비아와 긴밀히 결부되어 있다. 그 증후는 "집을 떠나는 두려움"[86]에서 비롯되는 것으로, 가부장적 사회에서 여성들은 거리 노출에 따른 성적인 위험을 감내해야 하며, 남성들의 경우에도 거리에 노출된 여성들을 성적으로 통제하는 일의 실패에 대한 불안증이 광장공포의 증후로 나타나기도 한다. 흥미롭게도 터너의 설명에 따르면 중산층 여성들이 거리로 나서는 일이 일반화된 20세기에 이 증후는 육체의 외관, 가령 옷, 몸매, 화장 등에 대한 통제적 관심으로 이행한다는 것이다.[87]

여성 산책자는 남성 산책자의 욕망에 따른 응시의 대상이 되거나 자본주의 물신적 상품의 전형으로 간주되기도 했다. 이는 남성 산책자와 다른 여성 산책자의 질곡이자, 소위 모더니스트로 불리던 남성 산책자의 모순적 인식의 경계를 드러내는 지점이다. 이러한 시각으로부터 이상과 박태원도 역시 자유로워 보이지는 않는다. 소설가 구보가 소지하고 다니는 대학노트와 펜은 당대 풍속에 대한 고현학考現學적 기록을 위한 것으로 간주되기도 하지만,[88] 젠더 비평적 측면에서는 식민지 지식인의 상징적 팔루스로 볼 수도 있다.

구보는 여급들이 둘러싼 카페에서도 글을 초한다. 노트와 펜을 든 그는 무지한 카페의 여급들과 극적으로 대비되고 있다. 그들 중 하나는 다음날 동반 산책을 하자는 구보의 요청에 그가 지침처럼 미리 정해준 두 가지 경우, 즉 O 혹은 X로만 답할 수 있다.[89] 이 장면은 다소 농담조로 악의 없이 서술되고 있지만, 거기서 작가는 당대 남녀 젠더 차이로 구획되기도 했던 지식과 무지, 문명과 비문명의 위계적 불균형을 무의식적으로 드러내고 있다. 당시 한반도를 지배한 것은 일본의 지배 권력만이 아니었다. 영국이 인도를 지배하면서 카스트를 바꾸지 못한 것처럼, 일본의 정치적 식민지배 이면에 여전히 작동하는 식민지 조선의 가부장적 권력이 가정과 거리에서 동시에 작동하고 있었던 것이다.

이러한 대목은 경성의 근대화에 대한 식민지 모더니스트들의 첨예한 비판을 젠더적 관점에서 고려할 필요성을 제기한다. 또한 이들의 입장을 단순히 민족적 대립구도 속에서가 아니라 가정과 거리에서의 권력의 작동과 관련해서 좀 더 미시적으로 들여다볼 여지도 드러낸다. 민족 또는 자본의 문제만큼이나 젠더 문제 역시 식민지 근대성과 식민도시의 문화정치적 국면에서 주요한 계기로 작동하고 있었다. 하지만 이 문제는 주로 대타적인 민족 구도로 식민지 시대를 바라보는 관점에서는 상당부분 가려져 왔다. 박태원에게 여성이 지식인 남성 소설가 구보의 글쓰기의 주변부에 위태로운 여백으로 자리하고 있다면, 이상에게서는 '아내'라는 여성적 페르소나가 식민지 자본주의와 적극적으로 공모하는 것으로 등장한다. 이상의 「날개」는 이러한 식민지 지식인 모더니스트 산책자의 딜레마를 극적으로 드러낸다.

성과 노동의 물신화

2, 30년대 식민지 조선은 불황에 따른 생활고로 인해 매춘 행각을 하는 경우도 많았던 것으로 기록되어 있다.[90] 모던걸들의 다양한 별칭들 중에는 그 점을 시사하는 이름들이 많이 나타난다. “사나이의 지팡이 대신으로, 산보를 즐기는 사나이의 겨드랑이를 부축하는” 스틱걸, “사나이의 손을 대신하여” 다리를 주무르거나 발을 씻겨주는 핸드걸, 키스걸 등이 그것이다.[91] 이들은 일부일처제의 전통적 관습을 위태롭게 하지만, 적극적인 의미에서 그런 관습에 도전하는 존재들이라기보다는 오히려 경제적 약자로서 경제권을 가진 가부장들의 희생양이었다.

그러나 당시 남촌 지역에 신문화의 표상으로 자리 잡아가던 ‘모던 카페’는 “자유연애의 실험장”[92]으로서 모던걸과 모던보이들의 만남의 장소이기도 했고, 성매매의 장소로 이용되는 경우도 있었다. 이 신형 술집이 일본에서 유행한 것은 1927~29년경이었고, 20년대 말에 경성에도 도입된 것으로 추정되고 있다.[93] 본격적인 의미의 매춘은 유곽을 중심으로 이루어졌다.

이상의 작품에서 “내 것이 아닌 지문이 그득한 네 육체”[94]라고 칭해지는 아내는 모던걸이면서 매춘부이다. 그녀에 대한 감정적 불안과 두려움은 이상의 작품 속에 빈번하게 주제화되는데, 이는 공적 공간에서 마주치는 대중에 대한 공포와 의미상 유사한 문맥을 지닌다. 이를 받아들일 수 있는 것은 작가 이상에게는 패러독스의 힘 밖에 없다. 이상은 이 패러독스를 "제일 싫어하는 음식을 탐식하는 아이러니를 실천"[95]하는 것이라고 규정하는데, 이는 「날개」라는 그의 대표작을 통해서 나타나고 있다. 특히 아내를 매개로 자아와 근대적 대중의 교차적이면서도 대립적인 관계가 공간구조를 통해서 표현된다는 점이 특징적이다.

작품의 무대가 되는 곳은 '사창의 집단가옥'으로 추정된다. 이런 공간은 1920년대부터 일반화되기 시작했다.[96] 이 가옥 안에 아내와 나의 거주지 공간은 "두 칸으로 나뉘어 있다." 그리고 주인공은 장지를 통해 나뉜 그 분할이 "내 운명의 상징"이라고 의미부여하고 있다. "볕드는 방이 아내 해[것]이요, 볕 안 드는 방이 내 해[것]"[97]이다. "아내의 방은 늘 화려하였다. 내 방이 벽에 못 한 개 꽂히지 않은 소박한 것인 반대로 아내 방에는 천장 밑으로 쫙 돌려 못이 박히고 못마다 화려한 아내의 치마와 저고리가 걸렸다."[98]

이 방의 구조에 따라 주인공인 '나'는 아내와 그녀를 방문하는 남자들로부터 격리되어 있다. 격리된 그 공간을 넘어서는 순간 아내로부터 강력한 저항에 부딪힌다. 여기서 화자인 '나'의 공간과 아내, 그리고 그녀를 방문하는 남자들의 공간의 구분은 사적 공간과 공적 공간의 구분으로 파악할 수 있다. 그것은 단순히 두개의 방이 아니라 개인적 공간과 사회적 공간의 분할을 상징적으로 드러낸다. 아내는 당시 유행하던 수면제 아달린을 두통약 아스피린이라

고 속여서 사적 공간의 '나'를 재우고 공적 공간에서 매춘을 한다.[99]

'나'는 돈을 사용할 줄 모르는 것으로 그려진다. 하지만 그 역시 처음 아내의 방에서 잔 것은 '돈'을 건네주고 난 후였다. 여기서 돈은 공적 공간으로 들어가기 위한 매개물의 역할을 한다. 주인공인 '나'는 아내와 정상적인 부부관계, 즉 2세를 낳아서 사회적인 재생산의 역할을 하지 못하는 존재이다. 이러한 사정은 아내의 경우도 마찬가지다. 아내는 생식력을 과시하는 매춘부이기는 하지만, 그 일은 어떤 사회적 재생산을 위한 것이라기보다는 돈으로 교환하기 위한 상품화의 원리를 구현하는 것이다. "자본주의에서 섹슈얼리티는 생산력의 미래(아이들의 잉태)라는 상상보다는 자본의 힘의 상상에 의해 만들어진다."[100] 변화무쌍하고 살 수 있는 사물로서 여성을 욕망하는 것은 교환가치 자체 즉 자본주의의 본질 자체를 욕망하는 것이다.[101]

'나'는 이러한 자본주의의 본질에 전혀 동화되지 못하는 존재이다. 그는 돈을 쓸 줄 모르며, 마치 거세당한 것처럼 무능하고 무기력한 존재로 그려진다. 그 거세의 자리에는 아내의 다른 매춘행각과 거기서 벌어들이는 돈이 들어선다. 이러한 상품과 화폐화 원리 속에서 '나'의 사회적인 관계와 활동은 거의 존재하지 않는다. 자본주의 사회에서 자신을 상품화한다는 점에서 매춘과 노동이 등가적 의미를 지닌다면, 이상의 주인공이 보여주는 매춘에 대한 거부감은 동시에 노동에 대한 거부감으로도 나타난다.

이상의 「오감도 시제13호」에서는 끊어진 두 개 "팔을촉대燭臺세움으로내방안에장식하여놓았다"[102]는 표현을, 그리고 또 다른 시편에서는 "양팔을 자르고 나의 직무를 회피한다"[103]는 표현을 찾아볼 수 있다. 이 팔은 노동력을 상징하는데, 그러한 팔을 잘라서 방안에 두는 상징적 행위는 공적 영역에서 노동력을 매매하는 일에 대한 거부라고 할 수 있다. 여기서 팔은 "자세히보면무엇에몹시위협당하는것처럼새파랗다"[104]고 표현되고 있다. 들뢰즈와 가타리는 매끈한 공간에서의 "자유로운 행동"과 홈이 파인 공간에서의 "일"을 구별하고 있는데, 일을 국가장치의 일부로 파악하고 있다.[105]

그렇다면 여기서 팔이 느끼는 두려움은 홈이 파인 공간 즉 공적 공간에 대한 두려움이자, 그러한 공간을 채우고 있는 노동의 주체인 군중에 대한 공포라고 할 수 있다. 노동하지 않고, 사회적 재생산이 불가능한 이 '두려워하는' 나르시스트는 자본주의 소비주체이자 생산주체로 형성되고 있는 군중과는 구별되는 타자이다. 다시 말해 이 '나'가 두려워하는 것은 소비주체이자 생산주체로 형성되는 군중이며, 역시 "화장은 있고, 인상은 없는 얼굴로"[106] 탈개인화된 아내이다.

나르시스적인 주인공은 서구에서 사회적 재생산을 하지 않는다는 이유로 비판적으로 해석되곤 했다고 마르쿠제는 지적한 바 있다.[107] 한국에서도 나르시스트는 개인주의적 측면으로 인해 비교적 긍정적인 해석을 얻지 못한다. 그러나 이상의 나르시스트는 부정적 의미의 공적 공간과 그 안의 대중들에 대한 공포를 내면화한 존재로, 오히려 부정적 재생산을 추구하는 현실사회에 대한 비판적인 의의를 지닌다고 하겠다. 그 '나'에게 아내의 방과 마찬가지로 경성의 거리는 '회탁의 거리'이다.

그림 25. 경성 미쓰코시(三越) 백화점

작품의 마지막 장면에서 주인공은 미쓰코시 백화점 옥상에서 경성의 거리를 내려다보다가, 그곳에서 내려와 거리를 배회하면서 다시 한 번 거세된 욕구의 재생을 희망하듯 "날개야 다시 돋아라. 날자. 날자. 날자. 한 번만 더 날자꾸나. 한 번만 더 날아보자꾸나"[108]라고 말한다. 1920, 30년대 경성에서 확산되던 근대적 소비문화의 상징인 백화점과 그에 대한 주인공의 저항은 돈에 대한 태도에서 역설적으로 드러난다. 주인공의 행로가 백화점으로 이어지고 거기서 새로운 유토피아적 비상을 바라는 것은, 돈과 권력으로 얼룩진 현실에 대한 반어적 태도라고 할 수 있다. 다시 말해 날개에 대한 희구는 왜곡된 현실로 인해 거세당한 욕망의 회복, 그리고 회탁의 거리로부터 벗어나려는 강렬한 탈주욕의 표현이라 할 수 있다.

> 이때 뚜우 하고 정오 사이렌이 울었다. 사람들은 모두 네 활개를 펴고 닭처럼 푸드덕거리는 것 같고 온갖 유리와 강철과 대리석과 지폐와 잉크가 부글부글 끓고 수선을 떨고 하는 것 같은 찰나! 그야말로 현란을 극한 정오다. 나는 불현듯이 겨드랑이가 가렵다. (「날개」, 籍 1, 264쪽)

이러한 탈주욕은 사이비 유토피아로부터 벗어나고자 하는 자아의 의지의 표현이다. 그것은 거세된 상징적 팔루스를 복구하고자 하는 식민지 지식인의 염원을 시사한다. 날개의 주인공은 공포의 체험으로 혹은 거세의 체험으로 소비와 윤락의 장소가 되어버린 공간을 배회하다가 그로부터 벗어나는 극적인 비상을 꿈꾼다.

그것은 급격한 소비도시로 변모한 경성에서 나타나는 아노미 현상이며, 젠더적, 윤리적 정체성에 대한 고충을 담고 있다고 하겠다. 실제 이 작품에서 아내로 표상되는 여성은 자본주의 경제 및 그 남성적 권력자들과 철저한 공모 관계에 있다. 물론 이 작품에서는 전통적인 종부형從夫型 여성 아니면 자본과 권력에 부역하는 여성 이상의 여성상을 작가가 표상하지 못하거나 표상하지 않는 것도 지적할 만하다. 이런 측면은 남성 자아와 여성 타자와의 관계를 주테마로 삼고 있는 이상의 다른 작품들 「동해」, 「종생기」 등에서도 나타난다. 그것은 결국 가부장적 젠더 불균형의 의식을 넘지 못하는 식민지 시기 모더니스트의 한계로 보인다.

민족, 자본, 젠더 영역은 이처럼 식민지 조선에서 상호 중첩되며 복합적인 충돌과 교섭의 국면을 형성하고 있었다. 이상과 박태원을 비롯한 식민지 시기 작가들에 대한 많은 일방향적 평가가 당시의 실상을 드러내는 데 실패할 수밖에 없는 이유도 여기에 있을 것이다. 젠더적 측면에서 식민지 모더니스트 이상의 한계에도 불구하고 식민지 자본주의 경제와 권력에 대한 비판은 박태원의 경우와 마찬가지로 첨예하다. 그는 자본이 지배하는 혼탁한 현실로부터 빛보다 빠른 질주를 통해 벗어나고자 한다. 이는 근대적 시공간 안에서 근대적 자본주의의 현실관계를 극복하고자 하는 식민지 지식인의 자아의지의 모순적인 열정으로 읽힐 수 있을 것이다. 그러나 어디서도 채워지지 않는 이 열정과 그로 인해 더 강렬하게 나타나는 자아의식의 공허감은 끊임없는 질주와 정지를 추동하면서, 식민지 모더니스트의 길 잃은 산책은 반복되었던 것이다.

식민지 지식인의 초국경적 산책

경성에 대한 이상의 인식은 동경에서도 유사하게 반복된다. 그 도시에 대한 체험이 상당히 허구적이고 환멸적이었다는 것은 이상의 "가솔린내가" 나는 거리, "산적한 상품과 무성한 숍걸 때문에 길 잃어버리기" 쉬운 백화점, 그리고 이미 광고판으로 뒤덮여 "별을 잃어버린 지도 오래"인 긴자의 밤에 대한 묘사[109]에서도 여실히 드러난다. 하지만 경성의 '혼부라'의 원조라 할 수 있는 긴자의 '긴부라'는 이상이 증언하듯 당대 대중들에게 일종의 정언명령처럼 작동하고 있었다.

> 긴자銀座는 한 개 그냥 허영독본虛榮讀本이다. 여기를 걷지 않으면 투표권投票權을 잃어버리는 것 같다. 여자들이 새 구두를 사면 자동차를 타기 전에 먼저 긴자의 보도를 디디고 와야 한다. (「동경」, 箱 2, 287쪽)

산책의 정언명령을 투표권과 시민권에 비유하는 것은 본격적인 대중적 시민사회로의 진입과 현대적 장소성과 관련하여 시사하는 바가 많다. 앞서 본 바와 같이 이상은 그것들을 흔히 여성적 이미지로 대표되는 자본주의적 허영의 공간으로 비판하지만, 그를 포함한 여러 식민지 지식인 산책자들에게는 한번쯤 접해 보아야 할 공간으로 인식되었고, 그 장소에 대한 강한 선망이 그들에게 존재했던 것도 부인할 수 없다.

남성 산책자 이상이 주로 여성 페르소나를 빌려서 근대도시의 허영적 면모를 비판하고 있는 반면, 여성 산책자는 그들에게 열린 근대도시들의 공간적 개방을 적극적으로 환영하고 있다. 1927년 6월부터 1년 반 동안 파리, 베를린을 포함한 유럽과 미국 여행을 경험한[110] 나혜석이 귀국 후의 소회로 "아아, 자유, 평등, 박애의 세상, 파리가 그리워—"[111]라고 말한 것은 이러한 태도의 일단이기도 하다. 그것은 제국도시와 식민도시의 격차에서 비롯된 일종의 선망이었다.

나혜석 역시 제국도시에 대한 비판의식과 식민지 로컬의 특수성에 대한 의식을 가졌지만 여성으로서는 남성 산책자였던 이상이나 박태원에 비해 모던적 삶에 대해 더 적극적이고 긍정적이었다고 할 수 있다. 그것은 "공적 공간의 시선을 지배해왔던 남성들에 비해 더 큰 해방을 경험"[112]한 데 기인할 것이다. 물론 유럽에 처음 간 외국인 산책자의 눈에 비친 파리와 베를린의 스펙터클들은 제국도시의 외관에 불과한 것이었을지도 모른다. 게다가 나혜석은 서구와 아시아의 문명적 위계에 대해 오리엔탈리즘적 의식을 드러내기도 한다.[113] 식민지 여성 지식인 나혜석의 오리엔탈리즘은 서양 지식인 켈러만의 옥시덴탈리즘만큼 역설적이지만, 전통, 인종, 계급, 젠더 등이 다면적으로 충돌하는 근대성을 트랜스내셔널한 횡단적 상호관계를 중심에 놓고 볼 때, 그것은 문명적 위계 의식의 흐름이 일방향적으로만 나타나지 않았다는 사실을 반증한다. 즉 나혜석의 시선은 '트랜스식민주의'의 한 사례를 보여주는 것이라고 할 수 있다. 동시에 그의 유럽 메트로폴리스에 대한 비판적 인식도 적잖이 날카로운 면모를 드러낸다.

> 유래由來 프랑스는 중앙집권의 나라, 일국의 번화, 문명에 집중되어 파리를 제하고는 국내 변변한 도시가 없다. 파리에서 한발만 내놓으면 빈약하고 살풍경하니 건전한 문명, 건전한 국가라고 말할 수 없다. 오직 물가가 싸고 인심이 평등 자유며, 시설이 화려하므로 모여드는 외국인의 향락장으로 되어 있다. (나혜석, 『나혜석 전집』, 562쪽)

나혜석은 이처럼 중앙집권적 국가주의와 도시와 지역의 불균형을 지적한다. 짧은 체류기간 동안 그녀가 이러한 문제를 파악하기는 쉽지 않았을 것이다. 파리의 다른 한인이나 외국인들에게 들은 이야기일 가능성이 높아 보인다. 당시에 파리에 대한 비판은 이미 폭넓게 퍼져 있었다. 이 책의 I부에서도 살펴보았듯이, 유럽에서도 19세기 오스만의 도시 개발 이후 그에 대한 집중적인 비판이 가해진 바 있다. 아울러 그러한 시스템이 만들어낸 판타스마고리에 대한 비판도 벤야민과 이후 도시 연구자들에 의해 수행되었다. 이와 같이 제국도시와 로컬도시의 산책자들은 근대성을 구축한 자본주의와 그 정치사회적 시스템에 대한 매혹과 비판을 동시에 보여주고 있다.

그러나 우리가 반복적으로 지적하고 있듯이, 산책자 개인의 의식 속에 반추되는 자본주의 도시 시스템에 대한 매혹과 비판은 그 시스템의 정치경제적 측면에 의해서만 단선적으로 평가할 수 없다. 왜냐하면 체계와 일상 사이에는 일정한 갭이 존재하고, 제국의 시스템 속의 산책자도 그 사이에서 다양하고 독특한 방식으로 움직이는 일상의 단자單子들이기 때문이다.

특히 여성 산책자들의 일상적 젠더의식은 남성 산책자들의 식민주의 근대성 비판과 궤를 같이하면서도, 여성 산책자들에게 열리기 시작한 공적 공간에 대한 열광에서 볼 수 있듯이, 남성들이 인지하지 못하고 답습하던 전근대적 의식과는 달리 일상의 좀 더 첨예한 세부에 닿아 있었다. 식민지 근대성은 그런 점에서 서구 근대성의 단선적 전유의 과정이 아니라, 전통, 민족, 계급, 젠더 등 여러 일상의 세부들이 충돌하면서 상호 횡단적으로 충돌하고 교섭하는

다면적이고 역동적인 트랜스내셔널한 과정으로 이해되어야 한다.

여성 산책자 나혜석의 유럽과 미주 여행은 그에게 '강한 여성 주체'에 대해 자각하는 계기가 된다.[114] 1930년대 경성의 일상은 민족, 젠더, 계급, 그리고 전통과 현대가 혼종적으로 뒤섞인 모순의 공간이었으며, 그러한 모순들이 첨예한 갈등을 이루는 지점에 국경을 넘는 여성 산책자들도 자리하고 있었다. 우리는 이들을 통해서 체계가 말해주지 않는 복잡성과 그 시스템의 구조만으로 판단할 수 없는 식민지 시기 일상의 복합적 현실성에 대한 감각들을 환기해볼 수 있다.

| 10장 |

글로벌 도시의 외국인 산책자

20세기 초 제국도시와 로컬도시들의 위상은 오늘날 상당히 변화했다. 제국도시들은 글로벌 도시로 재편되었고, 로컬도시들은 각 지역의 중심으로서 자족적 발전을 이루고 있다. 영토적인 의미의 제국과 식민지의 관계망은 도시간 글로벌 네트워크 속에 재편되었다. 이런 변화는 새로운 형태의 제국과 식민지 관계를 나타낸다기보다는, 그런 전통적인 용어로는 더 이상 설명이 불가능한 또 다른 차원의 도시 간 관계로 이행한 것을 의미한다.

글로벌 시대의 다국적 도시들 사이의 위계는 그 규모나 초국적인 의사결정의 영향력 속에 존재하며, 글로벌화와 더불어 그러한 도시 간, 국가 간 연계와 의존도 더욱 강화되어가고 있다. 아울러 그 안에는 과거에는 예상치 못한 문화적, 정치적 변동의 가능성도 잠재되어 있는데, 그것은 오늘날 유목의 양상과 환경이 급격히 변화하고 있는 것과도 관련이 있다. 이제 이동의 속도와 상호교섭의 양상은 과거와 비교할 수 없을 정도이다. 국경을 넘는 산책자를 산책자의 범주에 포함시켜야 하는 이유도 여기서 비롯된다.

저가항공의 보급으로 과거에는 다소 예외적이라고 할 수 있었던 트랜스내셔널 도시 산책이 확대되어 외국인 산책자는 어느 때부턴가 대도시 일상의 흔한 풍경의 일부가 되었다. 또한 인터넷의 전지구적 확장도 산책의 양상을 혁명적으로 바꾸어 가상적 지구 산책이 가능한 시대가 되었다. 그러한 트랜스내셔널 산책자들 특히 동아시아 대도시의 외국인 산책자는 과거 제국과 식민지 혹은 제국도시와 로컬도시 사이의 위계의 의미망으로 포착할 수도 없다. 또한 동양과 서양의 공간의 차이도 과거와 같이 전근대와 근대라는 시간적 차이를 의미하지 않는다. 오히려 어떤 동시대의 지평에 함께 속해있는 오늘날 도시 산책자들의 의식은 20세기 초 예외적인 원거리 산책자들의 의식과는 상당히 변별적인 면을 드러내기도 한다. 하지만 한편으로 기술관료적인 현대 세계의 체계에 포섭되지 않는 잔여로서 산책자의 의식은, 과거의 산책자들이 제국과 식민의 지배체계의 의미망을 가로지르고 뒤집곤 했듯이, 오늘날에도 여전히 지배적 관념에 저항하는 의식을 견지하고 있다. 그런 점에서 과거 산책자들의 전통을 전유하면서도 새로운 의미망을 열어가는 오늘날의 트랜스내셔널 산책자를 살펴보는 것은 산책의 현재를 진단하고 미래를 전망하기 위해서 유의미한 일일 것이다.

여기서는 트랜스내셔널 도시 산책의 20세기 후반의 국면을 다룬다. 특히 동경의 외국인 산책자 슈테판 바크비츠의 산책기 『동경—거리에서 다가갈 때』(이하 『동경』)[115]는 20세기 후반의 국면에 펼쳐진 국경을 넘는 도시 산책을 보여주는 흥미로운 사례이다. 그는 초

현대적 파사주로 거듭난 글로벌 메가시티 동경의 비가시적 경계들과 문턱들을 더듬어가며, 이 메가시티의 모순들을 산책자의 낯선 응시와 느린 걸음으로 조망하고 있다.

글로벌 도시 '동경'

1990년대 초 바크비츠는 도쿄타워에서 동경 시가지와 후지산을 바라보며 이렇게 쓰고 있다.

> 나는 바다를 보았다. 항구와 산업시설이 있는 저편 가장자리 뒤로도 도시는 지평선까지 계속 이어지고 있었다. 멀리 후지산이 보였다. 그러나 금속과 뻣뻣한 돌들과 전선 그리고 자동차로 이루어진 은회색 무한성이 그 산 아래까지 확대되면서, 시선 가장자리의 전 방향으로 생겨나는 갈색 증기가 그것을 감추고 있는 것 같았다. 도쿄타워에서 바라보는 파노라마는 기막히지만, 특징적이게도 희망은 없어보였다. (W, p. 35)

메가시티 동경은 멀리 후지산을 희미하게 감추며 스스로 무한히 확대되는 광대한 바다로 묘사되고 있다. 1980년대 이래로 동경은 뉴욕, 런던과 함께 소위 몇 안 되는 '세계도시'the world city[116] 혹은 '글로벌도시'the global city[117]로 명명되고 있다.

글로벌도시는 경제적 관점에서 일국의 범위를 넘는 금융 투자와 고용 및 노동이 집중된 도시를 말한다. 존 프리드먼의 '세계도시테

그림 26. 후지산과 동경

제'The worldcity thesis에 따르면 세계체제적인 구조에서 이러한 도시들은 중심부의 중핵에 자리하고 있고, 동아시아에서 홍콩, 싱가포르, 서울 등 '주변부 중심'[118]의 도시들보다 국제자본과 노동의 집중도 면에서 상층의 위계를 차지한다. 그러한 '세계도시'란 일국적 경제 요인보다는 초국적 경제의 요인에 따라 그 장소의 의미와 방향이 결정되는 도시들을 의미한다. 전 세계에서 손꼽을 수 있는 이 도시들은 '포스트포드주의'post-Fordism로 불리기도 하는 후기산업사회의 도시들을 대표한다.

포드 시스템에 저항해서 "거북이를 끌고 아케이드를 거니는 퍼포먼스를 행하던" 산책자는 근대 산업시스템의 적대자로 규정되어 왔다. 그들은 느린 속도와 불규칙한 활동으로 근대의 기계적 합리성의 세계에 대항하는 존재들이었다. 그러한 산책자가 21세기 글로벌 도시 동경에서 만들어내는 사유와 행위의 긴장을 우리는 바크비츠의 『동경』이라는 산책 에세이에서 세부적으로 살펴볼 수 있다.

바크비츠는 현대 독일 소설가이자 에세이 작가이다. 그의 책 『동경』은 1990~93년에 동경에서 근무했던 직장인[119]의 일상적 경험과 산책의 단상을 모은 에세이집이다.[120] 그가 이 글들을 발표한 1990년대 초 몇 년 간은 독일의 과거사를 다룬 그의 세대소설 『볼 수 없는 나라』*Ein unsichtbares Land*, 2003에서 말하듯, 독일 통일과 함께 시작된 "정상화의 해들"[121]이었다. 이 무렵 그는 동경에 머물렀고, 독일의 과거사를 떨쳐버릴 수 없는 그의 세대의 '정상성'과 '죄의식' 사이의 긴장이 타지의 도시 『동경』을 통해 반추되고 있다. 이른바 '낯선 것'을 '익숙한 것'으로 해석하는 외국인 산책자의 응시 속에 트랜스내셔널한 방식으로 문화적 전치와 기억의 교차가 이루어지는 것이다.

아울러 기술관료적 시스템이 외눈박이 거인 키클롭스의 동굴처럼 둘러싸고 있는 동경의 현장은 동서양을 막론하고 거대한 무인자동 파시주가 되어가고 있는 21세기 스마트 도시의 미래를 예견케 한다. 후지산을 바라보는 그의 예감이 다소 불길한 전조를 띠는 것은 전통적 감각의 계승자인 산책자가 마주하는 기술과 인간, 인간과 인간 사이의 경계들이 글로벌 도시에서 새로운 형상으로 첨예한 긴장의 접면들을 만들고 있기 때문이다.

텅 빈 중심—메이지 기념미술관과 덴노 파크

유럽의 근대도시들은 길게 뻗은 불르바르가 원근법의 중심이 되는 거리를 구성하고 있고, 그 끝은 어떤 유토피아적 무한성을 상기시킨다. 이러한 도시설계는 일정한 축을 중심으로 이루어졌는데, 히틀러의 "베를린 북남축, 바빌론의 이시타르 거리"[122]도 그러한 중심축에 속한다. 근대성의 전통과 경험이 다른 일본에서 근대적 개혁을 주도했던 지식인과 정치인들은 그와 같은 근대적 축이 황제에게 있어야 한다고 주장했다.

황궁 '고쿄'皇居는 지리적으로 동경의 중심에 자리하고 있다. 그리고 메이지 기념미술관은 시부야 역과 신주쿠 역 사이의 지점에 위치한다. 둥근 궁륭지붕을 한 이 미술관에는 메이지 시기의 많은 그림들이 전시되어 있기는 하지만, 미술관이라기보다는 참배 장소에 가까우며 사람들도 거의 없는 편이다. 전시 작품 가운데는 말 탄 황제의 모습을 그린 그림도 있는데, 말 잔등 위에서 대검으로 전면을 가리키는 가리발디를 연상케 하는 이 그림에 바크비츠는 주목한다.

> 세계의 복합성은 길들여진 강한 말 잔등 위에 왕 (…) 아래로, 허무와 야만에 대항하여 도시의 축이 되는 거리의 소실점으로 소급된다. (W, p. 15)

근대의 지향점은 이 그림에 상징적으로 나타난다. 그것은 곧 허무와 야만을 일소하는 새로운 중심으로 혼돈의 세계를 통합하는 것이다. 이러한 "중심성의 수사학"[123]은 그림, 박물관, 거리에 여전히 흔적을 남기고 있다. 그러나 롤랑 바르트가 1980년대에 동경에 대해서 쓴 유명한 에세이 모음집 『기호의 제국』에서 묘사했듯이, 그 중심은 텅 비어 있고 그 유토피아적 무한성은 공허로 채워져 있다. 이러한 공허와 권태를 달래기라도 하듯이 그 중심은 무수한 헤테로토피아적 공간으로 재구성된다.

고쿄 주변에 조성된 공원 '덴노 파크' 역시 처음에는 외국인 산책자 바크비츠에게 요정의 숲처럼 신비스러운 미지의 공간으로 다가온다. 이러한 환상은 바크비츠가 자전거를 타고 그 주변을 반복적으로 배회하면서 깨진다. 숲은 군사용 은폐를 위한 것이었고, 같은 목적으로 지도에 표시되지 않은 건물들도 여럿 자리하고 있었다. 자연과 문명의 전치를 통해 자연을 상기시키는 공원들이 오히려 문명의 알리바이 역할을 하는 것이다.

그리고 바크비츠는 일본에서 열린 국민주의적 올림픽을 기념하는 석고와 판넬로 만든 임시박물관을 지나간다. 그다지 인상적이지 않은 그 박물관은 그러나 시대의 전환을 상징적으로 드러내는 것으로 보인다. 뮌헨의 "예술의 집"Haus der Kunst[124]을 상기시키는 서구적 양식의 그 조립식 박물관은 1964년 일본에서 개최된 국민주의적 역대 올림픽의 이념을 선전하며 협찬 맥주회사의 "산토리 몰트"[125]를 홍보하고 있다. 이 건물은 후일 철거되어 잔해만 남아있는 모습으로 근대적 이념의 허허로운 퇴진을 확인시킨다. 바크비츠는 메이지 기념미술관과 그 주변 상점들을 지나면서 이렇게 첨언하고 있다.

> 소용돌이치는 낱장들 위에 개별적 가치와 기호들이 중단 없는 유희 속에서 순간적으로 인식되는 그 도시는, 무너진 카드 장으로 된 집이었다. (W, p. 16)

한 때 여섯 영주가 있었다는 유흥가 롯폰기六本木에도 나무는 없고 네온등에 나무들의 기호만 가득하다. 초보 일본어 수준인 바크비츠에게 이 기호들은 "수직적인 미로"[126]이며, 도시는 수평적 미로이다. 그 미로의 무한성은 근대적 유토피아의 어떤 소실점도, 어떤 실체적 토대도 없이, 표면적 가치들의 혼돈 속에 부유하고 있다.

고가로 나뉜 경계와 야만인

근대도시의 이념적 위계는 파쇄되어 가치들이 부유하는 혼돈의 어떤 포스트모던한 지점에 도달했다. 탈근대의 시대에 근대적 의미의 위계와 경계들이 와해되었다고 해서 일상의 경계들까지 사라지는 것은 아니다. 바크비츠는 롤랑 바르트와 달리 포스트모던 도시에서 실체가 사라지고 유희적 기표가 충만한 현상을 확인하는 데에 머무르지 않는다.[127] 그는 오히려 일상의 경계들이 재편되면서 치밀하게 그 안으로 침투하는 역사적 양상을 산책자의 포즈로 성찰하고 있다.

오스트리아대사관 옆 해가 드는 고가도로의 벽을 따라 직장으로

가는 버스 안에서, 바크비츠는 야만인에 대항해 성을 지켰던 동로마 상군의 역사책을 읽다가 눈을 들어 거리의 모습을 본다. "신호등을 기다리다가 갑자기 녹색등이 켜지면 꿈에서 깨듯 깜짝 놀라며 넓은 횡단보도를 통과하는 비서들과 서류가방의 남자들" 그리고 "집채만 한 숟가락 모양의 강철 콘크리트 지주 위로 휘도는 고가도로는, 그 뒤로 어떤 광활한 인디언 나라가 시작될지도 모를" "원형의 국경의 요새"처럼 보인다.[128]

산책자의 자유로운 상념이 파노라마처럼 이어지는 이 대목에서 '책 읽기'와 '거리 응시'를 교차시키는 산책자 에세이스트의 기법이 돋보인다. 버스가 롯폰기 지역의 신호등에서 기다리거나 정체될 때 그는 파리의 몽마르트 언덕과 동경 시내의 거리 모습을 대비시키거나, 훈족과 고트족의 침입에 대해 수성과 정복으로 대응했던 고대 로마와 그 황제 발렌티누스를 떠올린다. 그의 상은 왼손에는 지구를 들고 오른손을 높이 쳐들어 올리며 제국의 위용을 드러내는 모습으로 이탈리아 남부 바를레타에서 발견되었다. 이러한 고대의 제국과 달리 현대의 탈영토적 제국들은 초국적 자본이 만드는 길을 따라서 경계를 만든다. 운송과 통신은 길이자 벽이며, 그로부터 배제되는 이들이 곧 현대적 의미의 야만인이 되는 것이다.

"야만인은 현실 속의 어떤 특정한 것이라기보다는 현실 속의 어떤 틈이다. 그들은 어떤 분명한 형상으로가 아니라 어떤 틈으로 드러난다."[129] 바크비츠가 떠올리는 야만인들은 실은 인종, 국적, 젠더 등으로 특정되기보다는 사회 내에서 남모르게 억눌려온 사람들이다. 수상 후보를 찌르려고 꽃다발 속에 칼을 숨긴 사십대 중반의 여성, 정치인을 사살한 사내와 같이 사회적 무관심 속에서 자신들의 억눌린 존재를 알리려는 사람들, TV 카메라 앞에서 실각한 라이베리아 국가수반의 사지를 찢는 혁명가들이 그들이다. 포장된 질서 속에 사는 사람들에게 폭력과 원한으로 가득한 이들은 낯선 이방인과 같은 존재다. 그리고 이들이 현실 속으로 돌출할 때, 야만적으로 보인다.

말하자면 근대적 국가와 인종의 경계들도 여전히 견고하게 남아있지만, 탈근대적 현실 속에서는 국적과 인종의 귀속성을 넘어서 무수히 많은 새로운 내부 경계들이 만들어지고, 그 안에서 평범한 일반 시민들도 어느 날 국외자가 되기도 한다. 고가의 고속도로 아래 그늘진 자리에 아직도 존재하는 메가시티의 가난한 사람들도 그러한 타자성의 일부이다. 초국적 도시 동경에는 국제자본과 노동이 집중되면서 고속화도로와 공항, 사무실과 레저 부지 등을 확보하기 위해 구시가를 변화시켜야 했지만, 기존 주거지를 포기하지 않으려는 사람들의 저항으로 80년대 중반 이후 갈등이 계속되었다.[130]

셴티타운shanty town으로 불리는 서양의 판자촌, 브라질의 슬럼가인 파벨라Favela, 미국의 실업자촌인 후버빌Hooverville 등과 비교할 수 있는 이 지역의 사람들은 땅을 팔지 않고 그냥 고가의 그늘 아래에 사는 것을 선택한 이들로서, 제1세계 속의 제3세계를 이루고 있다. 다카시에 따르면, 80년대 동경의 도시 재정비를 위한 부지 매입을 위해서 "그 장소를 떠나지 않으려는 사람들을 몰아내기 위해 야쿠자를 비롯한 폭력조직이 동원되기도 했다."[131]

이러한 갈등이 내재된 포스트모더니즘 시대의 도시는 더 이상 공공의 장소가 아니라 이질적 인종과 계층이 공존하는 장소이고, 주거지는 은신하는 곳으로 변모한다. 글로벌화한 경제시스템으로 초고소득자들이 증가한 반면 저임금 노동자들도 늘어나 사회적 소득 계층이 양분되었고, 그에 더해 인종간의 경계가 중첩되면서 다변화된다. 설사 인종적 동질성을 가진 시민이라도 너무도 상이한 경제적, 계층적 편차들이 일상 속에서 나타나고, 서로 같은 장소에 살면서도 완전히 이질적인 생활권에 속하게 된다.[132]

소수 외국인의 경우에 이러한 현실은 더욱 극적이다. 이러한 이질성으로 인해 도시는 일종의 패치워크로 인식되고, 모두가 공유하는 현실은 실종된다. 사무실로 가는 길 버스 안의 바크비츠에게 고가도로가 요새의 경계로 인식되고, 인종적, 계층적 의미의 타자로서 야만인에 대한 상념이 떠오르는 것은 단순히 독서와 응시의 교차에 따른 착시현상 때문만은 아닐 것이다. 도시의 길들은 제한적 권한을 가진 이들에게는 통로이지만 사회적 타자들에게는 점점 건널 수 없는 벽이 되어 가고 있다.

그 길들을 거쳐 도착한 바크비츠의 사무실은 전면이 유리로 된 '소게쓰 회관'草月會館에서 멀지 않다. 바람 부는 날 나무들이 그 건물 전면에 투영되어 흔들리고 있다. 공항을 본떠 실내를 만든 이 건물을 중심으로 한쪽에는 바다가, 다른 한쪽에는 고가의 차들이 컨베이어벨트처럼 돌아가고 있다. 그 양자 사이에서 그는 "야만인의 냄새"[133]를 느낀다. 거대한 건물의 전면에서 비현실적으로 흔들리는 나무와 차들 사이에서 인종과 계층을 넘어선 사회의 공속성의 토대를 생각하지만 그것이 어디에 있는지는 알 수가 없다. 외국대사관 구역을 거쳐 자신의 사무실로 들어가는 바크비츠는 그 흔적의 실체를 찾다가 실패한 탐정 같은 기분으로 일상으로 돌아온다.

골프연습장의 직장인

동경 교외 지역에는 여러 골프장이 자리하고 있고, 시내에도 수많은 골프연습장이 있다. 바크비츠가 방문한 시부야의 한 골프연습장에는 새벽부터 가벼운 옷차림을 하고 우아한 포즈로 스윙하는 사람들이 가득하다. 이미 수천 개의 공이 저편에 쌓여있고, 사람의 손을 필요로 하지 않고 기계적으로 전자동으로 움직이는 골프연습 시스템이 작동한다. 이는 또 다른 방식으로 "현실적인 것의 결핍"[134]을 생각하게 하고, 그 전자동 시스템은 인간의 소멸을 상기시킨다. 『사물의 질서』에서 "인간은 해변가 모래 위에 그려진 얼굴처럼 사라진다"[135]고 했던 푸코를 떠올리며 그는 골프연습장을 바라보고 있다. 그 안에서 스윙하는 사람들은 자본과 기술의 시스템 속에서 그 일부가 되어 고급 취향을 다투는 직장인들이다.

1920년대 베를린 직장인을 다룬 크라카우어의 저서 『직장인』이 나올 때는 그러한 그룹들이 본격적으로 생겨나기 시작한 때였다. 바크비츠는 그러한 직장인 그룹들이 새로운 변화의 국면을 맞는 시점에 이들을 포착하고 있다.

나는 직장인이다. 내 아버지도 직장인이고 내 할아버지도 직장인이었다. (W, p. 57)

대대로 직장인이었던 바크비츠의 가계에서 직장인의 역사는 현실 사회시스템이 변화해온 역사와 크게 다르지 않다. 그만큼 직장인은 지배 시스템의 양상을 대표적으로 드러내는 존재들이다. 도시의 유목화 현상이 여러 교통이나 기술적 조건들로 가속화되는 것처럼 직장인들도 매일같이 유목적인 생활을 한다. 전철은 그러한 "동경의 노마드"[136]들이 서로 몸을 부대끼며, 오가는 일상의 공간이다. 바로 이러한 유목적 일상을 바크비츠는 파시즘, 스탈리니즘, 미국의 뉴딜과 같이 대중을 집체적으로 동원했던 시스템에서 비롯된 것으로 본다.[137]

이러한 시스템에서 '시민'Bürger, '산책자'Flaneur, '유리병 편지 전달자'flaschenpost sender와 같은[138] 서구의 지성적이고 낭만적인 시민의 상징들도 사라진다. '산책의 종말'과 '유목의 시작'은 이와 같이 바크비츠에게서도 확인된다. 하지만 국경을 넘어온 산책자인 그는 그러한 "마지막 유럽인의 형상"[139]으로 남고 싶은 소망을 드러내고 있다. 과거사를 다루는 세대소설가로서 그는 또한 자신의 할아버지 안드레아 바크비츠가 남긴 문서를 이전 세대에서 전해진 '유리병 편지'로 간주하기도 한다.

유리병 편지는 SNS 메시지로, 산책은 웹서핑과 지하상가 쇼핑으로 바뀌어가고 있다. 마찬가지로 과거의 교양시민은 사라졌지만, 그것은 직장인의 아비투스로 변모한다. 일반적으로 직장인은 일정한 시민교육을 전제로 하고, 국제화에 발맞추어 영어를 어느 정도 하는 일정한 패턴을 가지고 있다. 대학은 이러한 시민 직장인을 양산하는 요람 역할을 해왔다고 할 수 있다. 시민적 교양을 가진 직장인이 급증하던 1920, 30년대와 달리, 이제는 직장인과 시민 사이의 이원적 분열이 가속화되고 있다. 바크비츠에게 시민성의 잔여로 인식되는 동경의 '거울이 달린 화장실'은 과거 유럽 시민가정의 실내가 사회적 아비투스로 전이된 양상이며, 고급화를 지향하는 거리의 패션도 컨베이어벨트의 기계처럼 돌아가는 일상의 보폭과 심대한 부조화를 이룬다.

높은 구두와 좁은 치마로 인해 짧은 보폭으로 속도를 내야 하는 동경의 여성 직장인들의 걸음은 거대한 직장 시스템의 강박(출근시간)과 시민적 아비투스(옷)의 간극처럼 그에게 불편해 보인다. 이러한 괴리로 인해 시민의 해체는 더욱 가속화되고 있다.

> 직장인의 몸과 삶을 둘러싼 시민적 보호영역의 해체, 사적 영역과 집의 해체, 자유의 상실과 사무실과 길들의 전체화는 무시무시하고 아마도 전시민적 선사의 형상들을 나타나게 한다. (W, p. 66)

유럽적 전통에서 시민을 구성하는 요체는 그가 주인인 '집'이다. 더 나아가서 집의 외연을 확장하면 그것이 사회이고 국가이다. 즉 견고한 집과 그 주인으로서의 주체성은 시민성의 대표적 요건이었고,[140] 좀 더 넓은 의미에서 도시-국가의 정체성을 구성하고, 민족적, 인종적 정체성의 안과 밖을 가르는 기준이 되기도 한다. 그러나 그 집이 더 이상 존재하지 않는 상황에서 시민은 고대 난민처럼 노예Sklave나 외국인 거류민Metöke이 될 처지에 놓인다. 바크비츠가 지적하는 이러한 양상은 실제 현대 난민이나 이주노동자들을 통해서 나타나고 있지만, 점점 내지의 시민들에게까지 확대되고 있는 것이다.

직장인의 유목이 가속화되는 것은 이동 기술의 발달이나 산업적 필요에 따른 것만은 아니다. 정주의 일차적 조건인 땅 자체가 천정부지로 가격이 오르내리는 가운데 설사 정주한다고 해도 지속적 정주는 더 이상 가능하지 않다. 일본의 총 지가地價는 미국의 총 부동산가격에 맞먹고, 긴부라의 무대였던 "긴자 거리의 1평방미터는 150만 마르크에 이른다."[141] 땅이 곧 환금 대상이 되는 순간 정주의 가능성은 사라지고, 사람들은 그 위에서 유목하게 된다. "땅 투기는 동경의 집들을 임의로 접었다 폈다 할 수 있는 천막이 되게 만들었다."[142]

이러한 유목화의 현상은 자본과 기술에 의해 더욱 가속화됨으로써 정주가 불가능한 시대적 조건을 만들어내고 있다. 1920년대 직장인을 서술한 크라카우어는 이러한 자본과 기술의 시스템을, 직장인들을 휘감고 있는 "공포의 아우라"로 이미 인지했으며, 에른스트 윙어Ernst Jünger는 원소적인 것이 시민적인 것에 틈입하는 현상으로 "노동자의 형상으로 세계를 유동화하는 기술"에 대해 지적했다.[143] 20세기 초 독일의 이러한 사상적 전통을 공유하고 있는 바크비츠는 새로운 자연 혹은 자연의 원소적 힘이 되다시피 한 자본과 기술에 의해 추동되는 유목화를 "고대적-전시민적 위험"[144]으로 인지한다.

그는 요코하마 역에서부터 동경으로 들어오는 전철 안에서 졸고 있는 직장인들과 취한 이들을 집 잃은 고대 난민처럼 묘사하고 있다. 물론 그들에게도 집이 있을 것이다. 바크비츠 역시 외국인 구역으로 특화된 장소에 유럽 시민풍의 집이 있다. 그러나 직장에서 대신 빌려준 그 집의 높은 월세와 세금을 떠올리며 자신의 집도 일시적 가상에 불과하다고 느낀다. 과거의 온전한 집이 더 이상 존재하지 않듯이, 시민적 장르인 자신의 "에세이도 짝퉁이고, 시민성도 짝퉁이며, 그 도덕주의도 짝퉁"이다. 나아가 그는 이 "아류의 짝퉁세계에서 벗어날 길은 없다"고 단언한다.[145]

그가 이 포스트모던적 짝퉁의 거리에서 어딘가에 행여 있을지도 모를 어떤 진정한 현실을 기대하는 것은 사실이지만, 그것을 복구할 수 없다는 사실 역시 인지하고 있다. 그러나 그는 역설적이게도 짝퉁으로서, 하나의 인용으로서, 자기의식의 경계 위에서 묘한 "행복감"[146]을 느끼기도 한다. 포스트모던 도시의 가면 뒤에는 '진정한' 현실의 모습이 있는 것이 아니라 또 다른 가면이 있을 뿐이다. 가면의 세계에 진정한 어떤 것을 기입하려는 시도가 또 다른 가면을 창출할 뿐인 역설은 '진정한'이라는 형용사와 그것이 지칭한다고 가정된 본질에 대해 근본적인 의문을 갖게 만든다.

사람들은 종종 플라톤의 동굴 속 그림자 저편에 이데아처럼 걸린 또 다른 그림자에 기만당한다. 마찬가지로 탈근대적 도시의 경관을 외면적이라고 치부하고 이미 상당한 역사적 기간 동안 진행된 도시의 유목화에 역행하는 것은 시대착오적으로 보이기도 한다. 유목화의 부정적 측면을 강조하는 바크비츠는 때로 집과 국가에 대한 강한 향수를 보이면서 보수적 시민성의 의식을 드러낸다. 이러한 그의 현실 비판은 글로벌 도시 동경의 현장에서 종종 자기 모순에 빠지곤 한다. 하지만 이 모순도 역시 그에게는 산책의 에너지이다. 그는 과거로의 "회상"과 미지의 장소에 대한 "기대"를 가지고 다시 산책에 나선다.[147] 그의 산책은 글로벌 도시의 가상의 미로 위에 인용의 인용들로 이어지는 자기 안의 성찰의 미로를 주사위를 던지듯 중첩시킨다. 쉽게 길을 잃곤 하는 트랜스내셔널 도시 산책자의 의식의 안과 밖에서 가상과 본질적 가상의 자리바꿈의 유희는 반복되고, 미로는 끝없이 확장되고 있다.

시부야 역과 쇼핑몰

> 은색의 고가철도의 기차들이 상가 속으로 사라지고 그 안에서 튀어나온다. 차도를 따라 곤충 같은 알록달록한 자동차들이 미끄러진다. 무성하게 생겨나는 전자 광고판으로 테두리가 흐릿해진 고층건물들이 광장을 둘러싸고 서있다. 내 상상 속에 흉물스럽게 등이 굽은 매머드로 보이기 시작하는 건물들이 문자, 전선, 전구, 지주들의 이끼 속에 덮여있다. (W, p. 100)

시부야 역사 안의 가판대에 책과 여자속옷 등 현란하게 널려있는 상품들 속에서 산책자 바크비츠는 문득 방향감각을 잃는다. 그리고는 그 낯선 역사의 철골구조와 지붕이 프랑크푸르트, 라이프치

그림 27. 시부야 역 앞 교차로와 광장

히, 취리히 역과 유사하다는 점을 읽어낸다. 철도와 쇼핑몰이 겹치기도 하는데, 열차들이 쇼핑몰 안과 밖으로 들어갔다 나오기를 반복하는 것처럼 보인다.

대도시의 전형적인 장소에 대한 위의 묘사처럼 초근대적인 것을 선사적 자연에 비유하는 서술은 바크비츠에게 특징적으로 나타난다. 이러한 서술 방식은 20세기 초 브르통을 비롯한 초현실주의자들에 의해 흔히 활용되었으며, 사상적으로는 문명과 자연의 유비적 비교를 수행했던 독일의 20세기 초 사상가 에른스트 윙어, 발터 벤야민 등의 전통을 이어가고 있다. 사실 대도시가 가진 위압적 면모는 그 화려한 외관 속에 감추어져 있지만, 광대한 자연의 어떤 압도적인 위력처럼 산책자에게 다가오기도 한다. 그것은 거대한 자연이 된 포스트모던적 파사주이다.

교차로에 선 수많은 사람들, 거리의 대형 광고판, 영화간판의 네온등에 바크비츠는 순간 압도되는 느낌이다. 대형 모니터에 비춰지는 뉴스와 광고, 패션쇼와 같은 행인들의 옷차림 등을 통해 도시는 판타스마고리를 뿜어낸다. 시부야 교차로의 대형 모니터가 비추는 영상은 "재생산 기술의 이미지 폭풍"[148]에 다름 아니다. 전후 일본의 경제성장은 이러한 재생산 기술과 상당히 깊은 관련을 가지고 있다. 페더스톤에 따르면, "후기 자본주의의 소비상품은 상품의 사용가치를 은폐하고 상품기호가 되는 광범위한 이미지의 상징적인 연상 작용을 선택하는 능력을 발전시켰으며, 부유하는 일련의 기호와 이미지와 함께 소비(특히 텔레비전) 문화는 서로서로를 속이는 끝없는 시뮬레이션 게임을 생산하기 때문에 구체적인 현실감의 상실과정을 강화시킨다."[149]

바크비츠의 『동경』에서 반복되는 주제인 "현실성의 결핍"을 초래하는 네온사인, 영화광고, 쇼윈도, 전자광고판 등은 "이미지의 갱도"를 형성하면서 장 보드리야르가 '하이퍼리얼리티'hyperreality라고 부른 포스트모던한 현실성을 재구축한다.[150] 장소성을 상실한 장소들은 텅빈 공간으로 전락하고 그것은 다시금 이미지와 기호들의 소용돌이로 채워지는 것이다.[151] 그는 이러한 광대무변한 선사적 자연과 같이 자신을 둘러싼 이 초현실적 도시경관 속에서 자주 방향성의 혼돈을 느끼거나 극도의 고독감에 사로잡힌다. 동시에 그 향유의 가능성을 극대화해 과장하는 상품들의 유혹과 마주한다.

바크비츠는 그러한 유혹에 종종 매료되면서도 그것을 비판적 시선으로 성찰하는데, 그의 성찰은 가상과 현실의 형이상학적 문제에서 미디어 상품의 국제적 경쟁 속에 나타나는 국가적 대결로 이어진다. 그는 독일의 대표적 시사주간지 『슈피겔』의 80년대 기사의 한 대목을 인용하고 있다.

> 일본인들은 수천의 컨테이너로 컬러TV들을 선적해 미국으로 보냈다. 그 상품들은 저장한 곳에서 바로 사라졌다. 만일 미국인들이 정신이 깨어있었다면 이 공격의 파고를 경계를 폐쇄하거나 세관을 통해서는 더 이상 멈출 수 없다는 사실을 알았을 것이다. 그 저장소들이 가득 찰 때 미국은 가격경쟁력이 높은 일본 컬러TV의 홍수를 맞았던 것이다. (W, p. 106)

『슈피겔』의 이 기사는 1980년대 미국의 소비시장을 겨냥한 일본의 텔레비전 수출이 서양에서 일정한 공격적인 흐름으로까지 인식되었다는 사실을 시사한다. 바크비츠는 전후에 또다시 벌어지고 있는 동서 대결 양상을 포착하며, 일본 직장인 세계의 과도한 노동과 생산성 정치에 비판을 가한다. "과로로 쓰러진 일본 직장인의 죽음과 보상금을 요구하는 가족들에 대한 기사가 없이 지나가는 주가 없다."[152] 더욱이 그가 길을 가다 관찰한 동경의 사무실 풍경은 묵시록적이기까지 하다.

> 영혼처럼 희고, 그림자도 원천도 없는 네온등 속에서 흰 셔츠들이 빛을 발한다. 예쁜 사무실 여직원은 이미 퇴근했고, 줄담배 피는 남

자들이 걱정스러운 듯 모니터를 바라본다. 다른 이들은 서류를 가슴에, 볼펜을 손에 들고 격자로 나뉜 사무실의 벽들 사이를 돌아다닌다. 넘치는 재떨이. 자신을 잊어버리고 몰두하려 애쓰는 얼굴. 지나가면서 나는 거기서 죽은 사람의 얼굴을 본 것 같다. (W, p. 111)

바크비츠는 동경에서 "사무실의 총체화"[153] 현상이 나타나는 것을 지적하고 있다. 실제로 동경의 사무실 공간은 국제화의 흐름에 따른 80년대 도시 재건축을 통해서 광대하게 확장되었다. 다카시에 따르면 "일본 자본의 초국화로 동경은 글로벌한 수준에서 그리고 서태평양의 층위에서 경제 중심지의 역할을 떠맡게 되었다. (…) 그 결과 국토청은 1985년 동경 중심가에 향후 18년 동안 5천만 평방미터 이상의 사무실 공간이 필요할 것으로 평가하였고, 1985년 당해에만 1백만 평방미터의 사무실 공간이 새로 마련되었다."[154]

이러한 사무실의 화이트칼라 직장인 문화에 대해서 정형화된 시각을 갖는 것은 곤란할 것이다. 하지만 유럽과 비교해서 아시아에 직장인 문화가 과도한 노동과 생산의 경향을 보인다는 사실은 부인하기 어렵다. 역설적으로 그것은 단기간에 유럽에 버금가는 성장을 이루는 힘이 되기도 했다. 컴퓨터, 전자칩 등 수많은 상품들이 압도적으로 쏟아지는 아시아의 공간은 어느 날 갑자기 서구의 모방을 넘어서는, 모방의 한 극점을 드러낸다.

유럽에 대한 모방적 자기화도 이런 문맥에서 일종의 투쟁적 모방이라고 할 수 있다. 요컨대 바크비츠에 따르면 "모든 서구적인 것을 더욱 잘 할 수 있다는 강박은 낯설고 두려운 것에 대한 모방적 방어로 나타난다."[155] 일본 근대의 "소수 개혁자들의 결단은 거울 전이가 이루어지게 했는데, 여기서 서구의 충격적인 요소들이 강화된다."[156] 서구 근대의 부정성이 아시아의 '모방적 방어'를 통해서 더욱 강화되었다는 것이다. 이는 서양 제국을 모방하며 제국으로 성장한 일본 메이지 시기 근대화 과정의 문제였을 뿐만 아니라 오늘날 메가시티의 사무실 현장에서 나타나는 현실이기도 하다.

바크비츠의 산책은 시부야 역의 음식점으로 이어진다. 그는 과잉생산과 소비의 현장을 교대로 떠올리며, 사람들이 직장인이자 소비자로서 커다란 자본주의의 제의에 참여하고 있는 것으로 서술한다. 특히 '게'를 먹는 장면들이 반복적으로 등장하면서 자본주의적 소비의 제의를 상징적으로 부각시킨다. 그러나 그는 여기서 아시아의 노동에 대한 서구인의 정형화된 시각을 드러내기도 한다. 요컨대 민주주의democracy와 생산production 중에서 일본은 전자보다 후자에 집중한다는 것이다.

아시아에 대한 이러한 평가의 이면에는 독일의 왜곡된 자본주의에 대한 트라우마가 작동하고 있다. 말하자면 후발 자본주의국가였던 독일의 특수한 길이 왜곡된 발전의 경로인 파시즘의 길을 가게 되었다는 것인데, 그것이 오리엔탈리즘의 형상으로 동경에 투사되고 있는 것이다. 이는 앞서 지적했듯이 1990년대 초 소위 과거사에 대한 죄의식을 떨치고 강력하게 정상화를 원했던 독일의 전후 세대들의 자의식과 무관하지 않다. 바크비츠에게 불행한 독일의 과거사가 상품들이 과잉된[157] 동경의 거리에서 되살아나는 것이다.

이 "정상성의 경계"Grenzen der Normalität[158]는 그에게서 '독일의 특

수한 길'과 오버랩되면서 메가시티 동경의 일상에 내재한 어떤 잠재적 폭력의 위험으로 인식된다. 동경의 일상은 그에게 늘 예외적인 일로 다가온다. 그런 의미에서 바크비츠는 "나는 동경을 생각할 수가 없다"[159]고 말한다. 이와 같이 늘 낯설게만 다가오는 메가시티의 일상 속에서도 동경 직장인들의 살인적 노동과 과도한 잉여상품들 그리고 철도와 고속화도로의 위력적 모습은 어떤 잠재적 폭력의 예감으로 그의 산책을 동반하고 있다.

혁명과 파친코

기호와 이미지로 소용돌이치는 거리는 근대적 가치의 위계와 정상성의 향방을 혼란스럽게 한다. 가치와 계급과 이념들의 변혁이 급속히 이루어지는 대도시 거리는 미로와 같고, 산책자는 쉽게 길을 잃는다. 하지만 이러한 대도시의 "인지적 충격과 동요"[160]를 부정적인 시각으로만 평가할 수는 없다. 오히려 그것은 페더스톤이 지적하듯 도시문화의 활력적 요인이기도 하다. 왜냐하면 바로 그러한 혼돈을 통해서 빗장 걸린 근현대적 질서들이 재편되기 때문이다. 물론 그 대가도 적지 않다.

바크비츠가 시끄럽고 혼잡한 신주쿠 거리를 플로베르의 소설 『감정교육』의 한 장면과 병치시키는 것은 이런 측면에서 보면 큰 비약이 아닐 것이다. 그 장면은 1848년 혁명에서 대중들이 어떤 "음험한 호기심으로"[161] 튈르리궁을 약탈하는 모습을 담고 있다. 여기서 (전)근대적 위계와 경계들이 한 순간 와해되는데, 이는 보드리야르가 파리의 루브르 박물관을 "가택 침입이나 무덤 도굴"[162]로 표현한 것과 크게 다르지 않다. 바크비츠에게 시끄럽고 분주하고 들뜬 신주쿠 거리의 분위기는 바로 그러한 혁명이 매일 밤 반복되는 것처럼 보인다. 그러나 포스트모던 도시에서 그 혁명을 추동하는 것은 더 이상 사람이 아니라 기계이다.

그것은 어떤 보이지 않는 도시의 메커니즘이고 그것을 주도하는 것은 어떤 인간의 영웅적 의지도 행동도 아닌, 기계의 분주한 자기 갱신적 변화인 것이다. 전통적으로는 영웅이 혁명을 주도했지만, 이제는 주체도 없고, 어떤 기계화된 메커니즘이 컴퓨터의 회로망과 같은 군집 속에서 그런 변화를 일상적으로 수행한다. 사람들 상호간의 접속에 대한 희망도 소설 『동경만경』의 주인공 료코와 료스케처럼 전자 네트워크망 속에서 이루어진다.[163] 그리고 그들의 만남이 모노레일이 만드는 영화 같은 거리뷰에 의해 촉발되듯, 어느 순간 기계화된 거리의 경관은 일상에 깊이 개입하고 있다.

여기에 사람들은 자신의 주체성을 이입하면서 타율화된다. 그리하여 현대인은 기계로 인한 자기 소외를 즐기는 독특한 풍경을 만들어낸다고 해도 과언이 아니다. 신주쿠 거리 한 편에 게임 살롱들이 많이 자리 잡고 있고, 산업화시대의 '컨베이어 벨트 앞에 선 작업공들처럼' 손놀림이 숙련된 사람들이 파친코를 하고 있다. 파친코는 1920년대 시카고에서 게임기를 일본으로 수입하여 이후에 일본식으로 변형한 것이다.[164] 자동기계 속에서 메탈 구슬이 굴러가는데, 들어가기 어려운 자리를 맞히면 구슬들이 플라스틱 바구니로 떨어지고, 게임하는 사람은 그것을 과자, 담배, 세제 등등의 상

그림 28. 도쿄항 인근 공원의 조형물

품들로 바꾼다. 게임 살롱에는 힘든 공장노동의 분위기가 지배하며, 게임 자체도 "기계에 대한 몰입"[165]을 필요로 한다. 그는 동경 시민들의 이 능력에 경탄한다.

기계와 공감하는 이 능력은 바크비츠에게 과거 탈자아적 초월성을 기계에 투사했던 20세기 초 유럽의 미래파를 상기시킨다. 이들은 전통 부르주아 시민의식의 좁은 틀을 넘어서서 탈자아적인 매개체로서 자연이 아니라 그것을 대체하는 기계에 자신의 열망을 투사하였다. 따라서 바크비츠에게 영웅도, 영웅적 행동도, 그리고 한때 근현대 도시의 장소와 권력의 구획들을 파괴했던 숭고한 혁명도 이제는 기계가 대체하고 있다. 그도 가끔은 기계에 의지해 시민의식의 좁은 틀을 벗어나 탈주하고 싶다. 기계에 어떤 초인간적 희망을 투사했던 20세기 초 미래파들처럼 그 역시 "모터사이클을 사고 싶다." "혼다와 야마하 오토바이에 앉아서 막힌 길을 시원하게 달리며 고속도로에서 기념비적인 동경의 경관들을 뒤로하며 달리고 싶은" 것이다.[166]

신주쿠 거리를 배회하다 마주친 "검은 가죽재킷에 독일군 헬멧을 쓰고 혼다 오토바이에 앉은 남자"[167]는 상징적으로 기계에 몰두한 포스트모던한 도시의 한 소비적 인간형을 드러낸다. 기계의 따라갈 수 없는 속도로 인해 산책자는 끊임없이 그로부터 소외된다. 그가 갈 수 없는 고속화도로로부터, 그리고 자동차와 오토바이로부터, 그리고 서로 다른 직장과 언어를 가진 사람들로부터 멀찍이.

그리하여 트랜스내셔널 산책자가 자주 찾는 곳은 서점이나 레코드 가게이다. 책을 읽는 것은 그에게 마치 시스템의 강박을 이기는 시민의 저항적 마지노선과 같은 것으로 그려지고 있다. 그러나 책의 세계도 서서히 기계 속에 편입되어 가고, 바크비츠 역시 "책만한 크기의 랩톱을 사고 싶다."[168] 소위 인터넷을 서핑하는 '전자적 산책자'(페더스톤) 개념이 등장하는 것도 우연이 아니다. 이는 산책자의 구경적 면모와 성찰적 특징을 21세기형 '가상적 메타도시'(비릴리오)에서 전자적 아고라와 불르바르가 되고 있는 인터넷에 적용한 개념으로 전통적 산책자의 함의를 웹서핑을 즐기는 네티즌으로 확장한다. 19세기 상품들의 신전 파사주를 거닐던 산책자는 20세기에 이처럼 전자적 산책자로 진화하고 있다.

그럼에도 여전히 잔존하는 특징은 그가 성찰적 비판자이자, 매혹된 소비자의 원형이라는 점이다. 소니, 혼다, 야마하와 같은 상품

생산자의 이미지의 매혹적 힘은 압도적이다. 그와 같은 것을 바크비츠는 "마술적이고 기계적인 동경의 유혹적 힘"[169]이라고 표현하고 있다. 산책자 바크비츠의 흔들리는 주체는 그에 끌리면서도 다른 한편 그로부터 자신의 거주지가 있는 외국인 구역으로 돌아가 은거하듯이 회피하고자 한다. "나는 영웅도 아니고, 내가 그 일부가 된 혁명이 두렵다."[170]

미안하지만 돌아가시오

안전모를 쓴 푸른 제복의 남자가 보도를 막고 임시통로를 가리키고 있다. 끊임없이 새로 지어지는 건물들 사이에서 산책자의 장소적 애착은 머물 곳이 없어 보인다. 바크비츠는 빌라촌이 형성된 지역의 어떤 미국인 부부가 소유했던 동아시아와 멕시코 풍이 결합된 양식의 4, 50년대 건물이 동경에 처음 온 당시 자신을 "위로했다"[171]고 적고 있다. 그러나 그 건물도 철거를 위해 울타리를 쳐놓은 상태이다. 곧 폐허가 될 그 장소에서 그 집의 말머리 모양의 창문 손잡이를 그 주변에서 발견하고 기념으로 남겨두고자 하지만, 그만 다시 돌려놓는다. 대도시의 기억은 이와 같이 수시로 삭제되고, 산책자는 사라지는 장소에 멜랑콜리한 시선을 던진다.

이와 같은 탈장소적 재건축은 도처에서 일어나고 있다. 1980년대 동경의 도시 재건축은 한편 외국인들에게도 낯설지 않은 경관을 만들기 위해 뉴욕, 런던을 모델로 국제화를 지향했고, 다른 한편 '에도 시대로부터 이어지는 연속성을 강조하여' 현지의 전통적 건축물을 살리는 방향에서 이루어졌다. 이를 추진한 도쿄 도都정부는 그것을 '도쿄 르네상스' 혹은 '도쿄 프론티어' 정책으로 불렀다.[172] 그 결과 동경은 서구와 일본의 절충주의적 형태로 포스트모던한 도시의 외관을 갖추었다.

서구식 양식 가운데 바크비츠가 인상적으로 묘사하는 곳은 오스트리아 대사관으로부터 멀지 않은 아자부-주반 지역의 남쪽 경계에 들어서 있는 사무실과 상가, 주거용 복합건물 'Joule-A 빌딩'이다.[173] 이 건물은 고대 로마의 건축물을 묘사한 이탈리아 화가 피라네시Giovanni Piranesi의 동판화를 상기시킨다. 서구적 건축양식은 이와 같은 고대 폐허 모티프를 기본으로 한다. 원래 전통적 일본의 건축물들은 낮은 목조건물들이었으며, 큰 건축물들도 그것을 확대해놓은 형식으로 지진과 같은 위험으로부터 비교적 안전한 양식으로 짓곤 했다. 그러나 바크비츠가 사는 지역의 "목조건물도 오래 남아있지 못할 것" 같고, 그 근처에는 "포도덩굴에 덮여있는 신고딕 양식의 교회"와 파리나 슈투트가르트에서 볼 수 있는 "계단 아래로 이어진 도로"[174] 등 전형적인 서구적 양식이 대부분이다.

포스트모던 도시 건축은 인용과 인용의 연속이다. 여기서 탈맥락화된 서구식 건축과 일본식 실내를 조합한 절충주의 양식이 등장한다. 물론 그런 양식을 원본이나 진정성을 기준으로 평가하는 것은 지극히 근대적인 태도일 것이다. 오히려 이전에는 없었던 이 문화적 절충과 혼종의 형식들은 전통 문화의 위계와 본질주의적 가정들을 파괴하고 새롭게 할 잠재력을 보여준다. 바크비츠는 물론 적극적으로 포스트모던한 건축의 절충주의와 혼종성을 긍정하기

그림 29. 피라네시(1720~1778)의 동판화

그림 30. Joule-A 빌딩

보다는 기억이 소거되고 지속하는 것이 존재하지 않는 현실에 대해 멜랑콜리한 시선을 던진다. 그런 점에서 그는 여러 산책자 유형들 가운데 전통적인 편에 속한다. 요컨대 유목을 즐기는 현대의 노마드들과 달리 그에게서 전통적 산책과 유목의 긴장이 그의 의식 속에서 반복적으로 나타나는 것이다. 현대적인 의미의 산책자에게 유목적 환경은 오히려 산책을 추동하고 강화하는 요인이다. 하지만 그의 산책은 동경의 '유목적' 환경과 계속 이율배반적이고 배리적인 관계로 나타난다. 동경에 대한 일관된 부정적 시각도 '산책'과 '유목' 사이에 나타나는 긴장의 한 양상이라고 하겠다.

피라네시 유형의 폐허 모티프를 채용한 동경의 건축물들은 그에게 과거 유럽의 민족대이동이나 유목적 노마드들의 시대를 상기시킨다. 이러한 '우연'과 '순간' 그리고 '임의성'이 지배하는 세기말 시대 분위기에 대한 상념에 더욱 불을 붙이는 것은 일본에 잦은 지진과 같은 재해이다. 수십 년 안에 동경에 리히터 규모 7~8에 달하는 지진이 올 것이라는 지진학자들의 진단은 심지어 바크비츠의 묵시록적 상상을 자극한다.

> 지난 1923년처럼 지하도의 사람들은 질식하고, 불타게 될 것이며, 화학공장들은 날아갈 것이며, 길 위에는 폭발하는 차들로 꽉 차있을 것이다. 저지대는 가라앉고, 전광판과 물탱크들이 우박처럼 지붕에서 떨어지고, 사람들로 가득한 전철들이 탈선하게 될 것이다. (W, p. 121)

1923년 대지진 이후 동경은 근대적 도시로 크게 탈바꿈했다. 산책자의 이론적 모티프로 간주되는 고현학이 동아시아에 도입된 것도 이 시점이다. 미래에 또다시 반복될 수 있는 이 위험에 대한 일본인들의 평정이 바크비츠에게는 기묘해 보인다. 그는 이런 태도를 프로테스탄트적 경건주의의 공격적인 솔직함에 대비되는 "직접적 사회적 맥락을 벗어나는 사유를 터부시하는 유교적 금지의 일종"[175]으로 추측하기도 한다. 그 타당성 여부를 떠나서 강도 높은 지진이 빈번한 나라에서 'Joule-A' 건물이 동경 거리의 "일반적 정조"를 이루고, 피라네시가 "현실적 예술가"[176]로 대접받는 것은 전통적 산책자 아비투스를 가진 바크비츠에게 지극히 부조화스럽게 보인다.

국가와 기업의 무대장치가 된 건축물들, 어느 나라에서나 동일한 호텔 체인들, 서양의 여느 거리나 카페와 큰 차이가 없는 장소들, 그리고 간혹 마주치는 일본식 전통건물들을 통해 '경계 없는' 글로벌화의 이념이 부정적인 방식으로 구축되고 있는 것이다. 그 맹목적인 글로벌화의 유토피아와는 전혀 다른 디스토피아적 버전을 바크비츠는 분주히 공사 중인 동경 시내에서 예감한다. "맙소사, 여기 땅이 울리기 전에 어서 이곳을 벗어나자."[177]

우리 일본인

마르크 오제Marc Augé는 공항, 기차역, 쇼핑몰 등 장소의 역사가 없고, 기억이 없으며, 거주자가 없는 이러한 장소들이 증가하는 현상을 초현대성Supermodernity의 특징으로 보고 있다.[178] 이러한 장소들에서는 산책자와 여행자의 구분이 사라진다. 말하자면 이러한 장소들에서는 '장소의 정령'으로서 산책자 특유의 에토스가 사라지는 것이다. 장소가 비장소화되고 응시가 내지에서 외지로 확대되면서 사실상 전통적 의미의 산책자는 점점 사라지고 있다. 산책자는 그러한 점에서 장소와 비장소가 교차하며 변화하는 시대를 가늠하는 주요한 시금석이라 할 수 있다.

이러한 장소성이 소거되는 공간 속에서는 만남도 지극히 의례적이 된다. 물론 그것은 공간의 영향만은 아니고, 인간관계들에 나타나는 글로벌과 로컬의 길항 작용도 영향을 미친다. 『동경』에는 인종적 관계의 긴장과 비장소non-place들에서 이루어지는 만남의 의례성에 대한 비판이 간혹 등장한다. 『동경』에서 나리타공항이라는 비장소적 장소에서 나오미라는 한 배우와의 서먹한 만남을 떠올리는 것은 다소 독특하지만 우연한 구성은 아닌 것으로 보인다.

바크비츠는 동경의 한 극장에서 나오미라는 지역 배우의 연기를 보게 된다. 함께 우연히 자리를 하는 데 성공했지만 언어의 장벽으로 별다른 이야기를 하지 못하고 있을 때, 다소 적대적이고 냉소적으로 나오미와 같은 그룹의 한 남자가 지나가며 말한다. "도모다치네友達ね." 말 그대로 "친구구나, 그렇지"라고 옮길 수 있는 이 말의 이면에서 울리는 아이러니한 어투에서 바크비츠는 일종의 두려움에 가까운 경계를 다시 확인한다. 그것은 언어보다 더 강한 어떤 경계이다. 그에 따르면, 마치 "원시부족이 서로 상대편 여성들을 놓고 쟁탈전을 벌이듯" 일본의 남녀 그리고 우리(서양인) 사이에는 깊고 내적인 "외국인 혐오(혹은 두려움)"[179]가 근저에 있다고 말한다.

이는 근대적 모방과 더불어 모방 대상이 된 타자에 대한 배타적 태도도 동시에 강화되는 역설로 이어진다. 바크비츠가 지적하는 '우리 일본인'이라는 말 속에 잠재하는 심리적 그룹화의 양상이 그것이다. 초국적 교섭이 전방위적으로 확대된 시점에도 이러한 경계의식은 사라지지 않았다. 동아시아에서 이런 사례는 비단 일본에만 국한되지 않는다. '우리 중국인', '우리 한국인' 의식도 그에 못지않다. 이러한 양상은 바크비츠가 접하게 되는 또 다른 경계지들의 특징이다. 여기서 민족적, 인종적 구성요소의 유사성에 대한 동질감이 그룹화를 강화하고, 그 그룹의 외부에 대한 구별이 이루어진다.

그렇다면 나오미는 결코 "그 부류 이외의 사람들과 연기할 수 없을 것이며, 결코 로버트 윌슨과도 일할 수 없으며, 브로드웨이에도 나서지 못할 것"[180]이라고 바크비츠는 말한다. 이것은 물론 인종적이고 민족적인 차별에 대한 반감에서 비롯된 표현이다. 다만 바크비츠에게 나오미는 글로벌화된 시대에도 잔존하는 어떤 경계의 심연을 드러내는 상징으로 남아있다. 마페졸리에 따르면 문명과 달리 문화는 이질적인 것, 타자적인 것을 수용함으로써 성장한다. "사회체는 자신이 구조적으로 이질적이라는 사실"[181]을 망각하는 경향이 있는데, 실상 모든 사회와 문화는 제3의 이질성, 타자성을 통해서 "창설적 역동성"[182]을 갖게 된다. 그것은 사회문화적 충격과 도취의 근원이다.

19세기 말과 20세기 초 아시아를 찾은 유럽인들이 모두 제국주의자였던 것은 아니다. 유럽의 근대에 환멸을 느낀 켈러만을 위시한 일부 트랜스내셔널 산책자들은 1910년대에 이미 유럽의 대안으로서 일본을 찾았다. 그러나 켈러만의 일본 산책에서 확인할 수 있듯이, 그들이 발견한 것은 가속화된 유럽식 근대의 확산이었으며, 동시에 그러한 모방과 더불어 강화되는 유럽인들에 대한 차별적 그룹화의 양상이었다. 지난 1990년대 초까지도 글로벌 도시 일본에는 여전히 전통사회의 잔여들이 강하게 남아 있었다.

바크비츠에게 '일본적인 것'은 상당히 양가적인 것이다. 그것은 배타적 자기그룹화나 관료사회의 합리화 속에 잔존하는 강력한 비합리적 요인으로 간주된다. 다른 한편 동경 주변의 작은 규모의 마을들이 보여주는 특징들은 '글로벌 도시'의 위계를 벗어난 제3의 가능성으로 인지되기도 한다. 포스트모던한 시대에 '서구적인 것'과 마찬가지로 탈맥락화되어 가고 있는 '일본적인 것'은 더 이상 본질화될 수는 없는 것으로 보인다. 다만 오랜 역사적 반복 속에

초근대의 메가시티 동경에서도 그것은 여전히 강고하게 남아있다.

외국인 산책자와의 대화중에 일본인들은 "우리 일본인"을 어떤 주술처럼 반복한다. 그것은 먼 과거로부터 들려오는 아련한 울림이자 초국적 도시 속에 남아있는 강고한 로컬의 현실이기도 하다. 글로벌과 로컬을 오가는 트랜스내셔널 산책자 바크비츠에게 "인디언들이 아직 멀리 있다"[183]는 사실은 다소 우울한 것이다. 그는 대만에서도 일본에서와 마찬가지로 유사한 감정을 느낀다. 이 소원함은 경계를 재기입하는 그 주술적 그룹화의 언어 속에서 감지되는 배타적 민족주의나 인종 그룹화에서 비롯된다.

우리는 "야만인들은 우리의 성벽 안에 있다. 그런데 우리도 부분적으로는 야만인일진대, 이를 두려워해야 하는가?"[184]하고 반문할 수 있다. 배타적 그룹화의 이면에는 타자에 대한 두려움이 자리하고 있고, 그것은 연약함에서 비롯된다. 이는 이방인 타자에 대한 침묵과 공격성의 원천이 된다. 외국인 산책자 바크비츠가 글로벌 도시 동경에서 종종 확인하게 되는 것은 바로 이러한 연약함이 타자에게 배타적인 태도로 외화되는 모습이다.

이와 동전의 양면을 이루는 것은 바로 문명의 이름으로 바로 자신들 안의 타자들을 주변화하는 것이다. 동경을 비롯한 동아시아의 1세계 대도시들 속의 제3의 마을들은 통합적 세계화의 잔여로 그 주변부에 자리 잡고 있다. 그것은 글로벌화의 모순과 한계를 드러내면서, 국경을 넘어 유럽의 대안을 찾았던 트랜스내셔널 산책자의 발걸음을 당기는 대안적 장소가 되고 있다.

—

국경을 넘는 도시산책은 자본과 권력의 이해관계에 따른 장소 마케팅의 경로를 따라가는 맹목적인 여행이나 관광과는 달리 "문화적 전이와 개념적 재위치의 자기성찰적 과정의 대상으로서"[185] 자리매김될 수 있다. 바크비츠의 동경 산책은 그러한 사례라고 할 것이다. 그는 20세기 말 외국인 산책자로서 메가시티 동경의 역사와 경관에 대한 성찰과 상상의 계기를 제공한다.

여기서 그가 접하는 경계의 접면들은 경제적, 언어적, 역사적 경험과 관련된 것으로 서구와 공유하면서도 일정한 차이를 드러내는 동아시아 초국적인 대도시의 현실이다. 그 현실은 후기 산업사회의 시스템 속에서 자연과 문명의 역전 현상이며, 그 안에서 문화적, 민족적 차이의 상상이 강력하게 잔존하면서 내외적으로 높은 경계의 접면들을 만들어내고 있다. 그는 '경계 없는' 글로벌화의 이념과 '다원적인' 포스트모던 문화의 한계를 여실히 경험하면서, 내부로 심화되는 차별과 기계화로 타율화되는 현실을 목도하고 있다.

바크비츠는 이 현실에 대한 성찰적 응시를 통해서 자신의 경험과 지식에 근거한 문화교섭적 전치를 수행한다. 자신과 타자를 교차시키는 이러한 상상은 때로 오해와 착시를 드러내기도 하지만, 일본과 유럽이 공유하면서도 서로 다르게 전개시켜온 근대/탈근대의 급속한 역사적 과정을 '낯선 응시'와 '느린 산책'으로 되짚어보는 계기를 마련한다. 이와 같이 경계를 더듬는 그의 보행은 인종적, 계층적, 역사적 긴장들 속에 트랜스내셔널한 소통의 지평을 향한 기대와 좌절을 드러낸다. 국경을 넘는 산책자가 접하는 '경계'frontier가 외적인 힘에 의존하지 않고 '문턱'threshold으로 전환되는 변화는 산책자의 보행처럼 아주 느리게 다가오는 것 같다.

| 에필로그 |

도시 산책자와 탈근대의 일상

거리 모퉁이의 너
현대인의 고독에 관한 역사를
우리는 그래 그 사이에 알게 된다.
이제 너 역시 사라진다
바람 많은 거리 모퉁이의 밤
(페터 한트케, 「산책의 종말」 10연)

도시 산책자는 더 이상 심심파적 주제가 아니다. 이 주제가 그렇게 여겨져 왔던 것은 계량적이고 실증적인 지표에 주로 의존하는 국내외 도시 연구의 학문적 관행 때문이었다. 도시 산책자가 주로 문학과 문화연구 분야에서 많이 거론되었던 것은 이 분야들이 상대적으로 그러한 관행에서 자유롭기 때문일 것이다. 그러나 이런 분야에서도 작가나 예술가와 같이 특징적이고 두드러진 개인 산책자들을 부각시키는 데 집중하면서, 도시대중의 일상을 포괄하는 산책자 주제의 함의를 충분히 드러내는 데는 한계를 보였다. 이 책에서는 산책자와 도시대중이 차이를 가지면서도 서로 중첩되는 양상에 주목하였고, 그 형상의 역사적 변화를 진단함으로써 기존 담론의 한계를 돌파해보고자 했다.

다른 한편 일부 도시 연구는 공간을 주로 계량적 지표들로 틀지어진 정태적인 것으로 인식하고 지배체계가 만든 이념의 반영으로 이해하면서, 그 안에서 이루어지는 대중의 역동적인 일상을 소홀히 다루었다. 설사 그러한 체계의 역할을 인정한다고 할지라도 다수 대중들의 일상은 정치사회적인 대중의 집체적 운동이 아니라면 학문 영역에서는 거의 간과되었다. 그러나 산책자 주제는 대도시 일상의 대중에 대해서 이러한 체계 위주의 인식을 넘어서는 계기들을 제공한다.

근래에는 사회과학 분야에서도 체계 중심적 방법론을 벗어나 이와 같은 미시적인 탈근대적 일상에 주목하는 접근이 다수 나타나고 있다. 특히 '액체근대'(바우만)라든지 '노마디즘'(마페졸리, 들뢰즈/가타리)과 같은 개념을 통해서 탈근대적인 유목적 삶에 대한 인식은 상당히 동시대적인 주제로 부상하였다. 산책자는 역사적으로 19세기 이래 등장했다가 산업화와 더불어 해체되면서 확장적으로 오늘날의 유목적 대중의 형상으로 재탄생하는 바, 그 변증법적 형상은 현대의 유목화와 유목주의에 대한 논의에서 핵심적인 위치에 자리매김될 수 있다.

20세기 초 독일의 사상가 벤야민과 크라카우어의 도시비평적 시각 속에서 포착되었던 (근)현대 도시와 산책자는 이제 지역을 넘어

전 지구적으로 확장되고 있다. 이와 동시에 산책자의 문제는 유동하는 현대의 문제로 더 포괄적인 지평을 가진 것으로 드러나고 있다. 오늘날의 현실 진단 속에는 탈근대주의, 탈식민주의, 세계화주의 등 여러 담론들이 경합하고 있는 것도 사실이다. 글로벌 도시의 산책자 시각은 이러한 입장들과 중첩되면서도 차별화된 지점을 갖는데, 그것은 무엇보다도 '정주하는 삶'보다 '유목하는 삶'에 토대를 두고 있다는 사실이다. 대도시 생활공간은 거대한 파사주가 되었고, 그 안의 대중들은 유목하는 산책자 혹은 여행자가 되었다. 파사주가 총체화된 현실에서 산책자의 존재론은 우리 삶과 일상의 존재론이 되고, 산책자의 윤리는 삶의 윤리가 되어가고 있다.

일찍이 짐멜이 타자성을 사회구성론의 모티프로 다룬 것에 이어 바우만도—다소 근대적인 윤리적 파토스를 견지하지만—산책자와 여행자의 윤리를 공동체 속의 타자성에 기반해서 전개하고 있다. 거리의 산책자로서 우리는 자아이자, 다른 자아들의 타자이며, 이 자타의 관계는 오늘날의 특수한 대도시와 기술적 조건 속에서 독특한 포스트모던적 사회성을 구축한다. 산책자의 윤리는 이러한 사회성에서 도출된다.

일상적으로 대도시 거리와 광장과 백화점 등의 공간들에서 마주치는 익명의 타자들에 대한 정신적 태도, 우연하고 예기치 못한 사건들의 의미에 대한 지적 모색, 그리고 외면과 내면이 자리를 바꾸는 역동적인 현실-이미지의 관계 등이 산책자의 행위 모델 속에 반추되는 것이다. 아직 충분히 개척되지 않은 이 영역들은 우연성, 일시성, 외면성 등과 같은 탈근대 일상의 윤리 속에 포괄될 수 있다. 이를 또다시 근대적 합리성의 입장에서 배척하기보다는 산책자 형상을 매개로 적극적으로 개척해나가는 것이 향후 주요한 과제가 될 것이다.

더욱이 그 일상의 지평이 초국적으로 확대됨에 따라 산책자의 윤리는 국민국가와 지역의 경계를 넘어서야 한다는 요청을 담고 있다. 도시는 오랫동안 그러한 요청이 잠재하는 장소였고, 이는 오늘날 더욱 강화되고 있다. 이 책에서 산책자 주제를 국경을 넘는 차원으로 확대하고자 시도한 것도 그러한 이유에서이다. 국가와 자본이 글로벌한 차원에서 구축한 길들의 위계와 경계들도 산책자의 응시를 통해 해체되고 재편된다. 이것이 바로 근대 포드주의의 전통적 적대자였던 산책자들이 오늘날에도 여전히 견지하는 비판적 잠재력이라고 할 것이다.

아울러 산책은 체계와는 대별되는 일상을 복구하는 계기이기도 하다. 일상은 마치 의미가 함몰되는 블랙홀이거나 정치적 무기력이 나타나는 장소로 간주되곤 했다. 전쟁, 혁명, 부정부패 등과 같이 큰 사건사고와 거시적 이념에 주목하는 지식인들의 경향성은 여기서 비롯되는 것 같다. 벤야민의 "물질적 변증법"은 이러한 이념들에 현혹되지 않고 일상의 구체적인 사물과 사건들에 주목하는 방법론이었으며, 이를 공유하고 있는 크라카우어도 "잘 인지되지 않는 무시무시함 속에 있는 일상적 현존"[186]과 "부정부패를 이해하게 하는 (…) 일련의 작은 사건들"[187]에 눈을 돌릴 것을 요청하고 있다. 산책은 그러한 작은 일상을 미시적으로 성찰하는 방법론이자 실천인 것이다.

산책자의 시선은 흔히 탈근대적 유형으로 부정적으로 치부되는 바의 에피소드적이거나 외면성에 머무는 것만은 아니다. 산책자들의 작은 이야기들은 거대 서사의 이면을 가로지르고, 이들의 시선은 외면과 내면이 몸을 바꾸어 피부가 된 영혼을 응시한다. 그리고 이들의 성찰적 보행은 거시적 체계의 강박을 일상 속에서 구부리고 변형하며, 새롭게 변주시켜 산포하는 적극적인 운동이 되기도 한다. 이러한 산책은 우선 시인, 지식인, 비평가 그룹들에 의해서 수행되어 왔지만 도시대중으로 확대되면서 조용한 혁명을 만들어 가고 있다.

우리는 보들레르, 벤야민, 크라카우어, 켈러만, 이상, 바크비츠 등 19세기에서 20세기에 이르는 대도시 산책자들을 통해서 이러한 성찰적 응시와 보행적 실천들을 확인하였고, 그 가능성을 검토하였다. 이들의 보행은 늘 시대의 경계지의 접면에 닿아있었고, 이들의 기록은 그 문턱과 경계들에 대한 기록이었다. 우리는 이들과 같은 길을 가지는 않지만, 이들이 걸었던 길들의 한 귀결점에 서있다고 해도 과언이 아니다. 그 길 위에서의 윤리적 정언명령은 길과 문턱들에 대한 성찰이고, 실천이 산책이다. 20세기 초 베를린의 산책자 헤셀은 이렇게 권한다.

"떠나라 나처럼 목적지 없이.
우연한 것의 발견을 위한 작은 여행들을."

| 후기 |

한 대학의 연구소에서 도시문화 연구자를 찾는다는 공지를 보고 주저 없이 달려가던 때가 엊그제 같다. 그리고 십여 년이 흘렀다. 그 사이 나는 두 군데 연구소에서 도시문화에 관해 일관되게 연구했고, 틈틈이 해당 주제로 글을 써왔다. 매력적이면서도 방대한 이 주제를 가지고 정치학, 사회학, 지리학, 역사학, 자연과학 등 다양한 분야의 학자들과 만났다. 이렇게 다른 분야의 연구자들을 연구소에서 지속적으로 만날 수 있었던 것은 문학도인 내게는 과분한 행복이었다. 이 책의 행간에는 이들과 나눈 이야기들과 날선 논쟁들이 숨 쉬고 있다.

국제적으로도 지난 십여 년 영국으로, 프랑스로, 독일로 다니면서 관련된 도시 문제를 공부하는 외국학자들과 교류했다. 페더스톤을 만나러 영국으로 떠났던 시간이 이제는 아득하다. 처음 본 그는 '깃털'feather과 '돌'stone이 합쳐진 자신의 이름에 대해 우스개를 했다. 파리 5대학의 세악CEAQ, 일상생활연구소 멤버들과의 만남도 인상적인 추억이다. 이후 10여 년 이어진 이들과의 교류는 학문공동체에 대해 보다 폭넓게 사고할 수 있는 계기가 되었다. 마음이 통하는 이들과 지구 반대편에서 조우할 수 있다는 것은 경이로운 경험이었다.

아울러 동경을 볼 기회를 주신 히토쓰바시 대학교의 한 선생님과 함께한 저녁도 잊을 수 없다. '눈으로 보지 않으면 말하지 말라'는 현장주의를 나는 좋아하지 않는다. 왜냐하면 사람들이 살면서 말하는 내용의 대부분은 보지 않은 것이기 때문이다. 그러나 건물들의 바다였던 동경의 현장은 내게 그 어느 곳보다 압도적인 인상을 남겼다. 이 책은 그런 과정을 거쳐 현대 도시문화의 실체를 파악하기 위해 국내외를 다니며 고군분투한 결과물이다. 일반 독자들과 학계에 조그마한 보탬이 되기를 기원한다.

끝으로 어려운 출판 환경 속에서도 원고를 채택하고 편집을 도와주신 사월의책 안희곤 대표와 박동수 편집장께도 감사의 뜻을 전하고 싶다. 이분들이 아니었다면 지난 십여 년 간 발품을 팔며 모은 내 글들도 시간의 강물 위에 파쇄되어 조용히 떠내려갔을 것이다. 금호강변 한 카페에서 이 책을 보내는 마지막 글을 적으며, 사람들 사이의 거리와 그 간격 속을 흘러가는 강물을 지켜본다. 그리고 '투썸'twosome이라는 말의 의미처럼 언제나 '둘과 그 이상'이었던 우리들의 소중했던 시간들을 생각해본다.

이창남
2020. 9. 10

| 부록 |

산책의 종말

페터 한트케
(이창남 번역)

1.

결핍된 고독
차가운 밤이 입술 위에 머문다
감긴 눈

2.

불르바르의 징열대는 어둠 속에서 너를 생각하며
나는 손 안이 따스해짐을 느낀다.
너를 안고 싶은 욕구에
상상 속에서 네 옷을 벗겨 내린다
네게 더 가까이 다가가기 위해

3.

우리는 고독이 마치 어떤 문제인 것처럼 행동했다.
아마도 그것은 고정된 생각일 것이다
시체가 더 빨리 썩으면 어쩌나 하는
여름에 죽는 것에 대한 염려와 마찬가지로

4.

뒤에 선 한 여자
너의
짧은 머리에 단단한 목도
어느 날 상실을 경험하리
경추를 부러뜨리는 단두대 생각이 스쳐 지나간다

5.

라스파일 전철역
전철 터널 안의 섬뜩한 어둠 속으로
밝은 역으로부터 사람들이 들어간다
터널 벽의 약한 빛과 함께

6.

하수구로 물이 흘러간다
은박지 위에 그림자처럼
그리고 갑자기 이가 아프다

7.

세 명의 죽은 자들의 해골
카페에 세 명의 젊은이들이 앉아있다
그들 옆 바닥에 호기롭게 안전용 헬멧을 벗어두고

8.

한밤에 취해서
카페 화장실에서
고딕식 교회창문을 향해 오줌을 눈다
집으로 가는 길
밝은 빛을 내쏘는 전철차량이 길 끝에서
어둠을 관통하여 지나가는 것을 본다
마치 움직이는 빛의 문자처럼
그 밤의 마지막 전언을 담고

9.

생제르맹 대로(大路)의 토요일 밤
그들은 거리의 대중음악 앞에 모여
미쳐간다

10.

거리 모퉁이에 너
현대인의 고독에 관한 역사를
우리는 그래 그 사이에 안다
이제 너 역시 사라진다
바람 많은 거리 모퉁이의 밤

11.

레스토랑 안에서 담배를 권했던
넓은 얼굴의 아름다운 낯선 여인
거리를 지나가며 나는 불분명하게 기억 속에 피어나는
너의 얼굴을 알아본다

12.

전철 안 접이식 의자 위에
한 여인이 눈을 감고 앉아있다
마치 죽음을 기다리는 것처럼
슈퍼마켓 계산대 여자가 자신을 돌아보지도 않은 채
자기 앞에 비닐봉투를 내던졌던 일
그 여자의 고요한 승리의 만족을 생각하며
그녀는 전율한다.
집에 와서 도움을 구하듯이
기분을 북돋우는 드 마르세유라 불리는 조각비누의 향기를 맡으며
철사로 잘라낸 버터 조각에 코를 대며
아직 차가운 시장의
사과 향내를 맡으며

13.

맘마 로마의 안나 마그나니
그녀는 아들의 죽음을 알리는 통지를 받았다
그리고 그의 방 창문을 통해서 본다

아직 그의 물건들이 놓여있는
도시 변두리에 새로 지은 집 그리고 그 뒤로
영원한 도시의 무자비한 반구
제한된 세계에서 튀어나와 고통의 우주로

14.

오늘 사람들이 나를 마주칠 때면
그렇게 친절하게 바라본다
그들은 전수받았는가 그래서 상냥하게
그것이 시간문제에 불과한
다른 모든 사람들에게처럼?

15.

몽파르나스 묘지
오후 고양이들이 무덤들 사이를
삶의 순간들처럼 튀어오른다
삶의 순간들이 거대한 공동묘지 무덤들 사이에서
고양이처럼 튀어오르고
마른 단풍나무 풀씨 다발이 붕붕거리며 울고
하늘에 구름들이 지나간다

16.

일에 만족하여
나는 카페에 갔다
뮤직 박스 옆에 섰다
가죽부츠를 신은 한 여인이 데크 옆에 서있었다
그리고 이제 이 시는 정녕 계속되어야 했던 것이다

17.

고통으로 눈이 먼 순례자여
강변을 배회하는 산책자들에게 제대로 알려지기 전에

타자기 앞에 집중한 나는
공적으로 알려진 바 없는 너의 사이 시간들을 기록한다
내 말들은 거기에 의연하게 있다
너를 위해
나 없이도

| 주 |

프롤로그와 서장

1 Kracauer, *Straßen in Berlin und anderswo*, p. 32. 이하 크라카우어의 원전 인용은 SB, AG, AE, OM, OB, BN 등으로 약어 표기하고 참고문헌에 서지사항을 밝힘.

2 SB, p. 39.

3 Bauman, *Flaneure, Spieler und Touristen*, p. 213. 하지만 바우만은 산책이 "그럼에도 대개는 여전히 중산층의 활동(혹은 적어도 점증하는 소비자들의 삶의 스타일)이라고 할 수 있다"고 첨언하면서 산책자 토포스를 중산층 소비자에 제한한다. 그러나 산책자는 세대, 계층, 계급과 같은 기존의 사회학적 범주로 포착하기에는 다소 어려운 일상의 활동이다.

4 Simmel, "The Metropolis and Mental Life," pp. 174-185 참조.

5 짐멜 역시 현대 인물군상의 특징을 '이동'에서 보고 있다. 그리고 이들 인물군상들은 퇴니에스가 제시한 공동사회(Gemeinschaft)와 이익사회(Gesellschaft)의 전통적 구분에 비춰볼 때 현대 이익사회에 출현한 인물들에 해당한다. 산책에서 유목으로 이행하는 산책의 역사적 변증법도 사실은 이 두 사회의 구조적 이행과 무관하지 않을 것이다. Simmel, "The Metropolis and Mental Life," p. 180 참조.

6 Simmel, "The Adventure," pp. 221-232, 특히 p. 222 참조.

7 Handke, *Das Ende des Flanierens*, p. 97.

8 들뢰즈/가타리, 『천개의 고원』 참조.

9 마페졸리, 『노마디즘』, 37-38쪽.

10 같은 책, 37쪽.

11 같은 책, 같은 쪽.

12 마페졸리를 포함해서 그에 대해 긍정적이든 부정적이든 바우만의 경우도 그에 해당한다. Bauman, *Flaneure, Spieler und Touristen* 참조.

13 이 용어의 의미에 대해서는 Changnam Lee, ed., *The Transnational Flâneur, Sociétés*, 2017년 특집호 참조.

14 Benjamin, *Gesammelte Schriften*, Bd. I.2, p. 627; V.1, p. 532 참조. (이하 발터 벤야민의 원전 인용은 전집 권수와 페이지를 병기하는 방식으로 표시.)

15 Benjamin, III, p. 198 참조.

16 Hessel, *Spazieren in Berlin*, p. 23.

17 Benjamin, V.1, 단편번호 M 20,1 및 M 20a,1 참조.

18 Benjamin, V.1, p. 538.

19 Benjamin, V.1, p. 559.

20 Cited from Benjamin, I.2, p. 622.

21 모스코비치, 『군중의 시대』, 이상률 옮김, 문예출판사, 1996, 124-125쪽.

22 같은 책, 154쪽.

23 "순수한 산책자는 그 자신의 개성을 충만하게 견지한다. 그에 반해 구경꾼의 그것은 그들이 외부세계에 열광하고 도취되기 때문에 외부세계에 흡수되어 사라지고 만다."(Victor Fournel, cited from Benjamin, V.1, p. 540.)

24 Benjamin, V.1, p. 436.

25 Benjamin, V.1, p. 469.

26 Benjamin, I.2, p. 619.

27 Buck-Morss "The Flâneur, the Sandwichman and the Whore: The Politics of Loitering," p. 106; Weidmann, *Flanerie, Sammlung, Spiel*, p. 79 참조.

28 Benjamin, V.1, p. 565.

29 Buck-Morss, "The Flâneur, the Sandwichman and the Whore: The Politics of Loitering," pp. 117-119.

30 Ibid., p. 113.

31 Ibid., p. 118.

32 AE, p. 88 참조.

33 AE, p. 48.

34 "The more systematic its(the firm—필자삽입) organization, the less people have to do with one another."(AE, p. 48.)

35 OM, pp. 107-108.

36 OM, p. 108.

37 경제 영역에 대한 '문화 영역의 자율성과 상이성'에 대해서는 Featherstone, *Undoing Culture: Globalization, Postmodernism and Identity*, p. 29 참조.

38 AE, p. 94.

39 크라카우어에 대한 짐멜과 루카치의 부분적 영향에 대해서는 『직장인』 영어판 편집자의 서문 참조. Inka Mülder-Bach, "Introduction," in AE, pp. 3-22.

40 AE, p. 91.

41 "사무실 기계에 대한 진정한 반격은 화려한 세계이다."(AE, p. 93.)

42 AE, p. 89.

43 AE, p. 88.

44 OM, p. 51.

45 Simmel, *Philosophie der Mode*, p. 32.

46 모스코비치, 『군중의 시대』, 440쪽에서 재인용.

47 Benjamin, V.1, p. 115.

48 Gutzkow, cited from Benjamin, V.1, p. 112.

49 모스코비치, 앞의 책, 447쪽. 타자와 동일시되려는 대중의 의식은 극단화될 경우 정치적으로 전체주의나 문화적 획일화의 원인이 되기도 하지만, 그것의 약화는 대중의 고독, 공포, 사회적 공황 등으로 귀결되기도 한다.

50 OM, p. 67.

51 OM, p. 71.

52 1921년부터 크라카우어는 '프랑크푸르트 신문'의 칼럼니스트로 일하기 시작한다. 이 글은 1927년 첫 출간된 『대중의 장식』(*Das Ornament der Masse*)에 포함되었다. 이후 1930년 출간된 또 다른 칼럼 묶음의 책인 『직장인』(*Die Angestellten*)에서도 다시 언급되고 있다.

53 OM, p. 280.

54 OM, p. 282.

55 OM, p. 314.

56 Adorno, *Noten zur Literatur III*, p. 94.

57 Fleischer, "The Gaze of the Flâneur in Siegfried Kracauer's Das Ornament der Masse," p. 12; Hansen, "Mass Culture as Hieroglyphic Writing: Adorno, Derrida, Kracauer," p. 67 참조.

58 OM, p. 313.

59 OM, p. 15.

60 Benjamin, V.1, p. 513.

61 AE, p. 91.

62 AE, p. 92.

63 Benjamin, II.2, p. 620.

64 Benjamin, II.2, p. 620.

65 Benjamin, II.2, p. 620.

66 Benjamin, V.1, p. 556.

67 Benjamin, III, p. 196.

68 Benjamin, V.1, p. 534.

69 유사부족 혹은 신부족의 사회적 형식으로는 대규모 대중과 대별되는 소규모 대중을 예로 들 수 있으며, 이들은 상대적으로 결속력이 강하고 열정으로 뭉치는 특징을 보여준다. 가령 "스포츠 클럽, 사무실의 친교, 취미가들의 모임, 지방 단위의 정치모임, 압력단체 그룹"(Shields, "Foreword: Masses or Tribes?," p. 9) 등이 그러한 부족의 사례이다.

70 Flusser, *The Freedom of the Migrant*, pp. 42-43 참조.

71 Featherstone, "The Flâneur, the City and Virtual Public Life," p. 923 참조.

72 Goebel, "Benjamin's Flâneur in Japan: Urban Modernity and Conceptual Relocation," p. 389.

73 마페졸리, 『노마디즘』, 75쪽.

I부

1 벤야민은 1935년 8월 숄렘에게 보내는 편지에서 오펜바흐에 대한 크라카우어의 작업과 자신의 『파사주 작품』 연구 계획의 유사성에 대해 언급하고 있다. Frisby, *Fragments of Modernity*, p. 174 참조.

2 이른바 '오스만화'로 불리는 오스만 남작의 파리 재건설에 대한 국내 연구는 아직 미미한 편이다. 민유기는 「19세기 파리의 도시화와 매춘」(2006)에서 매춘을 중심으로 이 사업에 관해 일부 다루었고, 양우현은 에세이 「파괴의 예술가; 오스만」(1995)에서 오스만식 도시 재구조화의 의미에 대해 개론적인 소개와 평가를 했다. 손정목(1989)은 동경과 경성의 도시계획에 오스만의 도시 재구조화가 모델로 도입된 과정을 밝혀주고 있으나, 사업의 시점을 잘못 파악하고 있다. 반면 프랑스를 비롯하여 유럽과 영미권에서 오스만에 대한 연구는 벤야민의 연구를 필두로 근대 도시의 전형에 대한 연구로 상당히 축적되어 있다. 여기서는 그 가운데 특히 벤야민의 『파사주 작품』과 1990년대 이후 연구들 가운데 Harvey, Paris, *Capital of Modernity*, New York, Routledge, 2006; Papayanis, *Planning Paris before Haussmann*, Baltimore & London, Johns Hopkins University Press, 2004; Carmona, *Haussmann: His Life and Times, and the Making of Modern Paris*, translated from the french by Patrick Camiller, Chicago, Ivan R. Dee, 2002 등을 주로 참조한다.

3 Benjamin, V.1, p. 579.

4 『파사주 작품』을 중심으로 이뤄진 근대 역사에 관한 벤야민의 성찰을 중요하게 검토한 연구로는 벅 모스의 『바라봄의 변증법: 발터 벤야민과 아케이드 프로젝트』(Buck-Morss, *Dialectic of Seeing: Walter Benjamin and The Arcades Projects*, The MIT Press, 1991)를 들 수 있다. 그러나 벅 모스에게는 상대적으로 도시가 주변적 중요성만을 지닌다. 질로크(Graeme Gilloch)에 따르면 "그녀의 해석에서 도시적 특성은 주변적인 역할만을 담당하고 있다. 벅 모스는 보들레르에게 상품뿐 아니라 도시 그 자체도 시적 대상이었음을 간과하는 경향이 있다."(질로크, 『발터 벤야민과 메트로폴리스』, 274쪽.)

5 1927년 착수한 이 작업은 이후 라시스(Asja Lacis)와의 대화 및 아도르노, 호르크하이머의 '사회연구소' 측과 협의를 하는 과정에서 1935~39년에 걸쳐 계획수정을 거친다. 지금 현재 우리에게 알려진 원고는 벤야민이 바타유에게 맡겼던 것으로 파리 국립문서보관소를 거쳐서 이후 공개된 것이다. 『파사주 작품』의 성립에 관한 자세한 논의는 Missac, *Benjamins Passage*, pp. 180-191를 참조할 것.

6 Missac, *Benjamins Passage*, p. 187.

7 Muir, *Approaches to Landscape*, pp. 212-243 참조.

8 이 개념에 대해서는 이 장의 73쪽 '시간과 공간의 판타스마고리'를 참조할 것.

9 Carmona, *Haussmann: His Life and Times, and the Making of Modern Paris*, p. 10.

10 생시몽의 '순환'의 이념에 대해서는 Papayanis, *Planning Paris before Haussmann*, pp. 103-105와 Harvey, *Paris, Capital of Modernity*, pp. 74-77 참조.

11 Benjamin, V.1, p. 187. 『파사주 작품』의 프랑스어 단편들은 Howard Eiland와 Kevin Mclaughlin가 번역한 영어판 *The Arcades Project*, Harvard University Press, 1999를 참조함.

12 오스만은 도시 외곽의 방대한 녹지로 파리 동-서 양단에 불로뉴 숲과 뱅센느 숲 등의 대규모 공원을 조성했는데, 이는 도시의 확장을 대비한 개발제한 구역으로서의 역할을 했다.(양우현, 「파괴예술가—오스만」, 163, 164쪽 참조.) 또 부르주아 역사를 기념비적으로 표현하는 건축물들을 도로 끝에 배치하고, 군대를 신속하고 효율적으로 이동시킬 수 있는 도로 정비도 시행했다.

13 Carmona, *Haussmann: His Life and Times, and the Making of Modern Paris*, p. 147 참조.

14 Benjamin, V.1, p. 193.

15 Harvey, *Paris, Capital of Modernity*, p. 64.

16 Benjamin, V.1, p. 46.

17 "국가의 정치권력은 폴리스 즉 도로관리"이다.(Virilio, *Speed and Politics: An Essay on Dromology*, p. 68; 들뢰즈/가타리, 『천개의 고원』, 742쪽 참조.)

18 들뢰즈와 가타리(2003)는 홈이 파인 공간(도로 등)과 매끈한 공간(바다, 사막, 초원)의 유형적 구분을 통해 공간의 양태를 구분한다. 여기서 국가는 홈이 파인 공간을 생성시키고 관리하는 주체이다.

19 같은 책, 741쪽.

20 Carmona, *Haussmann*, p. 8.

21 Ibid.

22 Benjamin, V.1, p. 198.

23 Virilio, *Speed and Politics*, p. 29.

24 Ibid., p. 41.

25 Ibid., p. 30.

26 Benjamin, V.1, p. 180.

27 Benjamin, V.1, p. 199.

28 Benjamin, V.1, p. 57.

29 민유기, 「19세기 파리의 도시화와 매춘」, 147쪽.

30 같은 논문, 156쪽 참조.

31 Carmona, *Haussmann*, p. 144.

32 Benjamin, V.1, p. 57.

33 Benjamin, V.1, p. 56.

34 Benjamin, V.1, p. 210.

35 Harvy, *Paris, Capital of Modernity*, p. 260 참조.

36 Benjamin, V.1, p. 193.

37 Carmona, *Haussmann*, p. 150.

38 Krase, "Archiv der Blicke: Inventar der Dinge Eugène Atges Paris," p. 129 참조.

39 Benjamin, V.1, p. 73.

40 Benjamin, V.1, p. 192.

41 질로크, 『발터 벤야민과 메트로폴리스』, 347쪽.

42 Benjamin, V.1, p. 186.

43 Milun, *Pathologies of Modern Space: Empty Space, Urban Anxiety, and the Recovery of the Public Self*, p. 80 참조.

44 Benjamin, V.1, p. 181.

45 Benjamin, V.1, p. 189.

46 Benjamin, V.1, p. 188.

47 들뢰즈/가타리, 『천개의 고원』, 742쪽 참조.

48 같은 책, 741쪽.

49 Carmona, *Haussmann*, p. 145 참조.

50 Benjamin, V.1, p. 186.

51 Papayanis, *Planning Paris before Haussmann*, p. 134 참조.

52 Ibid., p. 135.

53 Muir, *Approaches to Landscape*, p. 218.

54 Virillo, *Speed and Politics*, p. 31.

55 Benjamin, V.1, p. 188.

56 Benjamin, V.1, p. 52.

57 Papayanis, *Planning Paris before Haussmann*, p. 136.

58 Ibid., p. 129.

59 Benjamin, V.1, p. 65.

60 "푸리에의 논점들(가령 우주의 연결)은 기괴하고 다른 것들은 너무 상궤를 벗어나서 그를 미쳤다고 비난하기 쉬울 정도였다."(Harvey, *Paris, Capital of Modernity*, p. 70.)

61 Virilio, *Speed and Politics*, p. 40.

62 Benjamin, V.1, p. 198.

63 Harvy, *Paris, Capital of Modernity*, p. 110.

64 홉스봄, 『제국의 시대』, 81쪽 참조.

65 Harvy, *Paris, Capital of Modernity*, p. 115.

66 교외를 파리로 병합하는 일은 1860년경부터 이루어지는데, 이는 오스만의 사업에 추가적인 경제적 부담이 되기도 했다.(Pinkney, "Money and Politics in the Rebuilding of Paris, 1860~1870," p. 46 참조.)

67 Harvy, *Paris, Capital of Modernity*, p. 278.

68 Ibid., p. 278 참조.

69 Ibid., p. 316 참조.

70 질로크, 『발터 벤야민과 메트로폴리스』, 347쪽.

71 Papayanis, *Planning Paris before Haussmann*, p. 136.

72 이창남, 「역사의 천사—벤야민의 역사와 탈역사 개념에 대하여」, 235쪽 참조.

73 Benjamin, V.2, p. 1257.

74 Benjamin, V.1, p. 183.

75 Benjamin, V.1, p. 192.

76 Papayanis, *Planning Paris before Haussmann*, p. 142.

77 한센병과 한센환자 격리는 유럽에서 18세기에 사라졌지만, 그러한 사고유형은 계속 견지된다. 이는 도시 빈민에게도 적용된다. Ibid., p. 145 참조.

78 Ibid., p. 146 참조.

79 친오스만계 인사가 쓴 것으로 추정되는 문구에 따르면, "그는 우리에게 완벽한 강을 제공해주었다. 또한 대하수구도 팠다."(Benjamin, V.1, p. 187.)

80 Benjamin, V.1, p. 519.

81 Gandy, "The Paris Sewers and the Rationalization of Urban Space," p. 35 참조.

82 Parent-Duchâtelet, cited from Gandy, "The Paris Sewers and the Rationalization of Urban Space," p. 34.

83 Ibid., p. 34.

84 Ibid.

85 Ibid., p. 36 참조.

86 Papayanis, *Planning Paris before Haussmann*, p. 151.

87 Carmona, *Haussmann*, p. 427.

88 Benjamin, V.1, p. 201.

89 Benjamin, V.1, p. 202.

90 Pinkney, "Money and Politics in the Rebuilding of Paris, 1860~1870," p. 50 참조.

91 1869년까지 사업에 들어간 전체비용은 25억 프랑이었다. 이는 황제와 오스만 모두 예견하지 못한 정도의 액수였으며, 19세기의 화폐가치로 볼 때 어마어마한 액수였다.(Ibid., p. 45 참조.)

92 Ibid., pp. 52-61 참조.

93 Harvy, *Paris, Capital of Modernity*, p. 317.

94 Benjamin, V.1, p. 56.

95 Milun, *Pathologies of Modern Space*, p. 70.

96 텅 빈 공간의 병리학에 대해서는 Milun, *Pathologies of Modern Space*, 2007 참조.

97 Virilio, *Speed and Politics*, p. 41.

98 Benjamin, V.1, p. 57.

99 Benjamin, V.1, p. 57.

100 Benjamin, V.1, p. 56.

101 Benjamin, V.1, p. 57.

102 Benjamin, V.1, p. 27.

103 마르크스, 『자본 I-1』, 91쪽.

104 Benjamin, V.2, p. 1256f.

105 Milun, *Pathologies of Modern Space*, p. 55 참조.

106 Ibid., p. 52 참조.

107 Buck-Morss, "The Flâneur, the Sandwichman and the Whore: The Politics of Loitering," p. 100.

108 Reil, *Siegfried Kracauers Jacques Offenbach*, p. 59 참조.

109 Tambling, *Opera and the Culture of Fascism*, p. 24 참조.

110 Benjamin, V.2, p. 1258.

111 Benjamin, V.1, p. 83.

112 Benjamin, V.1, p. 83.

113 Benjamin, V.1, p. 86.

114 Benjamin, V.1, p. 90.

115 Benjamin, V.1, p. 191.

116 Benjamin, V.1, p. 95.

117 Benjamin, V.1, p. 91.

118 Benjamin, V.1, p. 102.

119 Benjamin, V.1, p. 1006.

120 Benjamin, V.1, p. 104.

121 Benjamin, V.1, p. 221 참조.

122 보들레르, Benjamin I.2, p. 649에서 재인용.

123 Benjamin, V.1, p. 534.

124 Benjamin, V.1, p. 45.

125 Benjamin, V.1, p. 45.

126 질로크, 『발터 벤야민과 메트로폴리스』, 253쪽.

127 Benjamin, V.1, p. 540 참조.

128 Benjamin, V.1, p. 559.

129 Benjamin, I.2, p. 561.

130 질로크, 『발터 벤야민과 메트로폴리스』, 242쪽.

131 Benjamin, V.1, p. 448.

132 소비사회와 문화의 관계에 대해서는 Featherstone, *Consumer Culture & Postmodernism*, pp. 17-28 참조.

133 Benjamin, V.1, p. 111.

134 Benjamin, V.1, p. 111.

135 Benjamin, V.1, p. 55.

136 특히 크라카우어의 「린덴 파사주와의 작별」(Abschied vom Rindenpassage)이라는 에세이는 이러한 변증법을 잘 드러낸다. 이에 대해서는 Ⅱ부에서 자세히 다룬다.

137 Benjamin, V.1, p. 235.

138 Benjamin, V.1, p. 533.

139 Benjamin, V.1, p. 527.

140 르 봉, 『군중심리』, 73쪽 참조.

141 같은 책, 117-118쪽.

142 Benjamin, V.1, p. 235.

143 Benjamin, V.1, p. 1236.

144 Benjamin, V.1, p. 236.

145 Benjamin, V.1, p. 232.

146 Benjamin, V.2, p. 944.

147 Benjamin, V.2, p. 943.

148 OB, p. 132 참조.

149 Benjamin, V.1. p. 245.

150 Benjamin, V.1, p. 245 참조.

151 OB, p. 132.

152 Benjamin, V.2, p. 944.

153 Benjamin, V.2, p. 943.

154 OB, p. 188.

155 OB, p. 98.

156 Simmel, "The Berlin Trade Exhibition," pp. 255-258 참조.

157 Frisby, *Cityscape of Modernity*, p. 101; *Fragments of Modernity*, p. 75 참조.

158 Benjamin, V.2, p. 248.

159 Benjamin, V.2, p. 251 참조.

160 Benjamin, V.1, p. 244.

161 Benjamin, V1, p. 243.

162 이에 대해서는 3장에서 좀 더 자세히 검토한다.

163 OB, p. 10 참조.

164 Benjamin, V.1, p. 268.

165 Benjamin, V.2, p. 664.
166 Benjamin, V.2, p. 662.
167 Benjamin, V.2, p. 662.
168 Benjamin, IV.1, p. 240.
169 Benjamin, V.2, p. 664.
170 Benjamin, V.1, p. 513.
171 Benjamin, V.1, p. 55.
172 Benjamin, V.1, p. 230.
173 "어떤 것이든 보는 것은 좋으나 만져서는 안 된다."(Benjamin, V.1, p. 267.)
174 Simmel, "The Berlin Trade Exhibition," p. 257.
175 Benjamin, V.1, p. 267.
176 벅 모스, 『발터 벤야민과 아케이드 프로젝트』, 125쪽.
177 같은 책, 175쪽.
178 같은 책, 175쪽 참조.
179 Chakrabarty, *Provincializing Europe*, p. 6.
180 Benjamin, V.2, p. 1000.
181 Frisby, *Fragments of Modernity*, p. 174 참조.
182 OB, p. 9 참조.
183 이상 OB, p. 84.
184 OB, p. 83.
185 OB, p. 84.
186 OB, p. 166.
187 OB, p. 76.
188 OB, p. 79.
189 OB, p. 172.
190 조은라, 「댄디즘과 모더니티」, 43-59쪽 참조.
191 OB, p. 77.
192 OB, p. 105.
193 OB, p. 253.
194 OB, p. 168.
195 OB, p. 99.
196 Benjamin, V.1, p. 52.
197 Benjamin, V.1, p. 52.

198 OB, p. 85.
199 OB, p. 107.
200 OB, p. 285.
201 OB, p. 249.
202 OB, p. 261.
203 OB, p. 261.
204 OB, p. 262.
205 OB, p. 263.
206 OB, p. 261.
207 마페졸리, 『노마디즘』, 111쪽.
208 OB, p. 84.
209 OB, p. 84.
210 OB, p. 84
211 파리의 사기꾼이 스웨덴에서 온 남작부인을 유혹하는 한 대목은 이렇다. "이리 다가오세요/ 내가 미혼이라면 좋았을 텐데/ 아, 그런 건 방해될 거 없어요."(오펜바흐, 〈파리의 삶〉에서)
212 이창남, 「메트로폴리스 경계 위의 고스트 이미지: 파리와 〈오페라의 유령〉」, 47-75쪽 참조.
213 OB, p. 81.
214 같은 책 참조.
215 OB, p. 229.

II부

1 이에 대해서는 Changnam Lee, "Siegfried Kracauer's Metaphysics of the Passage and Methodology of Social Science," in Georgia Giannakopoulou and Graeme Gilloch (ed.), *The Detective of Modernity* (Forthcoming, Routledge 2020) 참조.
2 OM, p. 108.
3 OM, p. 108.
4 1933년 크라카우어가 칼럼 연재를 중단한 것은 나치 집권과 같은 불운한 역사가 작용한 것도 사실이다. 그러나 1920, 30년대의 바이마르 공화국의 모던한 도시와 문화의 양상을 단지 파시즘을 향해 치닫는 과정으로만 평가하는 것은 단견이

될 것이다. 당대 사회와 문화에 대한 크라카우어의 양가적 입장 즉 매혹과 비판도 그런 관점에서 조명할 필요가 있다. 이러한 측면에서 크라카우어의 초기 산문들은 1933년에서 1941년까지 파리 망명시절의 글들과 차이를 보인다.

5 Mülder-Bach, "Introduction," in AE, p. 12.

6 웨인(Wayne, 2013)의 경우와 같이 양자 사이의 연계성을 추적하는 시도도 있다.

7 Neckel, "Emblematische Soziologie als Kritik: Siegfried Kracauer," p. 208.

8 이에 대해서는 Miriam Hansen(1992), Inka Mülder(1985) 참조.

9 Adorno, "Der wunderliche Realist: Über Siegfried Kracauer," pp. 388-408.

10 Frisby, *Fragments of Modernity*, p. 288 참조.

11 Benjamin, "'An Outsider Attracts Attention': on The Salaried Masses by S. Kracauer," p. 108.

12 Ibid., p. 114.

13 Graeme Gilloch의 실제 발음은 '길로크'나 '길록'이 더 정확하며, 그의 저서를 한국어로 옮기면서 이름을 '질로크'라고 표기하는 사소한 오류가 생긴 듯하다. 이 책에서는 그 번역판을 인용할 때만 '질로크'라고 주에 표기하고, 본문에서는 '길로크'로 한다.

14 Gilloch, *Siegfried Kracauer: Our Companion in Misfortune*, 2015.

15 벤야민의 개정판 새 전집 *Walter Benjamin Werke und Nachlass 8*, hrsg. v. Detlev Schöttker unter Mitarbeit von Steffen Haug, Frankfurt am Main, 2009, p. 261 참조.

16 OM, pp. 249-255 참조.

17 Benjamin, "Ein Außenseiter macht sich bemerkbar," III, pp. 219-225; "S. Kracauer, Die Angestellten," III. pp. 226-228; "'An Outsider Attracts Attention': on The Salaried Masses by S. Kracauer," pp. 109-114.

18 SB, p. 32.

19 SB, p. 32.

20 SB, p. 39.

21 이에 대해서는 Changnam Lee, "Siegfried Kracauer's Metaphysics of the Passage and Methodology of Social Science" 참조.

22 SB, p. 35.

23 SB, p. 33.

24 SB, p. 38.

25 SB, pp. 37-38 참조.

26 SB. p. 44.

27 SB, p. 45.

28 SB, p. 52.

29 OM, p. 109.

30 SB, p. 210.

31 '아고라포비아'에 대해서는 이 책의 Ⅲ부 참조.

32 OM, p. 108 참조.

33 SB, p. 9.

34 SB, p. 132.

35 SB, p. 40.

36 SB, p. 41.

37 SB, p. 10.

38 SB, p. 22.

39 이상 SB, pp. 199-200.

40 SB, p. 198.

41 SB, p. 201 참조.

42 게오르그 짐멜, 『짐멜의 모더니티 읽기』, 김덕영/윤미애 옮김, 새물결, 2005, 62쪽 참조.

43 나치 시기에 알베르트 슈페어의 '세계수도 게르마니아'(Welthauptstadt Germania) 계획에서 '승리의 거리'는 게르마니아의 남북 방향을 축으로 기획되었다. (https://de.wikipedia.org/wiki/Siegesallee 참조.)

44 SB, p. 201 참조.

45 SB, p. 178.

46 SB, p. 180.

47 '참여관찰자'라는 용어는 아도르노가 「기묘한 리얼리스트—지그프리트 크라카우어에 대하여」라는 에세이에서 쓴 표현이다.(Adorno, "Der wunderliche Realist," p. 399.) 이후 이 용어는 여러 연구자들에 의해 수용된 바 있다.

48 Katz, "The Hotel Kracauer," p. 146.

49 SB pp. 188-189 참조.

50 SB p. 178.

51 Benjamin, IV.1, p. 472.

52 SB, p. 186.

53 SB, p. 189.

54 SB, p. 190.

55 SB, p. 160.

56 이에 대해서는 Ⅲ부에서 이상의 광장 공포와 박태원의 여성 산책자에 대한 서술을 소재로 좀 더 자세히 재론한다.

57 SB, p. 158 참조.

58 SB, pp. 180-181.

59 SB, p. 191.

60 Mülder, *Siegfried Kracauer: Grenzgänger zwischen Theorie und Literatur, Seine frühen Schriften 1913-1933*, p. 70 참조.

61 바우만, 『액체근대』, 44쪽.

62 같은 책, 44쪽.

63 같은 책, 95쪽.

64 AG, p. 90.

65 AG, p. 91.

66 AG, p. 11.

67 AG, p. 12.

68 AG, p. 12.

69 AG, p. 15.

70 AG, p. 19.

71 AG, p. 20.

72 AG, p. 23.

73 AG, p. 25.

74 AG, p. 25.

75 AG, p. 26.

76 AG, p. 26 참조.

77 AG, p. 36.

78 AG, p. 35.

79 AG, p. 35.

80 AG, p. 37.

81 AG, p. 36.

82 AG, p. 36f.

83 AG, p. 39.

84 AG, p. 44 참조.

85 AG, p. 44.

86 Band, *Mittelschichten und Massenkultur: Siegfried Kracauers publizistische Auseinandersetzung mit der populären Kultur und der Kultur der Mittelschichten in der Weimarer Republik*, p. 139 참조.

87 Ibid.

88 'Allgemeiner freier Angestelltenbund'의 약칭.

89 Band, *Mittelschichten und Massenkultur*, p. 139.

90 Benjamin, V.1, p. 562.

91 Frisby, *Fragments of Modernity*, p. 165 참조.

92 Ibid.

93 AG, p. 91.

94 Katz, "The Hotel Kracauer," p. 138.

95 Ibid., p. 147.

96 Ibid., p. 136.

97 OM, p. 169.

98 OM, p. 163.

99 OM, p. 159.

100 Augé, *Non-Places: An Introduction to Supermodernity*, p. 63.

101 AG, p. 97.

102 Katz, "The Hotel Kracauer," p. 144.

103 AG, p. 97.

104 AG, p. 98.

105 OM, p. 288.

106 OM, p. 311 참조.

107 OM, p. 312.

108 OM, p. 313.

109 OM, p. 316 참조.

110 OM, p. 280.

111 OM, p. 279 참조.

112 OM, p. 295 참조.

113 OM, p. 316.

114 AG, pp. 99-100.

115 OM, p. 314.

116 물론 당시 많이 유행했던 영화들의 내러티브들처럼 "가난한 사람은 복이 있나니 하늘나라가 그들의 것이요"(OM, p. 297)라는 성서 구절과 같은 내용으로 사회적 갈등을 봉합하는 이념적 문제를 크라카우어가 간과하고 있지는 않다.

117 SB, p. 49.

118 OM, p. 40.

119 OM, p. 313.

120 OM, p. 47.

121 OM, p. 41.

122 OM, p. 41.

123 특히 기술 자체를 위한 기술들 그리고 그 기술들이 왜 모든 것을 기술적으로 만들어야 하는지 알지 못하는 구조는 여행과 춤이 단순히 문화적 대상물을 넘어서 근대적 시공간의 체험과 대중의 의식의 이원적 분절들을 주제화한다고 할 수 있다.

124 OM, p. 46 참조.

125 OM, p. 44 참조.

126 OM, p. 48.

127 OM, p. 43.

128 SB, p. 223.

129 크라카우어가 "그 자체로는 아무런 고유한 가치를 가지고 있지 않은 여자 및 남자 원자들"(BN, p. 32)이라 칭한 틸러걸들은 "대중과 유비적"(BN, p. 32) 관계를 지닌 존재들이다. 틸러걸들은 영국의 안무가 존 틸러(John Tiller)의 이름을 따서 지은 것(Eksteins, "Rag-Picker: Siegfried Kracauer und the Mass Ornament," p. 611 참조)으로, 영국에서 유래한 것으로 알려져 있다(Gilloch, *Siegfried Kracauer*, 2015 참조). 하지만 그것이 본격적으로 유행한 것은 미국에서이며, 크라카우어 역시 유럽에 수입된 미국의 문화적 산물로 이해하고 있다. 또한 틸러걸의 춤은 근대적 기업문화와 밀접히 관련된 것으로 이해된다. 그런 점에서 크라카우어는 그것을 일종의 근대적 경제의 낙관적 전망을 담은 '환영'으로 비판하기도 한다.(SB, p. 203 참조.)

130 BN, p. 89.

131 BN, p. 90 참조.

132 SB, p. 162.

133 Featherstone, *Undoing Culture: Globalization, Postmodernism and Identity*, p. 83 참조.

134 OM, p. 49.

135 OM, p. 322 참조.

136 Wayne, "Transcoding Kant: Kracauer's Weimar Marxism und After," p. 76.

137 유행이 지난 사물들을 수집가가 재구성하는 일에 대한 벤야민의 긍정적인 평가도 이러한 측면에서 이해할 수 있다.(Ibid., p. 75 참조.) 벤야민이 크라카우어에 대한 서평에서 그를 '넝마주의'라고 칭한 것은 죽은 사물들을 모으는 크라카우어의 작업이 갖는 함의를 시사한다.

138 Kracauer, cited from Moris Eksteins, "Rag-Picker: Siegfried Kracauer und the Mass Ornament," pp. 612-613.

139 Simmel, "The Sociology of Sociability," pp. 120-130.

140 Benjamin, II.2, p. 431.

141 Benjamin, II.2, p. 431.

142 벤야민의 여러 글들에서 세속적 육체와 세속적 삶의 공동체는 다양한 변주로 표현되고 있다. 가령 1920년대에 쓴 「폭력 비판」(1921)에서 그것은 "한낱 삶" (II.1, p. 202)이며, 「독일 비극의 기원」(1927)에서는 "피조물"이며, 「카프카」 (1934)에서는 "성 아래 마을"이다.

143 Simmel, "Sociology of the Meal," pp. 130-135 참조.

144 Mellor and Shilling, *Re-forming the Body: Religion, Community and Modernity*, p. 16 참조.

145 Ibid., p. 14 참조.

146 Bauman, *Flaneure, Spieler und Touristen*, p. 206.

147 Benjamin, I.1, p. 317.

148 프로이트 역시 『문명 속의 불만』에서 시각 중심적 편향을 지적하면서 그것을 문명사 비판의 계기로 삼았다. 이 비판은 '억압'의 과정으로서 문명사 자체를 겨냥하고 있는데, 그에 따르면 직립보행과 더불어 인간의 감각의 위계가 설정되고 시각이 우위를 점하면서 다른 감각들은 하위의 것으로 폄하되었다는 것이다. 프로이트는 이것을 문명의 불쾌한 '억압'으로 진단하고 있다.

149 Simmel, "Sociology of the Senses," p. 114.

150 Benjamin, IV.1, p. 146.

151 Benjamin, IV.1, p. 147.

152 Benjamin, IV.1, p. 147.

153 톰린슨, 『세계화와 문화』, 236쪽 참조.

154 SB, p. 36.

155 벤야민의 이미지 이론에 대해서는 이창남, 「메트로폴리스 경계 위의 고스트 이미지」, 47-75쪽 참조.

156 Benjamin, II.1, p. 297.

157 Benjamin, II.1, p. 309f 참조.

158 이에 대해서는 이창남, 「메트로폴리스 경계 위의 고스트 이미지」, 47-75쪽 참조.

159 볼츠/라이엔, 『발터 벤야민—예술, 종교, 역사철학』, 115쪽.

160 Benjamin, II, p. 1022.

161 Maffesoli, *The Time of The Tribes*, p. 44.

162 마페졸리, 『노마디즘』, 37쪽.

163 이 장의 서두에서도 지적했듯이 짐멜의 'sociability'는 '사회성'이라 옮기는 경우가 많으나, 여기서는 잠재적 역능과 가능성을 강조하는 의미에서 '사회가능성'이라고 한다.

164 Simmel, "The Sociology of Sociability," p. 120.

165 이 장은 1922년 독일어로 출간된 『사회학』(Soziologie)의 "사회적 그룹의 교차"(Die Kreuzung sozialer Kreise)라는 제목의 장인데, 여기서는 쿠르트 볼프(Kurt Wolff)와 라인하르트 벤딕스(Reinhard Bendix)의 영역판 *Conflict & The Web of Group-Affiliations*, 1964에서 인용한다.

166 Simmel, "The Web of Group-Affiliations," pp. 125-195.

167 Benjamin, IV.1, p. 125.

168 Benjamin, VI, p. 491.

169 SB, p. 16.

170 또한 크라카우어는 비슷한 시기에 출간된 벤야민의 『독일 비극의 기원』과 『일방통행로』에 대한 서평 「벤야민의 글들에 대하여」에서 주제와 서술 방식의 차이에도 불구하고 두 저작은 "시대에 낯선 사고의 표현"이라는 점에서 공통점을 갖는다고 평가하고 있다.

171 Bauman, *Flaneure, Spieler und Touristen*, p. 83.

172 Ibid., p. 84.

173 Ibid., p. 845.

174 Ibid., p. 88.

175 Ibid., p. 90.

176 Ibid., p. 88 참조.

177 Maffesoli, *Der Schatten des Dionysos*, p. 42 참조.

178 Simmel, *Conflict & The Web of Group-Affiliations*, p. 127.

179 MacCannell, *Empty Meeting Grounds: The Tourist Papers*, 1992, p. 89, cited from Bauman, *Flaneure, Spieler und Touristen*, p. 224.

180 Wayne, "Transcoding Kant: Kracauer's Weimar Marxism und After," p. 69.

181 Benjamin, I,1, p. 216.

182 Wayne, "Transcoding Kant," p. 69 참조.

183 콘스텔레이션은 사회조직의 여성적 구성 원리를 내포하는 개념이기도 하다. 짐멜에 따르면 여성은 '가족적 유대의 원칙'을 대표한다. 따라서 근대에 친족적 사회구성체가 전쟁 같은 특정 목적에 따른 합리적 사회구성체에 의해 와해되는 과정에서 "모든 여성적인 것"(Simmel, *Conflict & The Web of Group-Affiliation*, p. 131)에 대한 비난이 나타나고, 군대와 같은 사회조직들에서 "여성의 무능"(Ibid., p. 131)에 대한 혐오가 나온 것도 설명될 수 있다.

184 Maffesoli, *Der Schatten des Dionysos*, p. 48.

185 OM, p. 108.

186 물론 벤야민의 모델이 반드시 크라카우어의 해법과 일치하는지는 숙고해볼 여지가 있다. 왜냐하면 벤야민과 유사한 문제의식을 담은 「기다리는 자」(Die Wartende)라는 단편에서 크라카우어는 자신의 분명한 입장을 전제하지 않은 채 근현대의 문제에 대한 대응의 유형으로 '회의론자', '속단론자', '기다리는 자' 등을 제시하고 있기 때문이다. 하지만 그가 "개인주의적, 소박한 시민적 시대의 종말"(OM, p. 253)을 보여주었다고 평가한 벤야민의 『일방통행로』에서는 바로 '도취'를 매개로 부르주아 시대에 상실된 사회적 관계의 회복을 요청하는 우주적 경험이 제시되고 있다는 점에서 두 사람의 문제의식과 비전에 일정한 공통분모가 있다고 할 수 있다.

187 Benjamin, VI, p. 144.

188 이러한 사회학적 인류학의 문맥에서 벤야민의 1930년대 에세이 「유사성론에 관하여」(Von der Lehre der Änlichkeit)도 다시 검토할 수 있을 것이다.

189 Maffesoli, *The Time of The Tribes*, p. 66; *Der Schatten des Dionysos*, p. 44 참조.

190 Benjamin, II. 1, p. 295.

191 오르기즘(Orgiasmus)의 사회학적 의미에 대해서는 Maffesoli, *Der Schatten des Dionysos*의 4장 "Der Orgiasmus als Träger des Gemeinschaftslebens," pp. 106-135 참조.

Ⅲ부

1 앤소니 킹, 『도시문화와 세계체제』, 27쪽 참조.

2 Goebel, *Benjamin Heute*, p. 113 참조.

3 Berman, *Enlightenment or Empire: Colonial Discourse in German Culture*, 1998; Günther, *Aufbruch nach Asien: Kulturelle Fremde in der deutschen Literatur um 1900*, 1988.

4 Günther, cited from Goebel, *Benjamin Heute*, p. 111.

5 Goebel, *Benjamin Heute*, p. 112.

6 Benjamin, V.1, p. 524.

7 이 책의 Ⅱ부 6장의 소절 '여행과 춤' 및 BN, p. 90 참조.

8 Said, *Reflections on Exile and Other Essays*, p. 446.

9 프랫은 유럽의 제국주의를 명시적으로 비판했던 19세기 초 알렉산더 홈볼트의 라틴아메리카 여행과 여행기를 여전히 제국주의적 시선 안에 갇힌 것으로 본다. 홈볼트가 당시 식민주의자들이 이미 마련해둔 인프라 즉 도로, 마차 그리고 노동력 등을 활용했던 것을 들어 "식민지 사회기반시설의 경계 밖으로 걸음을 옮긴 적이 단 한 번도 없었다"(프랫, 『제국의 시선』, 287쪽)고 단언하고, 유럽에서 만든 의도하지 않은, 그러나 그 영향 때문이라고 추정되는 결과들—가령 멕시코 은광에 대한 영국인들의 투자 붐—까지 들며 그 여행기를 식민주의적으로 보는 근거로 삼고 있다.(같은 책, 293쪽 참조.). 하지만 홈볼트 자신의 정신적 태도와 배치되는 제국주의 시대의 여건과 상황을 가지고 홈볼트와 그의 여행기 전체를 규정하는 것은 일면적이고 과도해 보인다.

10 잭 런던, 『잭 런던의 조선사람 엿보기』, 98쪽. "내가 중요하면서도 까다로운 문제를 쉬운 영어로 설명하느라 5분 동안 매우 신경 써서 이야기하고 나면 야마다 씨는 단순히 '어쩌고저쩌고…'라고 장교에게 말하고 나서 곧 이렇게 말하는 것이다. '알아들었답니다.'"

11 벤야민은 '번역가능성' 혹은 '소통가능성'이라는 용어로 타자에 대한 이해의 잠재적 역량을 지칭하고 있다. 트랜스내셔널한 국면에서 이 용어는 어떤 교류와 소통의 단계를 이론적 범주로 파악하기 위한 개념이 될 수 있다.(Changnam Lee, "The Ghost-Image on Metropolitan Borders" 참조.)

12 프랫, 『제국의 시선』, 516쪽 참조.

13 KM, p. 110.

14 KM, p. 23.

15 KM, pp. 81-86 참조.

16 이상 KM, p. 152 참조.

17 KM, p. 251.

18 KM, p. 270.

19 Goebel, *Benjamin Heute*, p. 112 참조.

20 칸트는 『영구 평화론』에서 유럽의 제국주의 이데올로기들을 비판한 바 있다.

21 이재원, 『제국의 시선, 문화의 기억』, 254-257쪽 참조. 프랑스 식민주의를 자세히 다루고 있는 이재원의 책은 소략하게나마 식민주의적 박람회에 대한 프랑스 지식인들의 반대 운동도 소개하고 있다. 여기에 덧붙이자면 이런 사례들에서 나타나는 유럽 내 반식민주의 전통은 예외적인 것이 아니라 유럽 지성사의 강력하고 뚜렷한 흐름이었다.

22 Goebel, *Benjamin Heute*, p. 113-119 참조.

23 예컨대 최혜실, 「"소설가 구보씨의 일일"에 나타나는 '산책자(Flâneur)' 연구—모더니즘 소설의 전형에 대한 일 고찰」, 191-207쪽; 「한국 현대 모더니즘 소설에 나타나는 '산책자(Flâneur)'의 주제」, 31-51쪽; 「산책자의 타락과 통속성—'애경', '명랑한 전망', '여인성장'을 중심으로」, 187-205쪽을 들 수 있다.

24 최혜실(1985, 1994, 1995)은 비교적 일찍 박태원을 소재로 산책자 주제를 거론했지만, 그것을 미학적 모더니즘이라는 문학적 특징의 단서가 되는 계기로만 다룬다. 아울러 성찰적이면서 동시에 탐닉적인 산책자의 양가성을 도덕적인 잣대로 예단하면서 당대 도시문화 및 도시대중과 연계된 산책자의 사회사적 복합성을 단순화하는 경향을 보인다. 다른 한편 권은(2013)은 유럽과 동아시아의 차이를 고려하지 않는 모더니즘의 일반화 경향을 지적하면서 산책자 주제를 '경성'이라는 동아시아 도시의 특수성에 맞게 다룰 것을 제안하고 있다. 이러한 지적은 유의미하게 고려해야 할 측면이 있지만, 서구와 비서구의 차이를 강조하면서도 동서를 넘어 근대적 대도시 공적 공간에 공통적으로 나타나는 일반적인 증후들(가령 짐멜이 지적한 대도시에 노출되는 자극과 신경증)의 동아시아 도시에 대한 적용가능성은 부정한다.(권은, 「고현학과 산책자」, 9-36쪽 참조.) 이처럼 도시 문화의 트랜스내셔널한 양상들을 간과하는 경향은 식민주의 비판이 오히려 동서 간 경계의식을 강화하고 있는 국내 학문장의 역설적 현실에서 비롯되는 것일 뿐 사태 자체에 대한 동서 교류와 관련한 설득력 있는 해명이 되지는 못한다. 특히 짐멜의 도시이론이 박람회에 대한 분석이 모태가 되었다는 프리스비의 지적(Frisby, *Cityscape of Modernity*, p. 101 참조)을 고려하면, 그의 이론이 백화점을 위시한 대도시 상품소비 문화와 스펙터클과 관련해 동서를 넘어 시사하는 바가

적지 않다고 할 수 있다. 일찍이 이 주제를 다룬 이성욱에 따르면, 당시 경성에서 열린 박람회 경험은 "서구 및 일본과 마찬가지로 근대적인 시선의 체제를 익혀 나가는 과정이었다."(이성욱, 『한국근대문학과 도시문화』, 215쪽.)

25 김백영, 『지배와 공간—식민지 도시 경성과 제국 일본』, 475쪽.

26 도시계획은 곧 도시의 규획화(regularization)를 의미한다. 이 개념은 근대 도시계획의 중요한 범례인 파리 개조 프로젝트의 실행자 오스만에게서 빌려 온 것이다. 규획화의 목표는 무질서의 규제와 새로운 질서의 확립이었고, 이를 위해 오스만은 '도식적인 레이아웃'을 적용한다. 이 프로젝트의 목적은 파리라는 집합체에 동질성을 주는 것, 본질적으로는 자본주의 발전의 추진력을 내기에 적절한 도시를 만들고자 하는 것이었다. 이를 통해 중세의 파리를 상징하는 건조물과 공간환경의 대대적인 파괴가 병행되었고, 동시에 새로운 구성으로서의 '세팅'이 대규모로 진전되었다. 이상이 동경을 두고 '세트'와 같다고 표현한 것은 도시의 이러한 일반적인 성격뿐 아니라 동경이 서구의 대도시를 모델로 한 문화적 식민도시, 즉 '복제판' 성격을 갖고 있다는 데 대한 통찰이기도 하지만, 그 밑에는 도시의 본질적 성격에 대한 파악도 함축되어 있다.(손정목, 『일제강점기 도시계획연구』, 99, 101쪽 참조.)

27 같은 책, 105, 158쪽 참조.

28 같은 책, 145-146쪽.

29 손정목, 『일제강점기 도시사회상 연구』, 98쪽 참조.

30 같은 책, 100-101쪽 참조.

31 「파첩」, 『이상 전집 2』, 134쪽.

32 이하에서 인용하는 『이상 전집』 각 권은 '箱 1', '箱 2' 등으로 약칭하고 '참고문헌'에 서지사항을 밝힘.

33 SB, p. 160 참조.

34 『조선과 건축』 권두언 4, 5, 11, 箱 3, 276, 278, 284쪽 참조.

35 미술사학자 엘리너 하이트(Eleanor Hight)는 모홀리 나기가 제시한 단편적 이미지 사용법을 '제유법'(synecdoche)으로 설명한다. 즉 벌레와 새가 보는 일부 각도만으로 전체를 보는 방식에 의해 중심과 주변의 위계질서가 사라지고 그 질서 개념이 분산된다는 것이다.(박신의, 「1920년대 아방가르드 예술과 사진의 새로운 시각: 로드첸코와 모홀리-나기의 '탈프레임의 정치학'」, 192쪽 참조.)

36 한국문학 연구에서 "이상 문학의 표징"으로 간주되어온 '공포'에 대한 기존의 해석은 신형기, 『분열의 기록』, 45-48쪽을 참조할 것. 우리는 이상의 '공포'를 주로 공간에 대한 의식의 문제로 해석해 보고자 한다.

37 Milun, *Pathologies of Modern Space*, p. 25 참조.

38 Ibid., p. 71.

39 Ibid., p. 2.

40 Ibid., pp. 87-88 참조.

41 Deleuze & Guattari, *Mille Plateaux*, p. 601; 들뢰즈/가타리, 『천개의 고원』, 919쪽.

42 Milun, *Pathologies of Modern Space*, p. 87. 들뢰즈와 가타리가 제시하는 홈이 팬 공간으로부터 매끈한 공간으로 '미끄러짐'에 대한 논의에서는 비유클리드적인 리만의 수학과 카오스 이론들이 활용되고 있다.

43 1910년대의 시구 개정, 20년대의 도시계획, 30년대의 시가지 계획(구획 정리)으로 경성의 도시 정비가 진행되었다.

44 「이상한 가역반응」, 箱 2, 13쪽.

45 「선에 관한 각서 2」, 箱 2, 47쪽.

46 「오감도 시제15호」, 箱 2, 96쪽.

47 일본군 2개 사단 병력이 상주하고 있던 식민지 조선에서 관병식이라는 행사는 드문 일이 아니었다.(김백영, 『지배와 공간』, 328쪽 참조.)

48 「파첩」, 箱 2, 133쪽.

49 김종근, 「식민도시 京城의 이중도시론에 대한 비판적 고찰」, 31쪽 참조.

50 권은, 「식민도시 경성과 트로이의 목마—박태원의 『청춘송』론」, 15쪽.

51 김종근, 「식민도시 경성의 이중도시론에 대한 비판적 고찰」, 36쪽 참조.

52 같은 논문, 3쪽.

53 전우용, 「종로(鐘路)와 본정(本町)—식민도시 경성(京城)의 두 얼굴」, 163-164쪽.

54 김종근, 위의 논문, 51쪽 참조.

55 같은 논문, 52쪽 참조.

56 같은 논문, 55-56쪽 참조.

57 김종근, 「식민도시 인천의 거주지 분리 담론과 실제」, 25쪽.

58 이환경, 『野人時代』 제3권 참조.

59 이에 대해서는 다음 장에서 일본의 사례를 가지고 다룬다.

60 윤대석, 「경성의 공간분할과 정신분열」, 101쪽 참조.

61 권은, 「식민도시 경성과 트로이의 목마」, 37쪽.

62 황호덕, 「경성지리지, 이중언어의 장소론」, 134쪽.

63 황호덕은 신체와 장소의 상관성을 강조하면서 "완전히 육체를 향해 자연화된 장

소들"을 "비유기적 신체"(황호덕, 『벌레와 제국』, 355쪽)라고 부를 것을 제안하고 있다. 이는 신체와 장소의 연계를 자연화하는 마르크스의 19세기적 감각에 근거하고 있지만, '장소 정령의 사제'로 불린 과거 전통적인 로컬의 산책자 형상을 이해하는 데는 도움이 될 수 있다. 하지만 본격적으로 신체와 장소를 분리시키는 탈영토화 현상이 가속화되는 시점의 현대 산책자의 형상을 이해하기 위해서는 그 양자적 관계의 역사적 변화를 고려해야 할 필요가 있다. 요컨대 탈장소화되어 가는 장소들을 전통적인 신토불이의 시각에서 '자연화'하는 혹은 '자연화되어야 할' 것으로 간주하는 비평적 접근은 채만식의 사례를 넘어서 일반화하기는 어려울 것으로 보인다.

64 작가 박태원이 유학시절 실제로 머물렀던 동경을 배경으로 한 1930년대 초의 작품 『반년간』(1933), 『사흘 굶는 봄달』(1933) 등의 소설들에서도 민족적 대타의식은 잘 표면화되지 않는다. 『반년간』의 경우 오선민이 설득력 있게 해석했듯이 제국과 식민지 하위주체들 간에 현실 정치의 지배 관계의 대리충족적 전도 현상이 나타난다.(오선민, 「식민지 지식인의 민족적 열등감과 보복심리」, 317-343쪽 참조.) 그러나 이런 현상은 정치 체계와 다른 일상에서 정치적 지배관계가 전치, 전도, 보충, 횡단 등을 통해 달리 변주된 양상으로 이해해야 하며, 체계와 일상을 변별적으로 고려해야 할 필요성을 다시 확인시켜주는 사례이다.

65 김백영, 『지배와 공간』, 497쪽.

66 같은 책, 503쪽.

67 같은 책, 같은 쪽 참조.

68 김백영은 이중도시 경성의 경계가 1920년대 무렵부터 민족 경계에서 자본의 경계로 이행했다고 본다. 그리고 소위 '혼부라'를 유발한 차별적 균질화가 나타난다고 본다.(같은 책, 501쪽 참조.) 여기서 서양의 산책(flanerie)과 유사한 함의를 갖는 동경 긴자 거리의 산책인 '긴부라'와 경성의 혼마치 산책인 '혼부라' 현상이 자본의 균질화의 부대적 결과인 것처럼 지적되면서 다소 과소평가되고 있는 것으로 보인다.

69 짐멜이 자본주의적 소유관계보다는 그 모험적이고 우연적인 양상에 주목한 것이나, 벤야민이 도박꾼, 산책자, 구경꾼 등과 같은 군상들을 매개로 근대성을 고찰하는 것은, 체계 중심적 사유와는 거리를 두고 있지만 사회사에 대한 다른 연구 방향을 시사하고 있다. 프리스비는 자본주의 도시의 '계산된 질서와 건조 환경의 구조'보다는, '일시적'이고 '유동적'이며 '우연적'인 것들에 정향된 이러한 고찰들을 또 다른 방향의 주요한 사회학적 연구로 간주한다.(Frisby, *Cityscape of Modernity*, pp. 12-26 참조.)

70 황호덕, 『벌레와 제국』, 336쪽.

71 「얼마 안 되는 변해」, 箱 4, 343쪽 참조.

72 Milun, *Pathologies of Modern Space*, p. 79; Huyssen, *After the Great Divide: Modernism, Mass Culture, Postmodernism*, p. 53 참조.

73 Milun, *Pathologies of Modern Space*, p. 96 참조.

74 Ibid.

75 『李箱문학전집 2』, 김윤식 엮음, 264쪽.

76 「거울」, 箱 2, 74쪽.

77 Milun, *Pathologies of Modern Space*, p. 79.

78 「광녀의 고백」, 箱 2, 39쪽.

79 Benjamin, V.2, p. 856; Buck-Morss, "The Flâneur, the Sandwichman and the Whore: The Politics of Loitering," in *New German Critique*, No. 39, Second Special Issue on Walter Benjamin (Autumn, 1986): pp. 99-140, 특히 p. 124에서 재인용.

80 Buck-Morss, "The Flâneur, the Sandwichman and the Whore," p. 124.

81 Benjamin, V.1, p. 435f.

82 박태원, 『소설가 구보씨의 일일』, 119쪽 참조.

83 "그들은, 모두가 숙녀화에 익숙하지 못한 것은 아니니다. 그러나 그러함에도 불구하고, 그들은 모두들 가장 서투르고, 부자연한 걸음걸이를 갖는다. 그것은 역시, '위태로운 것'이라고밖에 말할 수 없는 것임에 틀림없었다."(같은 책, 129쪽.)

84 서지영, 『경성의 모던걸—소비, 노동, 젠더로 본 식민지 근대』, 57쪽.

85 같은 책, 54쪽 참조.

86 Shilling, *The Body and Social Theory*, p. 91.

87 Turner, cited from Shilling, *The Body and Social Theory*, p. 91.

88 신형기는 박태원의 서술이 동경대지진 이후 발생한 고현학과 달리 객관적 관찰보다는 주관적 상념들을 중심으로 이루어지고, 민족지를 지향하지 않는 점을 들어 이러한 입장과 거리를 두고 있다.(신형기, 『분열의 기록』 참조.)

89 박태원, 『소설가 구보씨의 일일』, 156쪽 참조.

90 손정목, 『일제강점기 도시사회상 연구』, 470쪽 참조.

91 신명직, 「식민지 근대도시의 일상과 만문만화」, 304쪽 참조.

92 장유정, 『다방과 카페, 모던보이의 아지트』, 49쪽.

93 손정목, 위의 책, 469쪽 참조.

94 「무제 3」, 箱 2, 137쪽.

95 「날개」, 箱 1, 236쪽.

96 손성목, 위의 책, 472, 463쪽 참조.

97 「날개」, 箱 1, 239쪽.

98 「날개」, 箱 1, 240-241쪽.

99 신형기에 따르면 작품 「날개」에서 아내의 매춘은 "제도공간의 폭력성을 상징"한다.(신형기, 『변화와 유명』, 45쪽 참조.)

100 Benjamin V.1, p. 436.

101 Buck-Morss, "The Flâneur, the Sandwichman and the Whore," p. 383 참조.

102 「오감도 시제13호」, 箱 2, 94쪽.

103 「회한의 장」, 箱 2, 161쪽.

104 「오감도 시제13호」, 箱 2, 94쪽.

105 Deleuze & Guattari, *Mille plateaux*, p. 611; 들뢰즈/가타리, 『천개의 고원』, 933-935쪽 참조.

106 「紙碑—어디갔는지모르는아내」, 箱 2, 104쪽.

107 마르쿠제의『에로스와 문명』(2004) 참조.

108 「날개」, 箱 1, 264쪽.

109 「동경」, 箱 2, 285-288쪽.

110 나혜석, 『나혜석 전집』, 621쪽 참조.

111 같은 책, 323쪽.

112 서지영, 위의 책, 40쪽.

113 나혜석은 1년 반 동안 유럽과 미주 여행을 마치고 1929년 귀향하는 길의 소회를 이렇게 말한다. "요코하마에 도착되는 때부터 가옥은 나뭇간 같고, 길은 시구렁(시궁창) 같고 사람들의 얼굴은 노랗고 등은 새우등 같이 꼬부라져있다. 조선 오니 길에 먼지가 뒤집어씌우는 것이 자못 불쾌하였고 송이버섯 같은 납작한 집 속에서 울려 나오는 다듬이 소리는 처량하였고 흰 옷을 입고 시름없이 걸어가는 사람은 불쌍하였다."(나혜석, 『나혜석 전집』, 318-319쪽.) "배수톤수 22,000톤 되는 태양환은 샌프란시스코서 요코하마까지 거리 5,510마일을 17일 만에 오후 2시에 무사히 도착하였다. (…) 하선하여 도쿄로 가서 신주쿠 호텔에 투숙하였다. 도쿄집은 모두 바라크 같고, 도로는 더럽고, 사람들은 허리가 새우등 같이 꼬부라지고 기운이 없어 보였다."(같은 책, 589-590쪽.)

114 여행 후 인터뷰의 한 대목이다. "나: 여자요? 참 이번에 보고서 여자의 힘이 강하고 약자가 아닌 것을 확신하였습니다."(나혜석, 『나혜석 전집』, 623쪽.)

115 Stephan Wackwitz, *Tokyo: Beim Näherkommen durch die Straße*, Frankfurt am

Main, 1996. 이하의 인용에서는 'W'로 약칭함.

116 Friedmann, "The World City Hypothesis," p. 69.

117 Sassen, *Global City: New York, London, Tokyo* (Revised Edition), p. 338.

118 Friedmann, "The World City Hypothesis," p. 72.

119 바크비츠는 동경, 뉴욕, 뉴델리, 크라쿠프(크라카우) 등 해외 곳곳에 있는 괴테 문화원(Goethe-Institut)에서 일했고, 1999년부터 크라쿠프 괴테문화원 원장으로 재직했다.

120 '롯폰기'(Sechs Bäume, 六本木)를 비롯한 이 책의 일부 장들은 책으로 출판되기 이전에 『디차이트』(*Die Zeit*), 『메르쿠어』(*Merkur*) 같은 저널들을 통해 미리 선보였다.

121 Wackwitz, *Ein unsichtbares Land: Familienroman*, p. 153.

122 W, p. 8.

123 W, p. 10.

124 W, p. 16.

125 W, p. 17.

126 W, p. 7.

127 Goebel, *Benjamin Heute*, p. 156 참조.

128 W, p. 20.

129 W, p. 23.

130 Takashi "The Urban Restructuring Process in Tokyo in the 1980s: Transforming Tokyo into a World City," *International Journal of Urban and Regional Research*, Volume 16, 1992, p. 126 참조.

131 Ibid.

132 동경에는 이민 차단 정책 덕분에 역사적으로 오랫동안 이민의 종착지였던 뉴욕이나 런던에 비해 상대적으로 인종간의 갈등이 적지만, 현재는 그 수가 상당히 늘어나고 있다.(cf. ibid., p. 114.)

133 W, p. 26.

134 W, p. 55.

135 W, p. 55.

136 W, p. 70.

137 W, p. 56 참조.

138 W, p. 55.

139 W, p. 55.

140 W, p. 68 참조.

141 W, p. 116.

142 W, p. 116.

143 W, p. 67 참조.

144 W, p. 68.

145 W, p. 73.

146 W, p. 72.

147 W, p. 72.

148 W, p. 102.

149 Featherstone, *Consumer Culture & Postmodernism*, p. 154.

150 Ibid.

151 "기호의 과잉생산"과 "준거의 상실"(Ibid., p. 174)은 포스트모던한 소비문화의 내재적인 경향이다.

152 W, p. 112.

153 W, p. 66.

154 Takashi, "The Urban Restructuring Process in Tokyo in the 1980s," p. 118.

155 W, p. 134.

156 W, p. 135.

157 일본의 사례에서 나타나는 과도한 생산과 잉여를 바크비츠는 이론적으로 조르주 바타유의 '잉여'(Plethora) 개념을 빌려 설명하고 있다.(W, p. 111.) 그것은 프로테스탄트적 자본주의의 절제와 대척적인 것으로 과도한 여분을 의미한다. 그 잉여는 일종의 '저주받은 몫'(the accursed share)으로 어떤 방식으로든 소모되어야 하는 것이다. 바타유에 따르면 전쟁, 낭비, 사치, 증여 등은 이러한 잉여를 소모하는 방식들이다. 2차 세계대전은 그에게 모든 도덕적 평가를 벗어나서 일종의 '가장 사치스런 부의 통음난무'(the greatest orgies)였다.(Georges Bataille, *The Accursed Share: An Essay on General Economy*, vol. I, p. 37.)

158 W, p. 27.

159 W. p. 149.

160 Featherstone, *Consumer Culture & Postmodernism*, p. 157.

161 W. p. 148.

162 Baudrillard, cited from Featherstone, *Consumer Culture & Postmodernism*, p. 159.

163 요시다 슈이치, 『동경만경』, 이영미 옮김, 은행나무, 2003 참조.

164 W, p. 145 참조.

165 W, p. 146.

166 W, p. 140.

167 W, p. 149.

168 W, p. 140.

169 W, p. 150.

170 W, p. 150.

171 W, p. 117.

172 Takashi, "The Urban Restructuring Process in Tokyo in the 1980s," p. 125 참조.

173 W, p. 118 참조.

174 W, p. 150.

175 W, p. 123.

176 W, p. 122.

177 W, p. 122.

178 Augé, *Non-Places: An Introduction to Supermodernity*, 2008 참조.

179 W, p. 132.

180 W, p. 134.

181 마페졸리, 『부족의 시대』, 199쪽.

182 같은 책, 197쪽.

183 W, p. 150.

184 마페졸리, 위의 책, 201쪽.

185 Goebel, *Benjamin Heute*, p. 389.

186 AG, p. 109.

187 AG, p. 109.

| 참고문헌 및 인용약호 |

[1차 문헌]

1. 크라카우어의 원전과 약호

AG Kracauer, Siegfried, *Die Angestellten: Aus dem neuesten Deutschland*, 13. Auflage, Frankfurt am Main: Suhrkamp, 2013.

AE Kracauer, Siegfried, *The Salaried Masses: Duty and Distraction in Weimar Germany*, translated by Quintin Hoare and with an Introduction by Inka Mülder-Bach, London: Verso, 1998.

SB Kracauer, Siegfried, *Straßen in Berlin und anderswo*, Erweiterte Ausgabe mit einem Nachwort von Reimar Klein, Frankfurt am Main: Suhrkamp, 2009.

OM Kracauer, Siegfried, *Das Ornament der Masse*, 12. Auflage, Frankfurt am Main: Suhrkamp, 2014.

BN Kracauer, Siegfried, *Berliner Nebeneinander: Ausgewählte Feuilletons 1930-33*, hrsg. v. Andres Volk, Zürich: Epoca, 1996.

OB Kracauer, Siegfried, *Jacques Offenbach und das Paris seiner Zeit*, Frankfurt am Main: Surhkamp, 1994.

2. 발터 벤야민 전집 (전집 권수를 인용약호로 사용)

I.1 Benjamin, Walter, *Gesammelte Schriften*, Bd. I-1, hrsg. v. Rolf Tiedemann und Hermann Schweppenhäuser. Frankfurt am Main: Suhrkamp, 1978.

I.2 Benjamin, Walter, *Gesammelte Schriften*, Bd. 1-2, hrsg. v. Rolf Tiedemann uns Hermann Schweppenhäuser, Frankfurt am Main: Suhrkamp, 1980.

II.1 Benjamin, Walter, *Gesammelte Schriften*, Bd. II-1, hrsg. v. Rolf Tiedemann und Hermann Schweppenhäuser, Frankfurt am Main: Suhrkamp, 1986.

II.2 Benjamin, Walter, *Gesammelte Schriften*, Bd. II-2, hrsg. v. Rolf Tiedemann uns Hermann Schweppenhäuser, Frankfurt am Main: Suhrkamp, 1989.

III Benjamin, Walter, *Gesammelte Schriften*, Bd. III, hrsg. v. Hella Tiedemann-Bartel, Frankfurt am Main: Suhrkamp, 1989.
IV.1 Benjamin, Walter, *Gesammelte Schriften*, Bd. IV-1, hrsg. v. Tillman Rexroth, Frankfurt am Main: Suhrkamp, 1981.
IV.2 Benjamin, Walter, *Gesammelte Schriften*, Bd. IV-2, hrsg. v. Tillman Rexroth, Frankfurt am Main: Suhrkamp, 1981.
V.1 Benjamin, Walter, *Gesammelte Schriften*, Bd. V-1, hrsg. v. Rolf Tiedemann, Frankfurt am Main: Suhrkamp, 1989.
V.2 Benjamin, Walter, *Gesammelte Schriften*, Bd. V-2, hrsg. v. Rolf Tiedemann, Frankfurt am Main: Suhrkamp, 1989.
VI.1 Benjamin, Walter, "Berliner Chronik," in Walter Benjamin, *Gesammelte Schriften*, Bd. VI, hrsg. v. Rolf Tiedemann, Frankfurt am Main: Suhrkamp, 1986, pp. 465-519.
Benjamin, Walter, *Werke und Nachlass 8*, hrsg. v. Detlev Schöttker unter Mitarbeit von Steffen Haug, Frankfurt am Main: Suhrkamp, 2009.
Benjamin, Walter, *The Arcades Project*, translated by Howard Eiland & Kevin McLaughlin, Cambridge, MA: Harvard University Press, 1999.
Benjamin, Walter, "'An Outsider Attracts Attention': on *The Salaried Masses* by S. Kracauer," in *The Salaried Masses: Duty and Distraction in Weimar Germany*, translated by Quintin Hoare with an introduction by Inka Mülder-Bach, London: Verso, 1998.

3. 이상, 박태원, 나혜석 원전과 약호

箱 1 이상, 『이상 전집 1. 소설』, 김종년 엮음, 가람기획, 2004.
箱 2 이상, 『이상 전집 2. 시, 수필, 서간』, 가람기획, 2004.
箱 3 이상, 『정본 이상 문학전집 3, 수필—기타』, 김주연 주해, 소명출판, 2009.
箱 4 이상, 『이상 전집 4. 수필 외』, 권영민 엮음, 뿔(웅진), 2009.
이상, 『李箱문학전집 2, 소설』, 김윤식 엮음, 문학사상사 1991
박태원, 『소설가 구보씨의 일일—박태원 단편선』, 천정환 엮음, 문학과지성사, 2005.
나혜석, 『나혜석 전집』, 태학사, 2000.

4. 켈러만, 바크비츠의 원전과 약호

KM Bernhard Kellermann, *Ein Spaziergang in Japan*, Berlin: Paul Cassirer, 1919.

W Stephan Wackwitz, *Tokyo: Beim Näherkommen durch die Straßen*, Frankfurt am Main: Fischer, 1996.

[2차 참고문헌—한국어]

권은, 「식민도시 경성과 트로이의 목마—박태원의 『청춘송』론」, 『구보학보』 7집 (2011): 11-43.

____, 「고현학과 산책자」, 『구보학보』 9집 (2013): 9-36.

귀스타프 르 봉, 『군중심리』, 간디서원, 2007.

그램 질로크, 『발터 벤야민과 메트로폴리스』, 노명우 옮김, 효형출판, 2005.

김백영, 『지배와 공간—식민지도시 경성과 제국 일본』, 문학과지성사, 2009.

김종근, 「식민도시 京城의 이중도시론에 대한 비판적 고찰」, 『서울학연구』 제38호 (2001): 1-68.

____, 「식민도시 인천의 거주지 분리 담론과 실제」, 『인천학연구』 Vol. 1, No. 14 (2011): 7-44.

노베르트 볼츠, 빌렘 반 라이엔, 『발터 벤야민—예술, 종교, 역사철학』, 김득룡 옮김, 서광사, 2000.

막스 베버, 『막스 베버 선집』, 임영일, 차명수, 이상률 편역, 까치, 1991.

메리 루이스 프랫, 『제국의 시선—여행기와 문화횡단』, 김남혁 옮김, 현실문화, 2015.

미셸 마페졸리, 『노마디즘』, 최원기, 최항섭 옮김, 일신사, 2008.

____, 『부족의 시대—포스트모던 사회에서 개인주의의 쇠퇴』, 박정호, 신지은 옮김, 문학동네, 2017.

민유기, 「19세기 파리의 도시화와 매춘」, 『사총』 62권 (2006): 139-174.

박신의, 「1920년대 아방가르드 예술과 사진의 새로운 시각—로드첸코와 모홀리-나기의 '탈프레임의 정치학'」, 『현대미술사연구』 제14집 (2002): 177-201.

박진빈, 「첫 수도의 정체성 세우기—1876년 필라델피아 박람회」, Paper Collection, International conference for urban humanities, organized by Incheon Studies Institute, Incheon, 2009: pp. 199-207.

발터 벤야민, 『일방통행로—사유의 유격전을 위한 현대의 교본』, 조형준 옮김, 새물결, 2007.
샤를 보들레르, 『악의 꽃』, 윤영애 옮김, 문학과지성사, 2003.
서지영, 『경성의 모던걸—소비, 노동, 젠더로 본 식민지 근대』, 여성문화이론연구소, 2013.
세르주 모스코비치, 『군중의 시대』, 이상률 옮김, 문예출판사, 1996.
손정목, 『일제강점기 도시계획연구』, 일지사, 1990.
____, 『일제강점기 도시사회상 연구』, 일지사, 1996.
수잔 벅 모스, 『발터 벤야민과 아케이드 프로젝트』, 김정아 옮김, 문학동네, 2004.
신명직, 「식민지 근대도시의 일상과 만문만화」, 『일제의 식민지배와 일상생활』, 연세대학교 국학연구원, 혜안, 2004.
신형기, 『변화와 운명』, 평민사, 1997.
____, 『분열의 기록—주변부 모더니즘 소설을 다시 읽다』, 문학과지성사, 2010.
앤소니 킹, 『도시문화와 세계체제—문화, 공간, 역사로 읽는 세계도시체제』, 이무용 옮김, 시각과언어, 1999.
양우현, 「파괴의 예술가; 오스만」, 『국토연구』 163권 (1995): 60-65.
에릭 홉스봄, 『제국의 시대』, 김동택 옮김, 한길사, 1998.
오선민, 「식민지 지식인의 민족적 열등감과 보복심리」, 『구보학보』 5집 (2010): 317-343.
요시다 슈이치, 『동경만경』, 이영미 옮김, 은행나무, 2003.
윤대석, 「경성의 공간분할과 정신분열」, 『국어국문학』 제144호 (2006): 91-112.
이성욱, 『한국근대문학과 도시문화』, 문화과학사, 2004.
이재원, 『제국의 시선, 문화의 기억』, 서강대학교출판부, 2017.
이창남, 「역사의 천사—벤야민의 역사와 탈역사 개념에 대하여」, 『문학과 사회』 69호 (2005): 229-248.
____, 「메트로폴리스 경계 위의 고스트 이미지: 파리와 〈오페라의 유령〉」, 『발터 벤야민과 21세기 도시문화』, 이창남, 그레이엄 길로크 엮음, 새물결, 2018, 47-75쪽.
____, 「벤야민의 인간학과 매체이론의 상관관계—“아우라”와 “충격” 개념을 중심으로」, 『독일언어문학』 35권 (2007): 217-240.
이환경, 『野人時代—이환경 장편소설』 제3권, 밀알, 2002.
임마누엘 칸트, 『영구 평화론—하나의 철학적 기획』, 이한구 옮김, 서광사, 2008.
장유정, 『다방과 카페, 모던 보이의 아지트』, 살림, 2008.
잭 런던, 『잭 런던의 조선사람 엿보기—1904년 러일전쟁 종군기』, 윤미기 옮김, 한울,

2011.
진우용, 「종로(鐘路)와 본정(本町)—식민도시 경성(京城)의 두 얼굴」, 『역사와 현실』 제40권 (2001): 163-193.
조은라, 「댄디즘과 모더니티」, 『유럽문화예술학논집』 제6집 (2012): 43-59.
존 어리, 『모빌리티』, 강현수, 이희상 옮김, 아카넷, 2014.
존 톰린슨, 『세계화와 문화』, 김승현, 정영희 옮김, 나남출판, 2004.
지그문트 바우만, 『액체근대』, 이일수 옮김, 강, 2010.
질 들뢰즈, 펠릭스 가타리, 『천개의 고원』, 김재인 옮김, 새물결, 2003.
최혜실, 「"소설가 구보씨의 일일"에 나타나는 '산책자(flaneur)' 연구—모더니즘 소설의 전형에 대한 일 고찰」, 『관악어문연구』 제13집 (1988): 191-207.
____, 「한국 현대 모더니즘 소설에 나타나는 '산책자(Flaneur)'의 주제」, 『한국현대문학연구』 제3집 (1994): 31-51.
____, 「산책자의 타락과 통속성—'애경', '명랑한 전망', '여인성장'을 중심으로」, 『상허학보』 2집 (1995): 187-205.
칼 마르크스, 『자본 I-1』, 김영민 옮김, 이론과 실천, 1987.
폴 비릴리오, 『속도와 정치』, 이재원 옮김, 그린비, 2004.
황호덕, 「경성지리지, 이중언어의 장소론—채만식의 종로의 주민과 식민도시의 (언어)감각」, 『대동문화연구』 51집 (2005): 107-141.
____, 『벌레와 제국—식민지말 문학의 언어, 생명정치, 테크놀로지』, 새물결 2011.
헤르베르트 마르쿠제, 『에로스와 문명—프로이트 이론의 철학적 연구』, 김인환 옮김, 나남출판, 2004.

[2차 참고문헌—외국어]

Adorno, Theodor W., "Der wunderliche Realist: Über Siegfried Kracauer," *Noten zur Literatur*, Frankfurt am Main: Suhrkamp, 1981.
Atget, Eugène, *Paris*. Paris: Gingko Press, 1992.
____, *Paris*, edited by Hans Christian Adam, Köln: Taschen, 2008.
Augé, Marc, *Non-Places: An Introduction to Supermodernity*, translated by John Howe, London/New York: Verso, 2008.
Band, Henri, *Mittelschichten und Massenkultur: Siegfried Kracauers publizistische Auseinandersetzung mit der populären Kultur und der Kultur der Mittelschichten in der*

Weimarer Republik, Berlin: Lukas Verlag, 1999.

Barrows, Susanna, *Distorting Mirrors: Visions of the Crowd in Late Nineteenth-Century France*, New Haven/London: Yale University Press, 1981.

Bataille, Georges, *The Accursed Share: An Essay on General Economy*. Volume I, Consumption (1967), translated by Robert Hurley, New York: Zone Books, 2007.

Bauman, Zygmund, *Flaneure, Spieler und Touristen: Essay zu postmodernen Lebensformen*, Hamburg: Hamburger Edition, 2007.

Berman, Russel A., *Enlightenment or Empire: Colonial Discourse in German Culture*, Lincoln, NE: University of Nebraska Press, 1998.

Buck-Morss, Susan, "The Flaneur, the Sandwichman and the Whore: The Politics of Loitering," *New German Critique*, No. 39, Second Special Issue on Walter Benjamin (Autumn, 1986): 99-140.

____, *Dialectic of Seeing: Walter Benjamin and The Arcades Projects*, Cambridge, MA: The MIT Press, 1991.

Carmona, Michel, *Haussmann: His life and times, and the making of modern Paris*, translated from the french by Patrick Camiller, Chicago: Ivan R. Dee, 2002.

Chakrabarty, Dipesh, *Provincializing Europe: Postcolonial Thought and Historical Difference*, Princeton, NJ: Princeton University Press, 2000.

Deleuze, Gilles & Guattari, Felix, *Mille Plateaux*, Paris: Minuit, 1980.

____, *A Thousand of Plateaus: Capitalism and Schizophrenia*, translated and forworded by Brian Massumi, Minneapolis: University of Minnesota Press, 1987.

Eksteins, Moris, "Rag-Picker: Siegfried Kracauer und the Mass Ornament," in *International Journal of Politics, Culture and Society*, Vol. 10, No. 4 (1997): 609-613.

Ermarth, Thomas, "Girls gone wild in Weimar Germany," in *Modernism/Modernity* Vol. 19 (2012): 1-18.

Färber, Alexa, "New Desires for Urbanity: Low-Cost Airlines and Transformation of European Cities," in *Paper Collection of International Conference for Urban Humanities*, hosted by Incheon Urban Development Corporation, Incheon (2009): 223-228.

Featherstone, Mike, "The Flaneur, the City and Virtual Public Life," in *Urban Studies*, Vol. 35, Nos. 5-6 (1998): 909-925.

____, *Undoing Culture: Globalization, Postmodernism and Identity*, London: Sage Publications, 1995.

____, *Consumer Culture &Postmodernism*, London: Sage Publications, 1991.

Fleischer, Molly, "The Gaze of the Flâneur in Siegfried Kracauer's Das Ornament der Masse," in *German Life and Letters*, 54, 1 (2001): 10-24.

Flusser, Vilém, *The Freedom of the Migrant: Objection to Nationalism*, translated from the German by Kenneth Kronenberg, edited and with an Introduction by Anke K. Finger, Urbana/Chicago: University of Illinois Press, 2003.

Friedmann, John, "The World City Hypothesis," in *Development and Change*, Volume 17 (1986): 69-83.

Frisby, David, *Fragment of Modernity: Theories of Modernity in the Work of Simmel, Kracauer and Benjamin*, Cambridge, MA: The MIT Press, 1986.

____, *Cityscapes of Modernity: Critical Explorations*, Cambridge: Polity, 2007.

Frisby, David & Featherstone, Mike (ed.), *Simmel on Culture: Selected Writings*, London: Sage Publications, 2000.

Gandy, Matthew, "The Paris Sewers and the Rationalization of Urban Space," in *Transactions of the Institute of British Geographers* 24, no. 1 (1999): 23-44.

Gilloch, Graeme, *Myth &Metropolis: Walter Benjamin and The City*, Cambridge: Polity, 1996.

____, *Siegfried Kracauer: Our Companion in Misfortune*, Cambridge: Polity, 2015.

Goebel, Rolf J., "Benjamin's Flâneur in Japan: Urban Modernity and Conceptual Relocation," in *The German Quarterly*, Vol. 71, No. 4 (Autumn 1998): 377-391.

____, *Benjamin Heute: Großstadtdisurs, Postkolonialität und Flanerie zwischen den Kulturen*, München: Iudicium, 2001.

Grosz, Elizabeth, "The Invisible Flaneur," in *Postmodern Cities and Spaces*, edited by Sophie Watson and Katherine Gibson, Oxford/Cambridge MA: Wiley, 1996, pp. 59-79.

Günther, Christine C., *Aufbruch nach Asien. Kulturelle Fremde in der deutschen Literatur um 1900*, München: Iudicium, 1988.

Handke, Peter, *Das Ende des Flanierens*, 3. Auflage, Frankfurt am Main: Suhrkamp, 2016.

Hansen, Miriam, "Mass Culture as Hieroglyphic Writing: Adorno, Derrida, Kracauer," in *New German Critique*, No. 56, Special Issue on Theodor W. Adorno (Spring-Summer, 1992): 43-73.

Harvy, David, *Paris, Capital of Modernity*, New York: Routledge, 2006.

Hegarty, Peter, "Undelivered: The space/time of the sacred in Bataille and Benjamin," in *Economy and Society*, Volume 32, Number 1 (2003): 101-118.

Hessel, Franz, *Spazieren in Berlin*, 3. Auflage, Berlin: Verlag für Berlin-Brandenburg, 2013.

Huyssen, Andreas, *After the Great Divide: Modernism, Mass Culture, Postmodernism*, Bloomington, IN: Indiana University Press, 1986.

Jager, Michael, "Class definition and the esthetics of gentrification: Victoriana in Melbourne," in *Gentrification of the City*, edited by Neil Smith and Peter William, New York: Routledge, 2007, pp. 78-91.

Jordan, David P., "Haussmann and Haussmanisation: The Legacy for Paris," in *French Historical Studies*, 27, no. 1 (2004): 87-113.

Katz, Marc, "The Hotel Kracauer," in *Differences: A journal of feministist Cultural Studies*, 11.2 (1999): 134-152.

Kessler, Michael & Levin, Thomas Y. (hrsg.), *Siegfried Kracauer: Neue Interpretation*, Stauffenburg Colloquium, Tübingen: Stauffenburg Verlag, 1990.

Koch, Gertrud, *Kracauer zur Einführung*, Hamburg: Junius, 1996.

Krase, Andreas, "Archiv der Blicke: Inventar der Dinge Eugène Atges Paris," in *Eugène Atget, Paris*, edited by Hans Christian Adam, Köln: Taschen, 2008, pp. 126-143.

Lee, Changnam, "The Ghost-Image on Metropolitan Borders: In Terms of Phantom of the Opera and 19th-Century Metropolis Paris," in *Societies*, vol. 4 (2013): 1-15.

____, "Introduction: The Transnational Flâneur," *Sociétés*, n.135 (2017): 5-7.

____(ed.), *The Transnational Flâneur, Sociétés*, n. 135 (2017).

____, "Siegfried Kracauer's Metaphysics of the Passage and Methodology of Social Science," in Georgia Giannakopoulou and Graeme Gilloch (ed.), *The Detective of Modernity*, London: Routledge, 2020 (Forthcoming).

Lemke, Anja, *Gedächtnisräume des Selbst: Walter Benjamins 'Berliner Kindheit um neunzehnhundert'*, Würzburg: Königshausen & Neumann, 2005.

MacCannell, Dean, *Empty Meeting Grounds: The Tourist Papers*, London: Routledge, 1992.

Maffesoli, Michel, *The Time of The Tribes: The Decline of Individualism in Mass Society*, translated by Don Smith, London/Thousand Oaks/New Delhi: Sage Publications, 1996.

_____, *Der Schatten des Dionysos: Zu einer Soziologie des Orgiasmus, aus dem Französischen von Martin Weinmann*, Frankfurt am Main: Syndikat, 1986.

Marcuse, Herbert, *Eros and Civilization: A Philosophical Inquire into Freud*, Boston: Beacon Press, 1976.

Mellor P. A. & Shilling C., *Re-forming the Body: Religion, Community and Modernity*, London: Sage Publications, 1997.

Milun, Kathryn, *Pathologies of Modern Space: Empty Space, Urban Anxiety, and the Recovery of the Public Self*, New York: Routledge, 2007.

Missac, Pierre, *Benjamins Passage*, Frankfurt am Main: Suhrkamp, 1991.

Moholy-Nagy, László, *The New Vision: Fundamentals of Bauhaus Design, Painting, Sculpture, and Architecture*, New York: Dover Publications, 2005.

Muir, Richard, *Approaches to Landscape*, London: Macmillan Press, 1999.

Mülder, Inka, *Siegfried Kracauer: Grenzgänger zwischen Theorie und Literatur, Seine frühen Schriften 1913-1933*, Stuttgart: J.B. Melzer, 1985.

Mülder-Bach, Inka, "Introduction," in Kracauer, *The Salaried Masses: Duty and Distraction in Weimar Germany*, translated by Quintin Hoare with an introduction by Inka Mülder-Bach, London: Verso, 1998, pp. 3-22.

Neckel, Sighard, "Emblematische Soziologie als Kritik: Siegfried Kracauer," in Ronald Hitzler (hrsg.), *Hermeneutik als Lebenspraxis: Festschrift für Hans-Georg Soeffner*, Weinheim Basel: Beltz, 2014, pp. 207-213.

Papayanis, Nicholas, *Planning Paris before Haussmann*, Baltimore/London: Johns Hopkins University Press, 2004.

Pinkney, David H., "Money and Politics in the Rebuilding of Paris, 1860-1870," in *The Journal of Economic History*, 17, no. 1 (1957): 45-61.

Reid, Julian, "Deleuze's War Machine: Nomadism against the State," in *Millennium*. vol. 32, n. 1, (2003): 57-85.

Reil, Harald, *Siegfried Kracauers Jacques Offenbach: Biographie, Geschichte, Zeitgeschichte*, New York: Peter Lang, 2003.

Rhein, Von Jan, *Flâneure in der Gegenwartsliteratur: Réda, Wackwitz, Pamuk, Nooteboom*, Marburg: Tectum Wissenschaftsverlag, 2010.

Said, Edward, *Reflections on Exile and Other Essays*, Cambridge, MA: Harvard University Press, 2002.

Sassen, Saskia, *Global City: New York, London, Tokyo* (Revised Edition), Princeton, NJ: Princeton University Press, 2013.

Scruton, Roger, *Modern Culture*, New York: Continuum, 2000.

Shields, Rob, "Foreword: Masses or Tribes?" in Michel Mafessoli, *The Time of The Tribes*, pp. 9-12.

Shilling, Chris, *The Body and Social Theory*, London: Sage Publications, 2003.

Simmel, Georg, *Conflict / The Web of Group-Affiliations*, translated by Kurt Wolf (*Conflict*) and Reinhard Bendix (*The Web*), New York/London: Free Press, 1964.

____, "Philosophie der Mode," in *Gesamtausgabe in 24 Bänden*, Bd. 10, Frankfurt am Main: Suhrkamp, 1995

____, "The Adventure," in David Frisby and Mike Featherstone (ed.), *Simmel on Culture: Selected Writings*, London: Sage Publications, 2000, pp. 221-232.

____, "The Metropolis and Mental Life," in *Simmel on Culture: Selected Writings*, pp. 174-185.

____, "The Berlin Trade Exhibition," in *Simmel on Culture: Selected Writings*, pp. 255-258.

____, "Sociology of the Meal," in *Simmel on Culture: Selected Writings*, pp. 130-135.

____, "The Sociology of Sociability," in *Simmel on Culture: Selected Writings*, pp. 120-130.

____, "Sociology of the Senses,", in *Simmel on Culture: Selected Writings*, pp. 109-120.

Tambling, Jeremy, *Opera and the Culture of Fascism*, Oxford: Clarendon Press, 2007.

Takashi, Machimura, "The Urban Restructuring Process in Tokyo in the 1980s: Transforming Tokyo into a World City," in *International Journal of Urban and Regional Research*, Volume 16, Issue 1 (March 1992): 114-128.

Tester, Keith, "Introduction," in *The Flâneur*, edited by Keith Tester, London: Routledge, 1994, pp. 1-21.

____(ed.), *The Flâneur*, London/New York: Routledge, 1994.

Tomlinson, John, *Globalization and Culture*, Chicago: University of Chicago Press, 1999.

Turner, Victor, *The Ritual Process: Structure and Anti-Structure*, New York: Routledge, 1969.

Urry, John, *Global Complexity*, Cambridge: Polity, 2003.

Vergunst, Jo, "Rhythms of Walking: History and Presence in a City Street," in *Space and Culture*, Vol. 13(4) (2010): 376-388.

Virilio, Paul, *Speed and Politics. An essay on Dromology*, translated by Mark Polizzotti, Los Angeles: Semiotexte, 2007.

Wackwitz, Stephan, *Ein unsichtbares Land: Familienroman*, Frankfurt am Main: Fischer, 2005.

Wayne, Mike, "Transcoding Kant: Kracauer's Weimar Marxism und After," in *Historical Materialism*, 21(3) (2013): 57-85.

Weidmann, Heiner, *Flanerie, Sammlung, Spiel: Die Erinnerung des 19. Jahrhunderts bei Walter Benjamin*, München: Wilhelm Fink, 1992.

Zukin, Sharon, *Naked City: The Death and Life of Authentic Urban Places*, New York: Oxford University Press, 2010.

[초출일람]

이창남, 「오스만과 근대 도시 파리의 경관 : 발터 벤야민의 '파사주 작품'을 중심으로」, 『문화와 사회』 8권 (2010): 7-38.

이창남, 「19세기 꿈의 집들—유리와 철의 '도시건축'에 대한 발터 벤야민의 고찰을 중심으로」, 『헤세연구』 25호 (2011): 199-216.

이창남, 「베를린 직장인의 문화적 유목—크라카우어의 1920-1930년대 에세이들을 중심으로」, 『獨逸文學』 제144집 (2017): 181-205.

Changnam Lee et Ji Eun Shin, "L'espace et la conscience de soi à Kyung-Seong dans les années 1930 à travers les œuvres de Yi Sang," in *Sociétés*, n° 107 (2010): 103-118.

Changnam Lee, "Le flâneur urbain et la masse-nomade. Réflexion inspirée des textes de Benjamin et de Kracauer dans les années 1920-1930," in *Sociétés*, n° 112 (2011): 123-135.

Changnam Lee, "La constellation comme association: l'affect, le corps et la communauté dans les textes des années 1920-1930 de Walter Benjamin," in *Sociétés*, n° 120 (2013): 137-145.

Chagnam Lee, ""Walking through Tokyo": Wackwitz and the liminal spaces of postmodern everyday life," in *Sociétés*, n° 135 (2017): 19-30.

| 찾아보기 |